Ulrike Zanatta

Gardasee

Wandern für die Seele

20 Wohlfühlwege

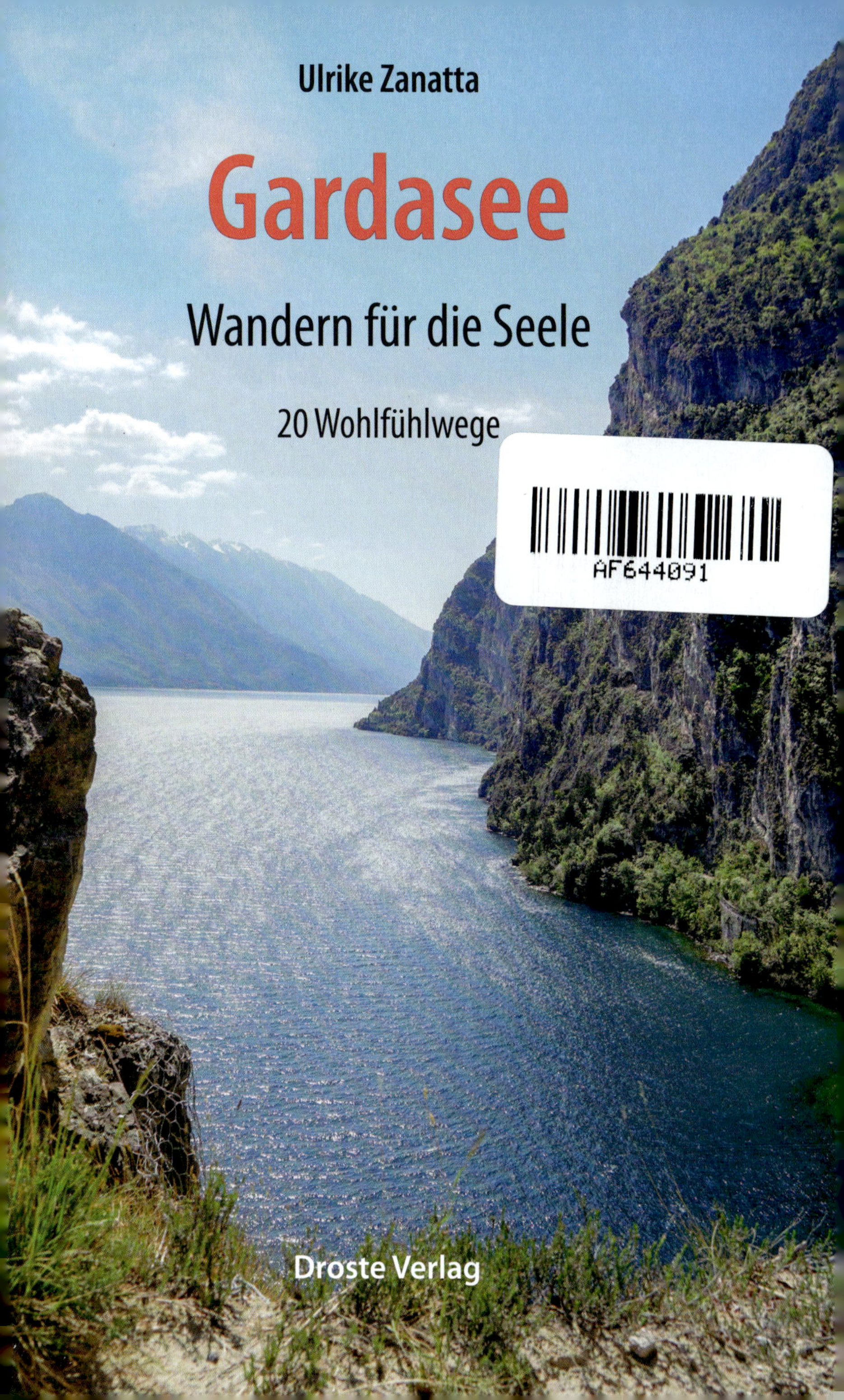

Droste Verlag

ALLE WANDERUNGEN AUF EINEN BLICK

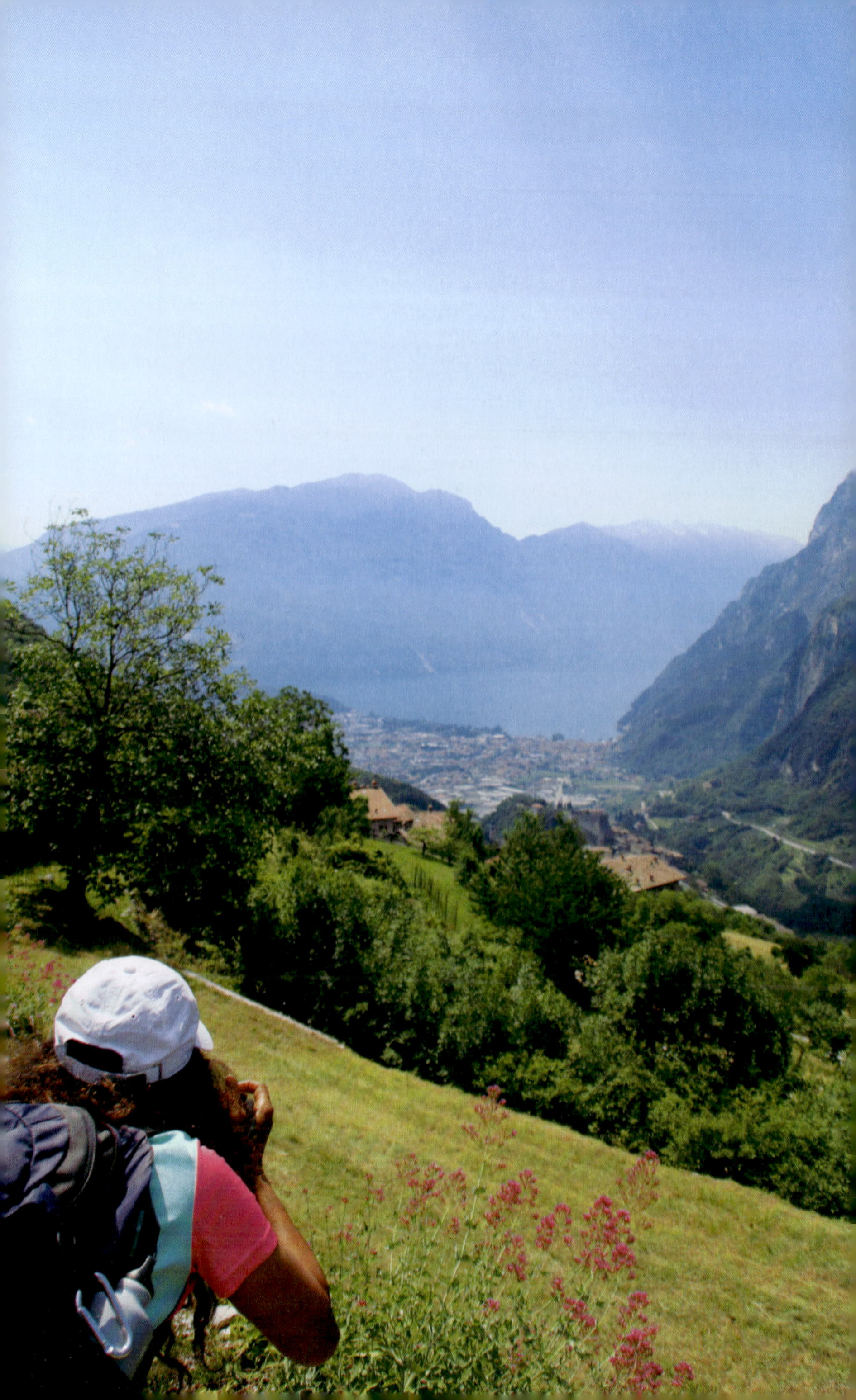

Cari amici, care amiche,

benvenuti al Lago di Garda! Willkommen am Gardasee! Einer traumhaften Urlaubsregion, in der Wassersportler, Bergwanderer und all jene, die einfach vor herrlicher Kulisse ausspannen wollen, gleichermaßen glücklich werden.

Um sich wahre Glücksgefühle und spektakuläre Panoramen zu erwandern, muss man nicht zwingend die höchsten Gipfel besteigen – das zeigen Ihnen die in diesem Buch vorgestellten Touren. Ohne Hast wollen wir rund um den See mediterrane Natur erleben, pittoreske Städtchen erkunden, herrliche Aussichten bewundern und natürlich das süße Leben am Lago genießen.

Die 20 wundervoll entspannenden Wanderungen bieten uns kleine Auszeiten, bei denen wir entschleunigen und zu uns selbst finden können. Sie führen uns durch schroffe Felslandschaften im Norden und sanfte Weinhügel im Süden. Ein Besuch dort, wo im Westen die Zitronen blühen, darf ebenso wenig fehlen wie der Blick vom weltberühmten Bergkamm des Monte Baldo im Osten.

Doch was wären all diese wunderbaren Erlebnisse, wenn wir sie nicht mit Freunden teilen könnten! So gilt mein Dank Sandra, Eva, Cinzia und Gaya, die mich auf vielen meiner Touren begleitet haben.

Ich wünsche Ihnen so viel Freude beim Wandern, wie ich sie hatte.

Ulrike Zanatta

NATUR-INFO

KULTUR-INFO

TOUREN-/EVENT-INFO

GENUSS-INFO

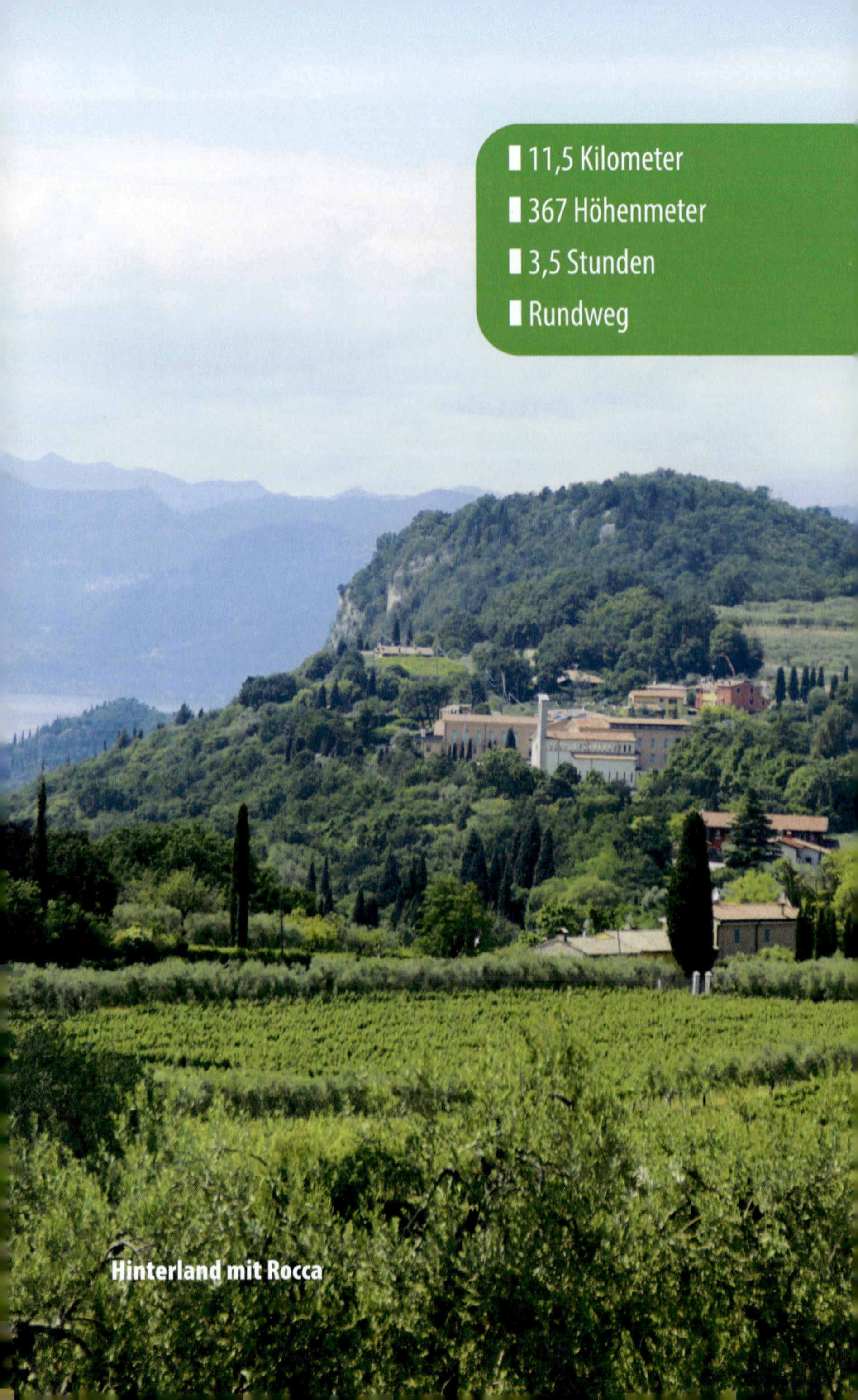

- 11,5 Kilometer
- 367 Höhenmeter
- 3,5 Stunden
- Rundweg

Hinterland mit Rocca

Wein & Weitsicht

Rocca di Garda & Hinterland

Für unsere gemütliche Runde parken wir etwas oberhalb des Sees abseits des Zentrums. Kostenfreie Parkplätze befinden sich in der Via Don Luigi Sturzo, die von Norden kommend links von der SP 8 abgeht. Eine gebührenpflichtige Alternative finden wir in der Via C. Preite am Kreisverkehr.

Von der **Via Don Luigi Sturzo** gehen wir bis zu einem Spielplatz zu unserer Rechten. Wir biegen in einen kleinen Fußweg daneben und gelangen am anderen Ende zum alternativ vorgeschlagenen Parkplatz in der Via C. Preite.

Am Kreisel folgen wir der **Via S. Bernardo** nach links, spazieren bei der **Via Pimazzoni** rechts und kommen zu einem weiteren Abschnitt der **Via S. Bernardo**, wo wir nochmals rechts gehen. Bei einer Haarnadelkurve biegen wir scharf links in die **Via degli Alpini** ab. Linker

*In ihrem Hauptsitz in Verona presst die **Azienda Agricola Oro Verde** ihr hochwertiges Olivenöl in einer traditionellen Ölmühle. Aus den handverlesenen Trauben, die an einem Valpantena-Veronese-Hang angebaut werden, wird unter anderem der Amarone DOC hergestellt.*

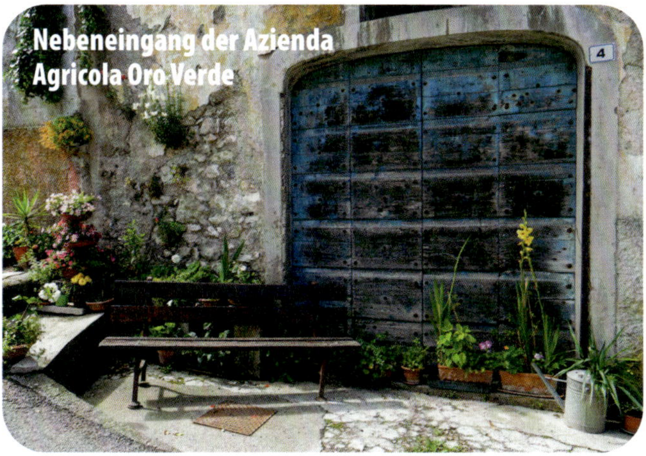

Nebeneingang der Azienda Agricola Oro Verde

Hand entdecken wir den braunen Wegweiser zu unserem ersten Ziel, der **Madonna del Pign,** als Weg **A bis** gekennzeichnet.

Auf der sanft ansteigenden, asphaltierten Straße kommen wir an einer Verkaufsstelle der **Azienda Agricola Oro Verde ❶** vorbei.

Wir spazieren weiter bis zu einer Gabelung und folgen dem handgeschriebenen Wegweiser **„Rocca"** unter dem hübschen Straßenschild der Via degli Alpini, auf dem das Symbol der italienischen Gebirgsjäger, ein Helm mit Feder, abgebildet ist. Ein Stück bleiben wir noch auf der asphaltierten Straße. Dann weist uns das Schild **„Madonna del Pign"** über einen Parkplatz nach rechts zu einem Waldweg, der mit einem grünen Gatter für Autos gesperrt ist. Zunächst eher erdig und sanft ansteigend, wird der Pfad alsbald steiniger und steiler. Bisweilen erleichtern Naturstufen den Aufstieg. Rasch erreichen wir die Statue der **Madonna del Pign ❷**, die schützend über den Gardasee blickt. Wir folgen ihrem sanften Blick Richtung Garda bis zur Punta San Vigilio und der Rocca di Manerba am Westufer.

*Als Dank dafür, dass Garda während des Zweiten Weltkriegs verschont blieb, stellten die Anwohner 1946 an Maria Himmelfahrt eine **Statue der Madonna** auf. Diese wurde auf einem von Ochsen und Pferden gezogenen Karren auf den Pign transportiert, gefolgt von einer feiernden Menge.*

Aussicht über Garda bis zur Punta San Vigilio

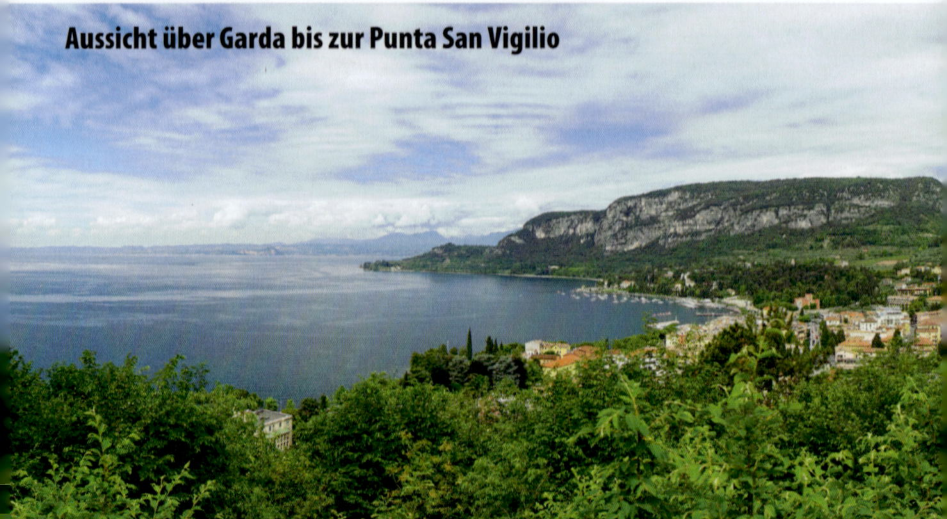

Für die Seele

Auf dieser entspannten Tour genießen wir herrliche Aussichten und eine toskanisch anmutende Landschaft zwischen Weinreben, Olivenbäumen und Zypressen.

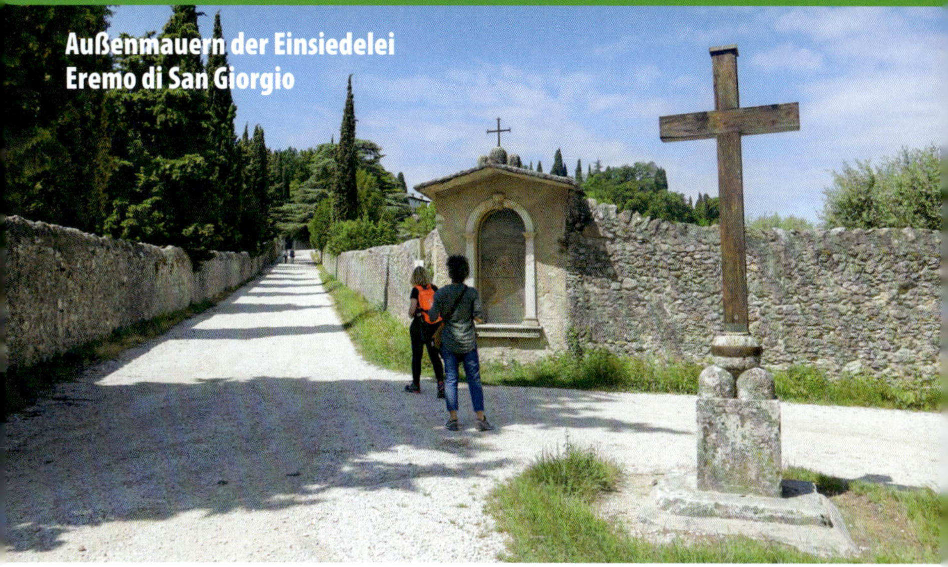

Außenmauern der Einsiedelei Eremo di San Giorgio

Unsere Runde führt hinter der Statue der Madonna auf einem schmalen, steinigen Pfad hangabwärts weiter. Zu unserer Rechten begleitet uns stetig die Kulisse des westlichen Gardaseeufers. Am Ende gehen wir nach links bergan weiter. Dann halten wir uns rechts, dem Schild **„Rocca – Eremo A“** folgend. Nach kurzem Anstieg nehmen wir einen Pfad nach links, weiterhin Richtung Rocca. Auf steinigem Untergrund wandern wir eine Weile bergauf. Den Großteil unserer heutigen Höhenmeter absolvieren wir auf diesem Abschnitt. Verirren können wir uns nicht. Es gibt keine Abzweigungen.

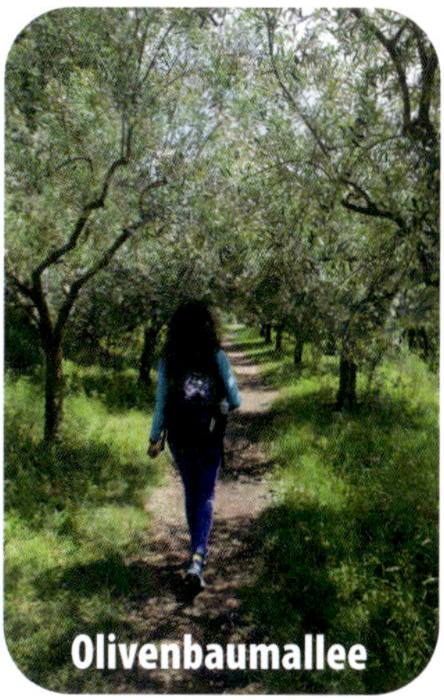

Olivenbaumallee

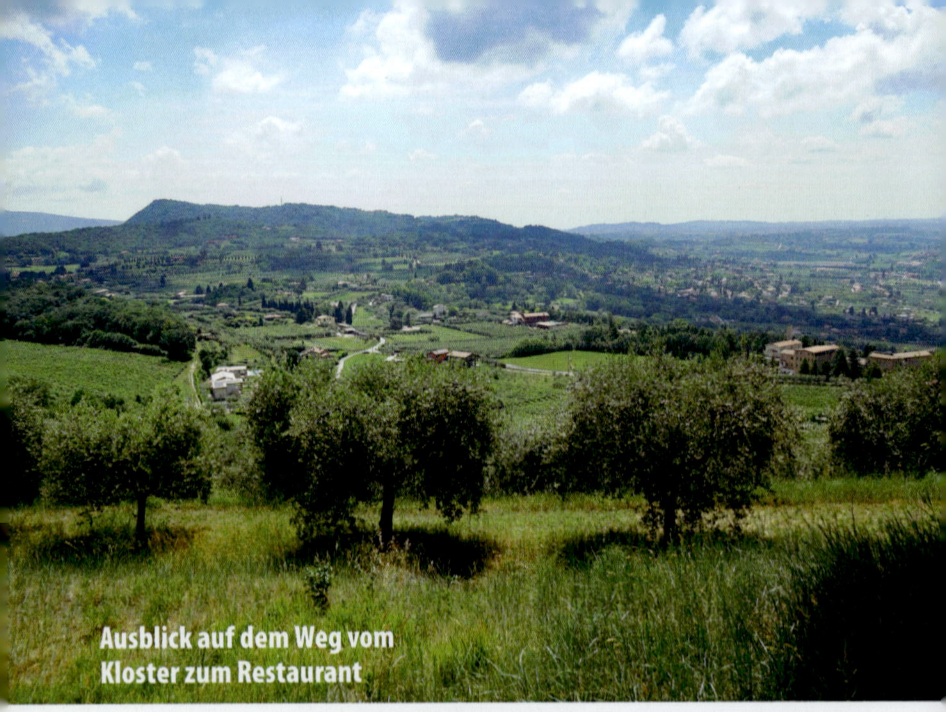

Ausblick auf dem Weg vom Kloster zum Restaurant

*Die **Einsiedelei Eremo di San Giorgio** des benediktinischen Kamaldulenser-Ordens wurde 1663 gegründet. Ihr kleiner Laden bietet neben nativem Olivenöl, das von Früchten aus den Olivenhainen rund um die Eremitei stammt, auch Honig, Schokolade, ätherische Öle und Biokosmetikprodukte an.*

An einer Raststelle mit mehreren Bänken angekommen, entscheiden wir uns für den Weg mit dem Schild **„Eremo Camaldolesi B".** Ohne nennenswerte Steigung geht es weiter, vereinzelt begegnen wir sportlichen Mountainbike-Fahrern. An einer Gabelung angelangt, halten wir uns rechts leicht bergauf. Wir erreichen eine Steinmauer, die die Außenanlage der **Einsiedelei Eremo di San Giorgio** ❸ begrenzt.

Die Mauer entlanggehend, kommen wir zu einer breiten, sonnigen Schotterstraße, die uns rechts bis zur Klosteranlage führt. Auch wenn das Gebäude am Ende des Wegs unzugänglich wirkt, lassen wir uns nicht beirren. Und siehe da, ganz hinten links entdecken wir die Eingangstür zu einem kleinen Laden, der **Antica Farmacia dei Monaci Camaldolesi.** Wenn wir durch die ehemalige Apotheke hindurchgehen, gelangen wir über den Innenhof und eine Steintreppe zur Kirche. Von hier oben haben wir eine herrliche Aussicht auf silbergrün schimmernde Olivenhaine und sanfte Weinhügel.

Wir verabschieden uns von San Giorgio und kehren über die Schotterstraße zu der Stelle zurück, an der wir unsere Route soeben verlassen haben. Wir spazieren rechts auf einem gemütlichen, breiten Schotterweg bergab in das Hinterland des Lago, wo die Trauben des schmackhaften Bardolino kultiviert werden. Den glitzernden See erspähen wir zu unserer Rechten, hinter stolzen Zypressen, knorrigen Olivenbäumen und lieblichen Weinreben. An einer Gabelung entscheiden wir uns für den schmaleren Pfad nach links oben, der uns an eine beschilderte Kreuzung führt. Zunächst halten wir uns geradeaus Richtung **Giro dei Vigneti.** Links und rechts des Wegs stehen Olivenbäume Spalier und bilden einen zauberhaften grünen Blätterbogen über dem Pfad. Rechts dahinter sattgrüne Weinreben, so weit das Auge reicht. Auf einer Anhöhe links von uns erblicken wir das romantische **Ristorante La Dacia ❹.** Sollen wir uns ein Mittagessen mit traumhafter Aussicht gönnen?

Über einen Parkplatz gelangen wir in den wunderschönen Außenbereich des Restaurants, von dem aus man einen herrlichen Blick auf die Ausläufer des Monte Baldo hat.

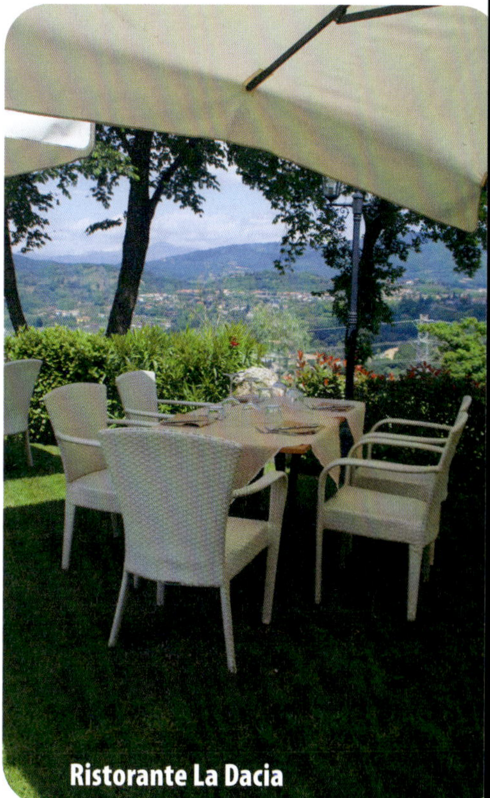
Ristorante La Dacia

Unsere Energiereserven sind wieder aufgefüllt, und so spazieren wir nach unserem *pranzo* durch die Olivenbaumallee zurück bis zur beschilderten Kreuzung. Wir halten uns links, es geht an Weinreben vorbei, bis wir zu einem gelben **Capitello Votivo ❺** gelangen, einer Andachtsstätte mitten auf der Kreuzung der **Strada dei Monvei.** Dieser folgen wir ein kurzes Stück links und überqueren sie, um rechts in die **Via Belvedere** abzubiegen, die Straße der schönen Aussicht.

Sobald wir die schmucken Villen der Via Belvedere hinter uns gelassen haben, hält der Name der Straße, was er verspricht. Schmale, hoch gewachsene Zypressen, sanft geschwungene Weinhügel und silbergrün glitzernde Olivenbäume: ein Stück Toskana mitten in Venetien! Doch hier werden die verschiedenen Schattierungen von Grün durch das schimmernde Blau des Sees im Hintergrund komplettiert. Wir genießen den Spaziergang auf der idyllischen Straße, die in sanften Kurven oberhalb des Lago verläuft. An ihrem Ende macht sie einen Bogen nach rechts, führt bergab auf den See zu und endet an einer Querstraße. Hier gehen wir scharf rechts weiter und befinden uns in der **Via Tezze.** Mit weiterhin schönem Panorama wandern wir parallel zur Via Belvedere zurück – allerdings etwas näher am See, der nun zu unserer Linken liegt. Die asphaltierte Straße wird von einem Feldweg unterbrochen und heißt danach **Strada Colambarone.** Auf ihr gehen wir bis zu einer befahrenen Querstraße, der **Via Colombano,** die

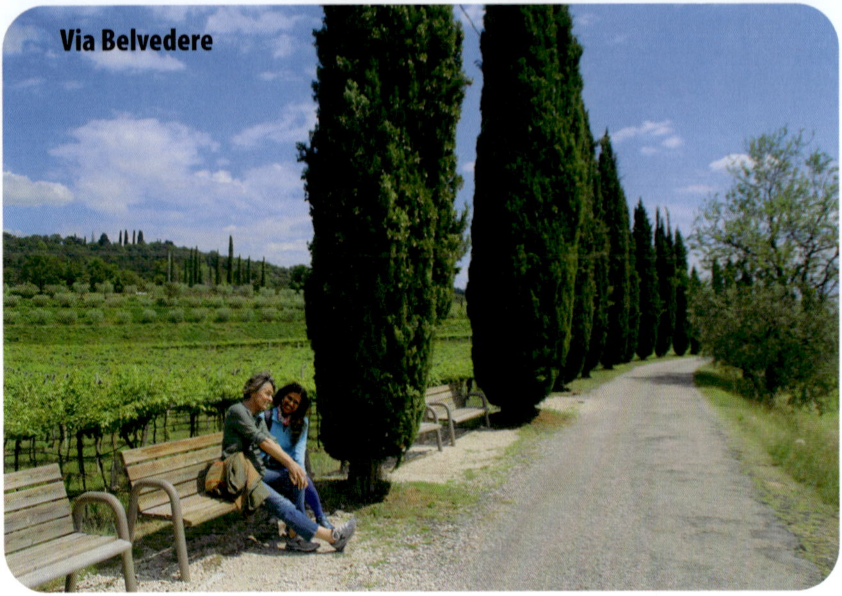
Via Belvedere

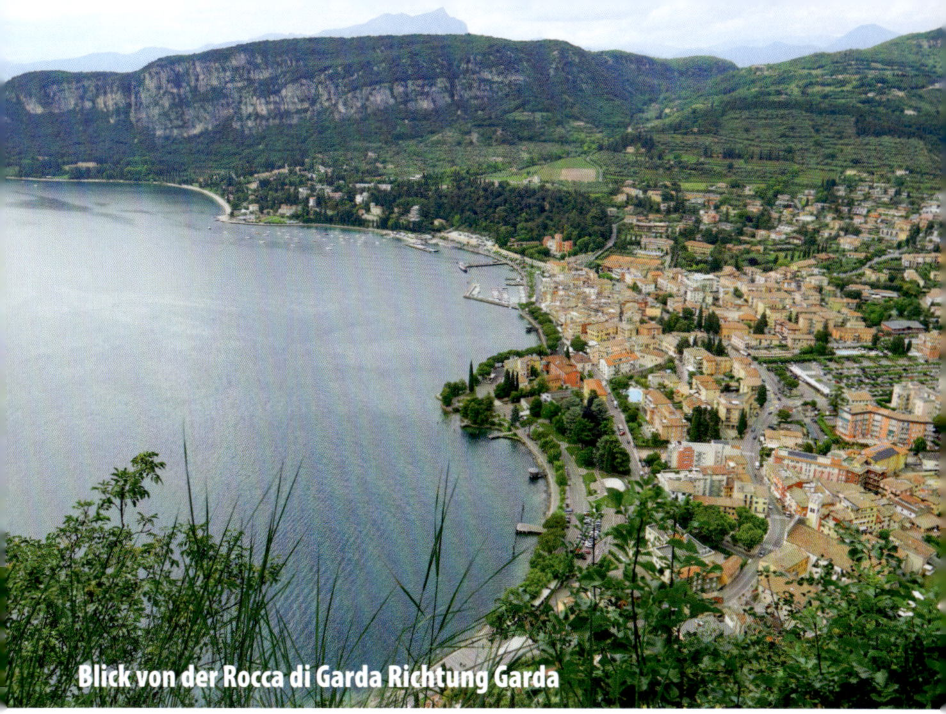

Blick von der Rocca di Garda Richtung Garda

wir vorsichtig überqueren. Auf der gegenüberliegenden Straßenseite entdecken wir ein Restaurant, die Locanda Bersagliere. Wir spazieren unterhalb des Gasthauses geradeaus in die **Strada di Sem e Pigno.** An einer Gabelung halten wir uns links und sind in der **Strada Sem.** Diese gewährt uns zu unserer Linken fantastische Aussichten auf den See, während wir auf der anderen Seite an hübschen Agriturismi und Bed & Breakfasts vorbeischlendern. An einer Straße, die nach rechts abgeht, bemerken wir ein Schild, auf dem Wanderer abgebildet sind. Wir folgen ihm und sehen rechts von uns die Tafel **„Percorso la Rocca".** Bald mündet die asphaltierte Straße in einen Kiesweg. Die Rocca haben wir nun fest vor Augen. Wir kommen an den Rastplatz mit zahlreichen Bänken, den wir heute schon einmal passiert haben. Von hier gehen mehrere Wege ab. Wir nehmen den linken bergauf, der uns zum Highlight dieser Tour führt, der **Rocca di Garda ⑥,** die zwischen Garda und Bardolino über dem See thront. Ein teils steiniger, teils felsiger Pfad bringt uns bis zu einer Lichtung nach oben. Hier führt ein Feldweg rund um die Rocca, sodass wir den

Auszeittour 1

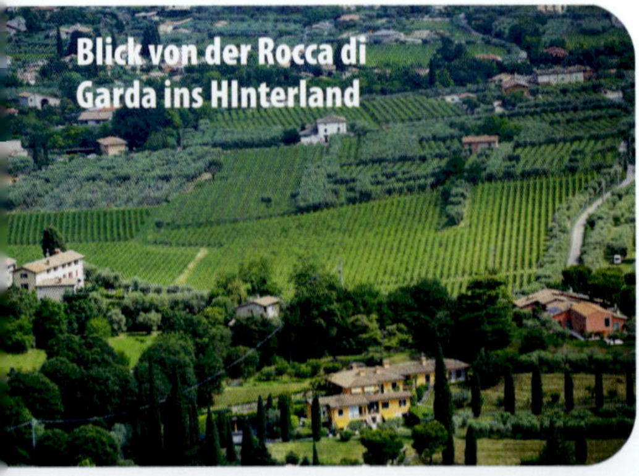

Blick in alle Himmelsrichtungen schweifen lassen können.

Die Rocca bildet den Abschluss unserer wunderbaren Wanderung. Danach kehren wir auf derselben Strecke wieder bis zum Rastplatz mit den Bänken zurück. Dort nehmen wir den äußersten linken Weg, den wir bereits vom Aufstieg kennen. Von nun an spazieren wir auf der Route, die wir zu Beginn der Wanderung genommen haben, zurück nach Garda bis zum Parkplatz.

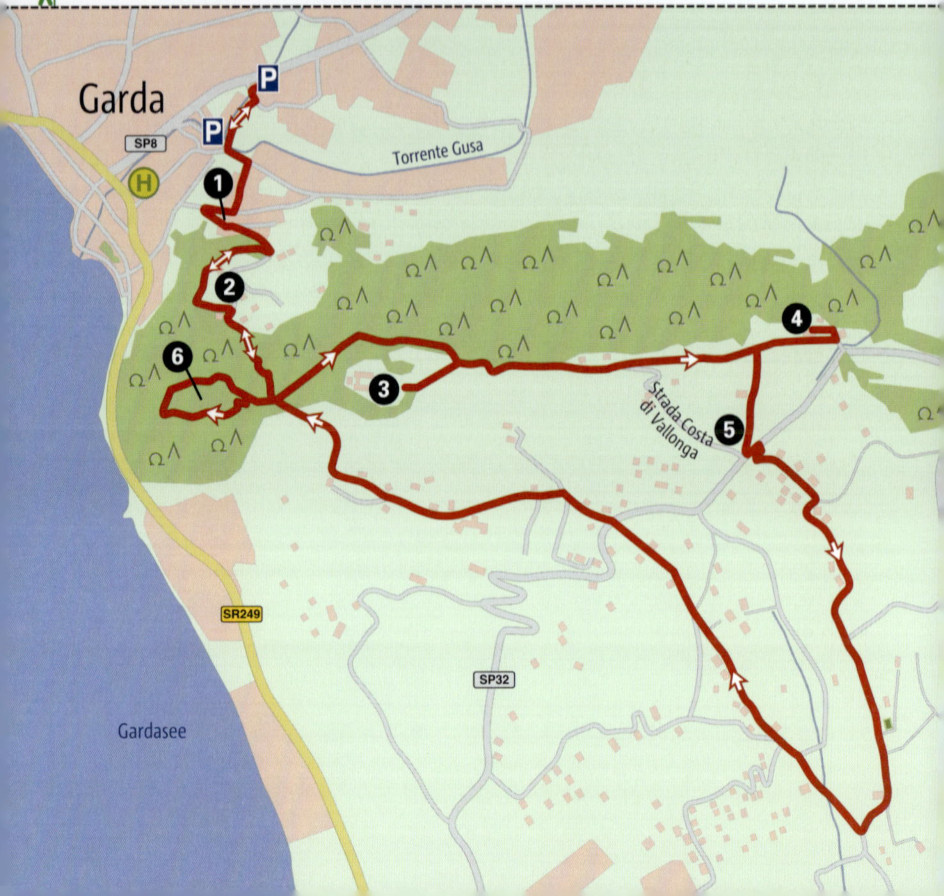

Entspannung ✱✱✱✱✱
Genuss ✱✱✱✱✱
Romantik ✱✱✱✱✱

WIE & WANN:
Vornehmlich leicht begehbare, ebene Straßen und Wanderpfade; ganzjährig möglich, einige Abschnitte an sonnenexponierten Stellen mit wenig Schatten

HIN & WEG:
Auto: Parken an der Via Don Luigi Sturzo, 37016 Garda (VR) (GPS: 45.577883, 10.714804) oder (gebührenpflichtig) Via C. Preite 13, 37016 Garda (VR) (GPS: 45.576606, 10.713635)
ÖPNV: Von Verona Porto Nuova Stazione FS Bus 162, 163, 164 oder 165 bis Garda Autostazione, von dort zu Fuß über die Via C. Colombo bis zum Parkplatz Via C. Preite

ESSEN & ENTSPANNEN:
Azienda Agricola Oro Verde ❶ Via degli Alpini 2, 37016 Garda (VR), Tel. +39 (0 45) 9 61 74 02, www.oroverdeverona.it
Ristorante La Dacia ❹ Via dei Monvei 1, 37011 Bardolino (VR), Tel. +39 (0 45) 7 21 14 08, www.ristoranteladacia.com

ENTDECKEN & ERLEBEN:
Madonna del Pign ❷
Einsiedelei Eremo di San Giorgio ❸
Capitello Votivo ❺
Rocca di Garda ❻

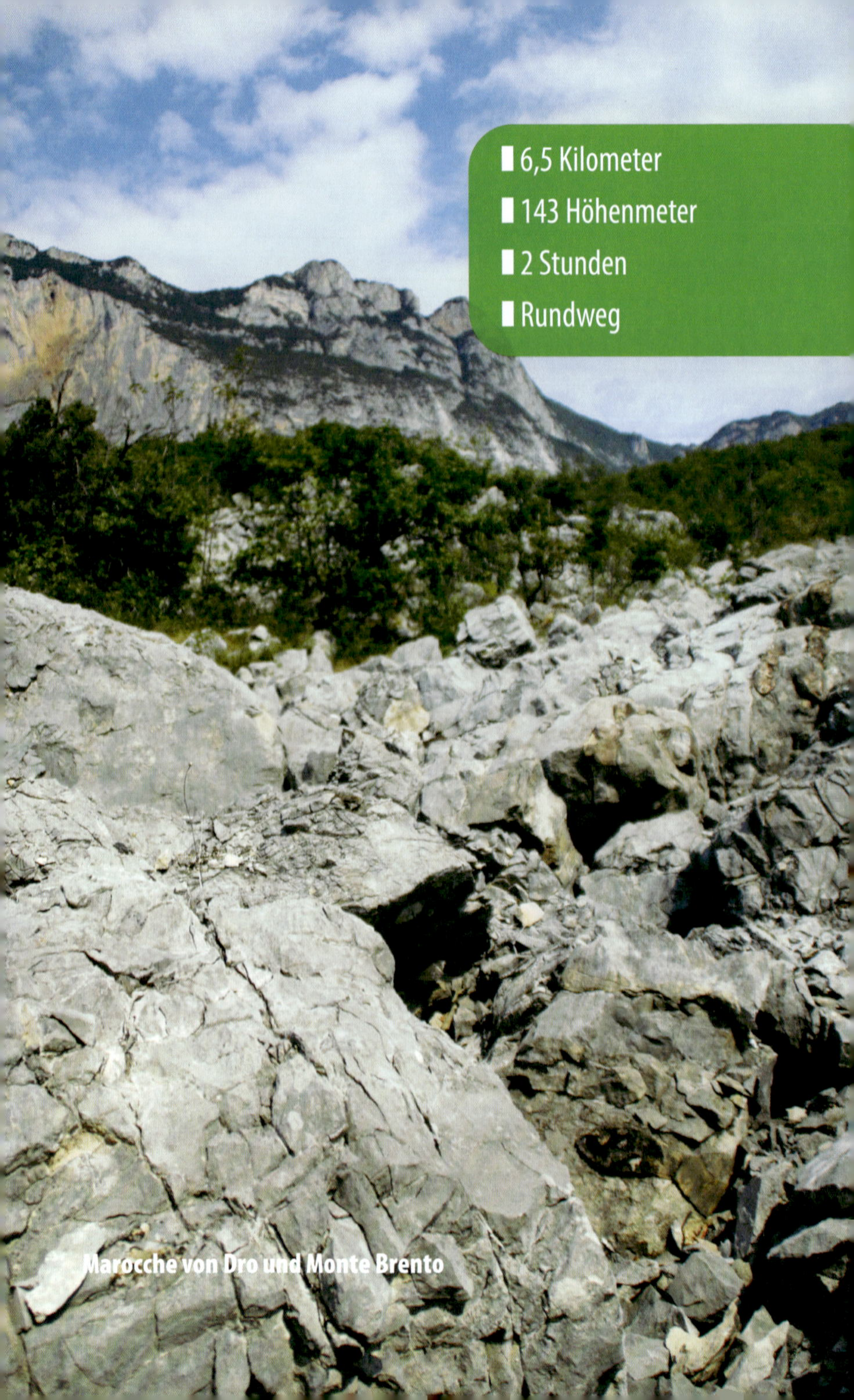

- 6,5 Kilometer
- 143 Höhenmeter
- 2 Stunden
- Rundweg

Marocche von Dro und Monte Brento

Mondlandschaft

Urzeitliche Wege bei Dro

12 Kilometer nordöstlich vom Gardasee haben wir im unteren Sarcatal die Gelegenheit, durch die Marocche von Dro zu wandern, eine außergewöhnliche, bizarre Mondlandschaft.

Den Rundweg durch die fantastische Geröllllandschaft starten wir auf dem schattigen Parkplatz beim Sportplatz Tamburello oder schräg gegenüber am Eingang der Marocche auf einer etwas sonnigeren Parkgelegenheit.

Von Letzterer führt ein Weg in die **Marocche von Dro ❶.** Kleine braune Pfosten mit gelbem Pfeil weisen den vorgegebenen Rundweg **Sentiero di Visita del Biotopo delle Marocche** durch das Naturschutzgebiet.

Auf der Wanderung gibt es zu Beginn kaum Schatten, sodass wir sie im Frühling oder Herbst am meisten genießen. Der vorgegebene Rundweg ist gut zu erkennen und ausgeschildert. Sollte der Pfad an einigen Stellen durch größere Gesteinsbrocken blockiert sein und wir unsicher, wo er weitergeht, halten wir nach dem nächsten Wegweiser Ausschau.

Während wir auf dem Weg durch diese mondähnliche Gesteinslandschaft voranschreiten, genießen wir die Ruhe vor der Kulisse des **Monte Brento,** der sich vor uns erhebt.

Der Rundweg ist eben, dennoch müssen wir auf dem steinigen Geröll achtsam sein und unsere Schritte bedächtig setzen. Die Wanderung entschleunigt uns im wahrsten Sinne des Wortes. Die außergewöhnliche Landschaft ist spektakulär, der Weg meist leicht zu

*Die **Marocche von Dro** sind das Ergebnis von Erdrutschen nach der Eiszeit. Die steinigen Hügel sind 200 bis 250 Meter hoch. Marocca ist im Dialekt des Trentino die Bezeichnung für „Stein".*

erkennen, sodass wir uns auf das Hier und Jetzt, auf uns selbst konzentrieren können.

Wenn wir rückwärts blicken, entdecken wir im Hintergrund das **Castel Drena,** die Burg, die über das Sarcatal wacht und uns auf unserer Wanderung als Orientierungspunkt dient.

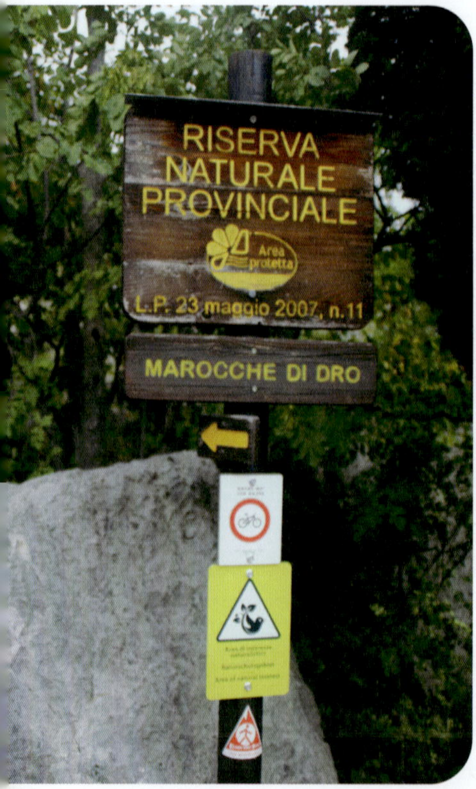

Auf dem Rundweg kommen wir immer wieder an hölzernen Infotafeln vorbei, die uns auf Italienisch auf die Geschichten hinweisen, die diese Steine erzählen, wenn wir sie nur eingehend betrachten. So entdecken wir sogenannte Rillenkarren in den Felsen. Diese ungewöhnlichen Streifen sind das Ergebnis von Lösungsverwitterung im Karst. In anderen Gesteinsbrocken sehen wir *ciottoli,* Kieselsteine, die wie in den Felsen eingeschlossene Fußabdrücke erscheinen. Da sie der Erosionskraft des Wassers stärker widerstehen als der sie umgebende Fels, wurden sie im Laufe der Jahrhunderte nach und nach freigelegt.

Nachdem wir eine Weile die Marocche von Dro durchwandert haben, gelangen wir an eine T-Kreuzung, an der die eigentliche Runde beginnt. Links führt der Weg Richtung Laghisoli, ein kürzerer Rundweg (Percorso breve). Wir gehen jedoch nach rechts nach **Centrale Fies** (Percorso lungo), sodass wir noch eine Weile durch die faszinierenden Gesteinsformationen wandern können. Genau genommen ist der Percorso **Centrale Fies** der mittlere von drei Wegen. Ihm folgend spazieren wir ein kurzes Stück im Schatten von Sträuchern. Ist es nicht erstaunlich, wie sich die Natur auf diesem kargen Untergrund wieder ihren Lebensraum erkämpft?

Für die Seele

Bedächtigen Schritts wandern wir achtsam durch eine karge Mondlandschaft. Während wir allzeit die Balance behalten, besinnen wir uns auf das Hier und Jetzt.

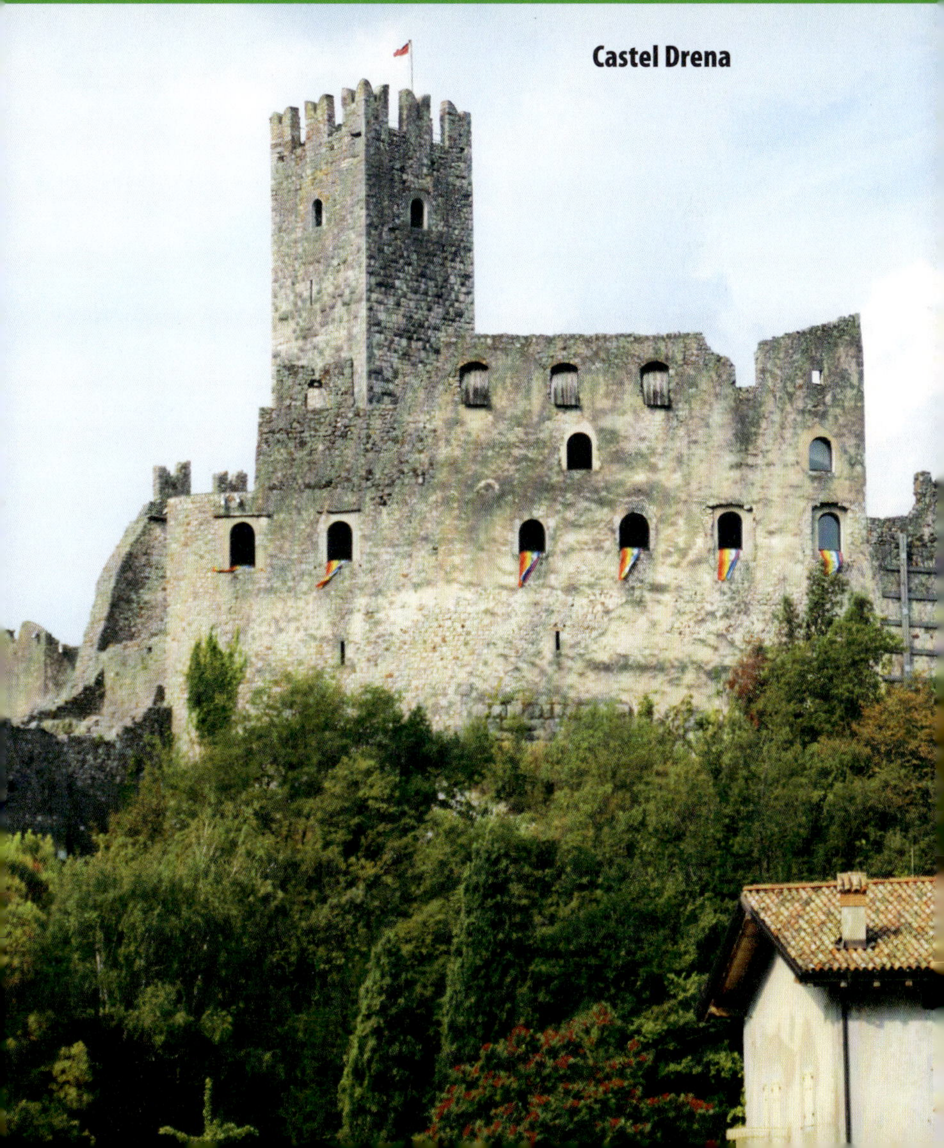

Castel Drena

Wir gehen gut 1 Kilometer geradeaus. Dann führt ein Pfad rechts bis zur Straße SP 214. Wir nehmen jedoch den Weg, der links an einem größeren Felsbrocken Richtung Cavedinesee führt. Dann schickt uns ein Wegweiser mit **gelbem Pfeil** nach links weiter.

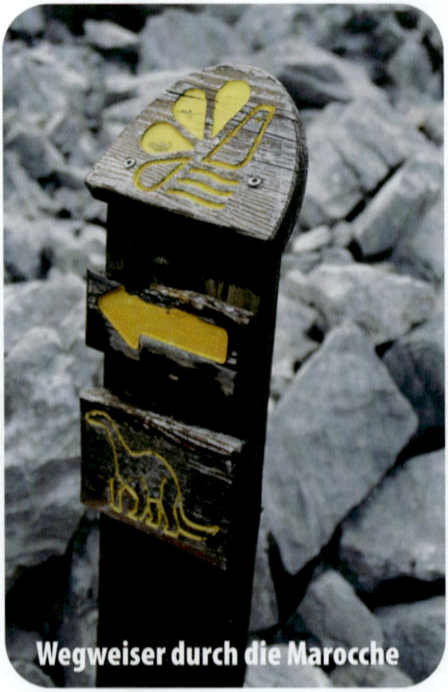

Wegweiser durch die Marocche

Zunächst müssen wir ein paar Serpentinen nach unten, bis wir schließlich nach links weitergehen. Der See selbst verschwindet schnell wieder aus unserem Blickfeld. Wer ihn auf einem Foto festhalten möchte, sollte, sobald er ihn im Hintergrund aufblitzen sieht, die Kamera zücken.

Während wir weiterwandern, erfreuen wir uns an ein wenig Schatten und weichem, erdigem Untergrund. An der folgenden T-Kreuzung treffen wir auf zwei Wegweiser. Bei genauerer Betrachtung erkennen wir, dass dem nach links handschriftlich **„Dro"** hinzugefügt wurde. Diese Richtung nehmen wir. Es bleibt weiterhin schattig vom Laub der Bäume und Sträucher. Wir klettern nicht mehr über eigenwillige Gesteinsformationen. Die Pflanzenwelt hat sich an dieser Stelle das Gebiet zurückerobert und es begrünt.

*Der **Cavedinesee** bildet die nördliche Begrenzung der Marocche und ist ebenso infolge des Bergsturzes entstanden. Es wird vermutet, dass er zusammen mit dem Massenza- und dem Tobliner See einst eine durchgehende Wasserfläche geformt hat, die nach und nach verlandet ist.*

Am Ende des Wegs halten wir uns erneut links. Es geht gemütlich bergab, wird jedoch etwas steiniger. Vor uns läge der Gardasee, er versteckt sich jedoch hinter den Trentiner Bergen. Sehen werden wir ihn auf dieser Wanderung nicht. Dafür kommen wir, sobald das Waldstück endet, an einem kleinen *vigneto*, einem Weingarten, vorbei. Hinter dem schaukelnden Hochstand an dessen Rand halten wir uns rechts und gelangen zu einem Fahrradweg, der Pista Ciclabile Valle del Sarca, in die wir scharf links abbiegen. Kurz teilen wir uns den Weg mit Radlern, und auch am Radweg entde-

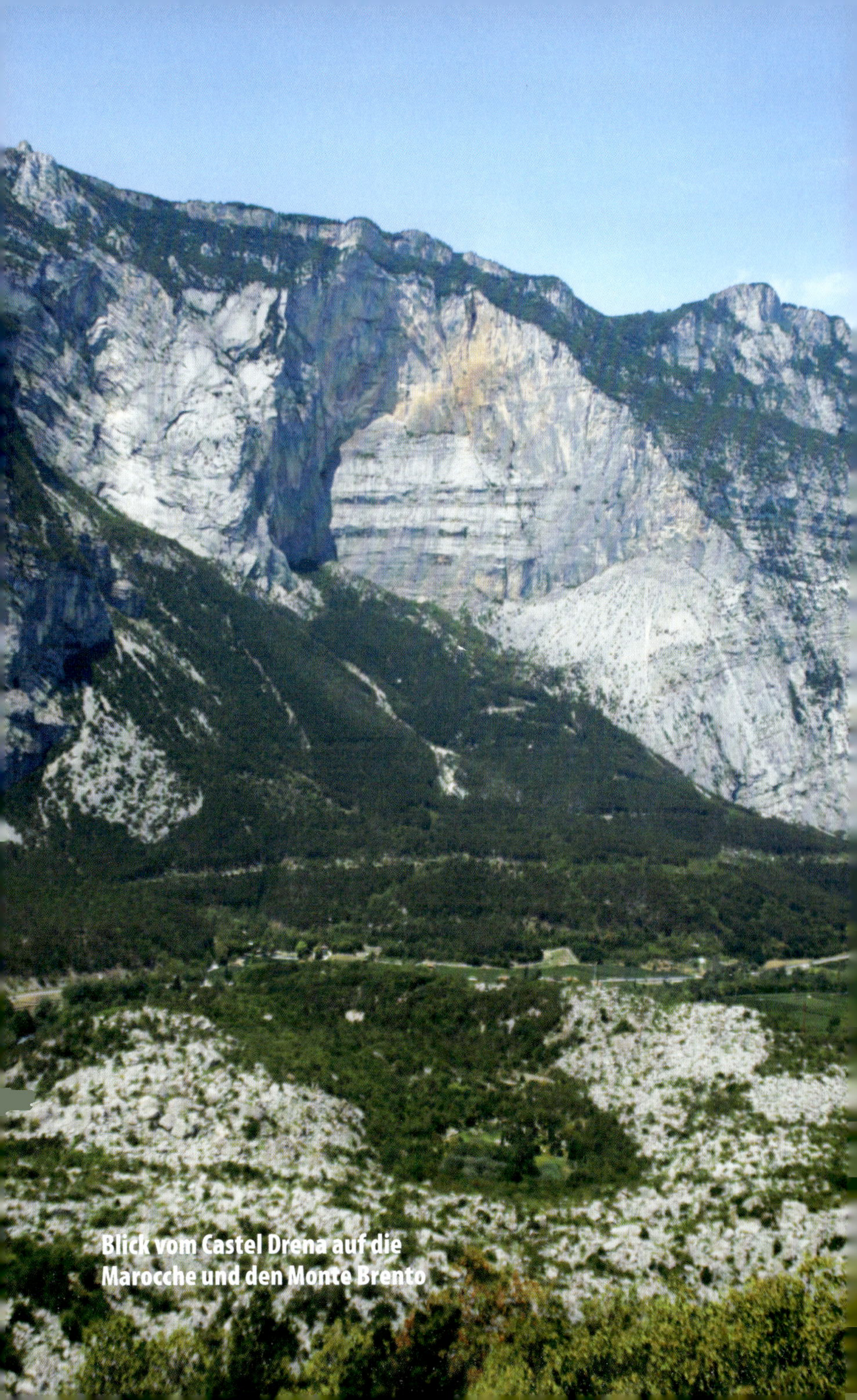

Blick vom Castel Drena auf die
Marocche und den Monte Brento

cken wir unseren braunen Wegweiser mit **gelbem Pfeil.** Bald sehen wir eine große Anschlagtafel zum Gebiet der **Marocche di Dro.** Links davon führt ein Forstweg in den Wald. Dieser bringt uns zu einem Ort, der an eine Oase erinnert: eine Lichtung mit Palmen mitten im Wald. Daneben ein Privathaus, die **Ranch Marocche ❷.** Das Ganze macht einen unwirklichen Eindruck, und doch handelt es sich nicht um eine Fata Morgana.

An dieser Stelle aufgepasst! Wir folgen dem vorgegebenen Rundweg hier, in der Località Laghisoli, nicht weiter. Wir gehen auf das private Anwesen zu und biegen kurz davor links in einen kleinen Weg. Dort entde-

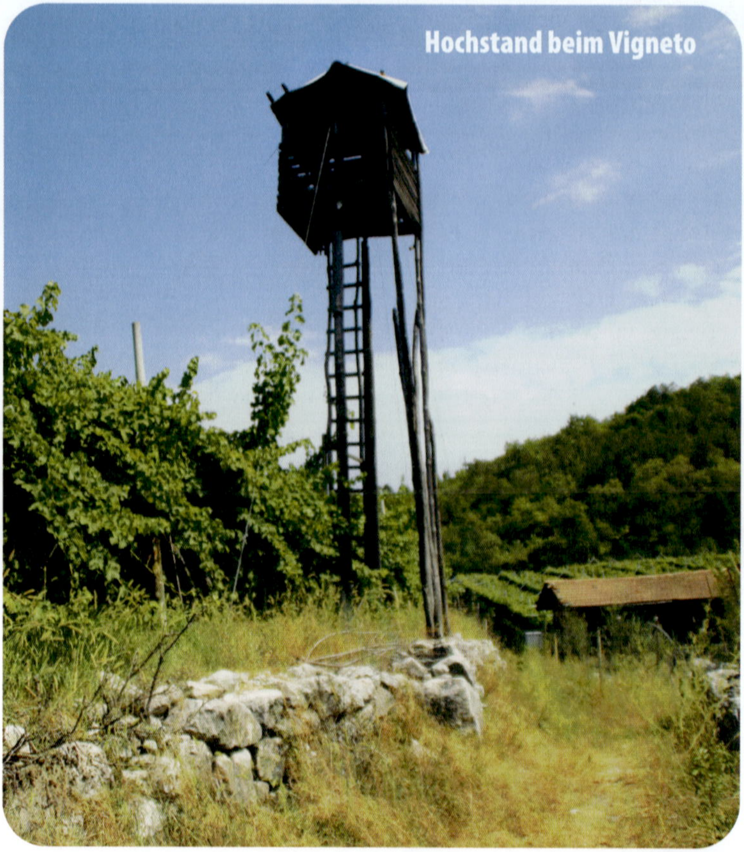
Hochstand beim Vigneto

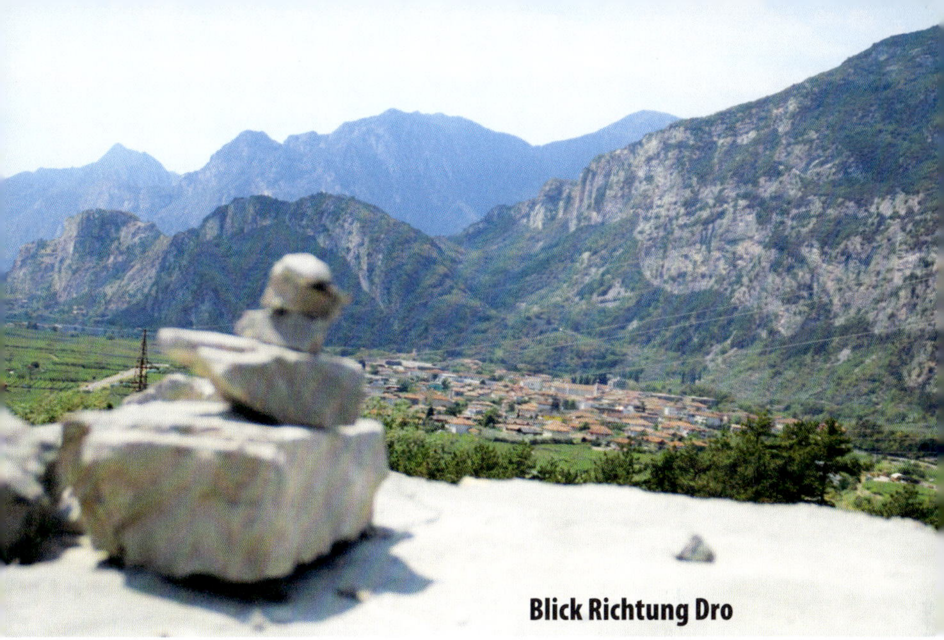

Blick Richtung Dro

cken wir einen gelben Pfeil, allerdings entgegen der Richtung, die wir einschlagen. Die Pfeile werden nun immer in die „falsche" Richtung zeigen. Wir beschreiten die Runde Laghisoli, die wir zu Beginn unserer Wanderung nicht gewählt haben, in umgekehrter Richtung. Der schmale Pfad wird uns wieder an die Stelle bringen, an der wir unseren Weg Richtung Centrale Fies begonnen haben. Und so verwundert es nicht, dass wir bald im Hintergrund das **Castello di Drena** auf dem Berg erspähen. Doch auch ein Blick zurück lohnt sich. Dort sehen wir die Palmenoase, die wir gerade erst passiert haben, von oben. Unter all dem Schilf muss sich ein **kleiner Teich ❸** verbergen.

Bei den Wegweisern vom Anfang der Runde angekommen, gehen wir auf bekanntem Weg zum Auto zurück.

Bei dieser Tour lohnt ein Besuch der trutzigen Burg **Castel Drena ❹,** die wir mit dem Auto in wenigen Minuten erreichen. Dazu fahren wir die SP 214 weiter und biegen dann scharf in die SP 84 ab. Der Wanderweg zur Burg ist gesperrt, seit 2018 starker Wind eine Mauer zum Einsturz gebracht hat. Mit unserem Besuch unterstützen wir das Bemühen, dieses *castello* zu retten.

*Das **Castel Drena** entstand im 12. Jahrhundert zur Überwachung des Flussverkehrs auf der Sarca. Lange Zeit gehörte es der Herrscherfamilie von Arco. Anfang des 18. Jahrhunderts wurde es von den Franzosen zerstört. Heute finden hier Ausstellungen und Veranstaltungen statt.*

Auszeittour 2

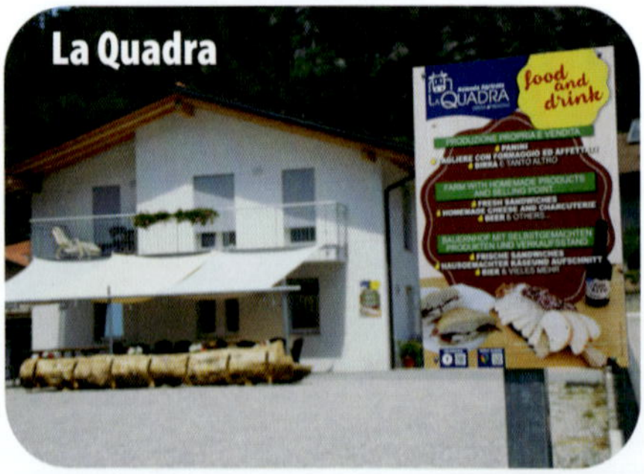

Außerdem haben wir vom Turm der Burg einen wunderbaren Blick auf die Marocche di Dro, den Cavedinesee und den Monte Brento.

Wer hungrig ist, hat in Drena einige Möglichkeiten. Gegenüber dem Parkplatz des Kastells sehen wir ein Schild zum Campingplatz **Camping Resort Drena ❺,** wo es eine Bar mit schöner Aussicht auf die Burg gibt. Etwas weiter im Ort kann man sich im Hofladen **Azienda Agricola La Quadra ❻** mit leckeren *taglieri* (Wurst- und Käseplatten) und *panini* laben und zum Abschluss der Runde Köstlichkeiten für die Heimfahrt mitnehmen.

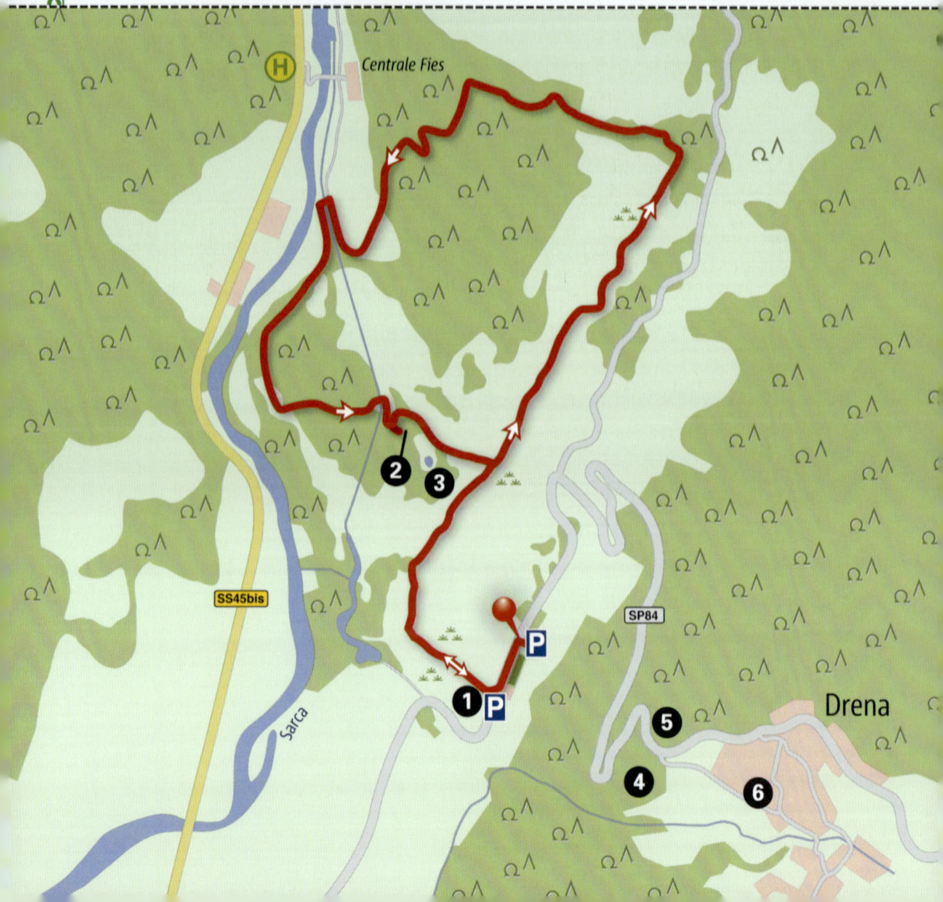

Entspannung ✱✱✱✱✱
Genuss ✱✱✱
Romantik ✱✱

WIE & WANN:
Großenteils steinige Wege mit wenig Schatten; im Hochsommer, aber auch nach Regen nur bedingt empfehlenswert

HIN & WEG:
Auto: Parkplatz an der SP 84, 3, 38074 Dro (TN) (GPS: 45.972975, 10.9349026) oder Parkplatz mit Zugang zu den Marocche an der SP 84, 3, 38074 Dro (TN) (GPS: 45.971946, 10.933615)
ÖPNV: Von Trento Bus B 205 bis Centrale Fies, Einstieg in die Tour beim Radweg Pista Ciclabile Valle del Sarca (wir sehen ihn, wenn wir auf die Centrale Fies zugehen)

ESSEN & ENTSPANNEN:
Camping Resort Drena ❺ Bar am Campingplatz, Località al Castello, 38074 Drena (TN), Tel. +39 (3 66) 1 43 87 01, www.campingresortdrena.it
Azienda Agricola La Quadra ❻ Via Giovanni Segantini 16, 38074 Drenta (TN), Tel. +39 (3 47) 6 85 41 68, www.bortolottilaquadra.it

ENTDECKEN & ERLEBEN:
Beginn der Marocche von Dro ❶
Ranch Marocche ❷
Kleiner Teich ❸
Castel Drena ❹ www.casteldrena.it

- 6,5 Kilometer
- 123 Höhenmeter
- 2 Stunden
- Rundweg

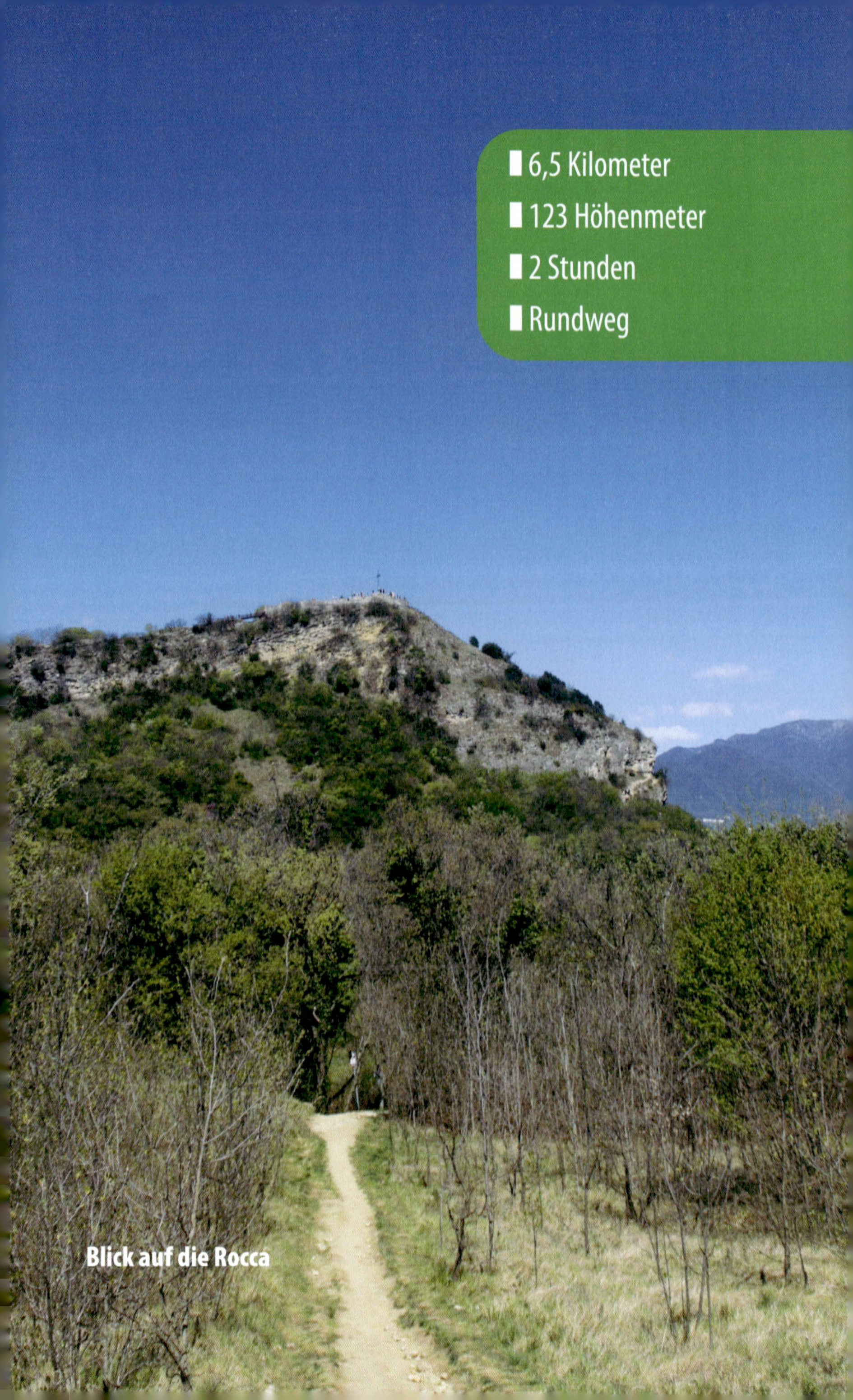

Blick auf die Rocca

Rundblick

Auf zur Rocca di Manerba

Auf einem kostenfreien Parkplatz in der **Via I Maggio** in **Solero,** einem Stadtteil Manerbas, beginnt unsere Wanderung. Wir biegen rechts ab in die **Via Gabriele D'Annunzio,** gehen geradeaus, überqueren einen Kreisverkehr und gelangen zur Via XXV Aprile. Hier wenden wir uns nach links und spazieren einen Hügel hinauf, hinter dem sich der See versteckt. Oben angekommen sehen wir ihn endlich – er wird ab jetzt auf dieser Wanderung unser treuer Begleiter sein. Die Straße macht eine Linkskurve, heißt nun **Via Torquato Tasso.** Unter dem Straßenschild entdecken wir zwei rot-weiße Wegweiser.

Wir folgen der Nummer **802** nach **Porto Dusano,** dem kleinen Bootshafen Manerbas, der unser erster Halt sein wird. So spazieren wir auf der Via Torquato Tasso

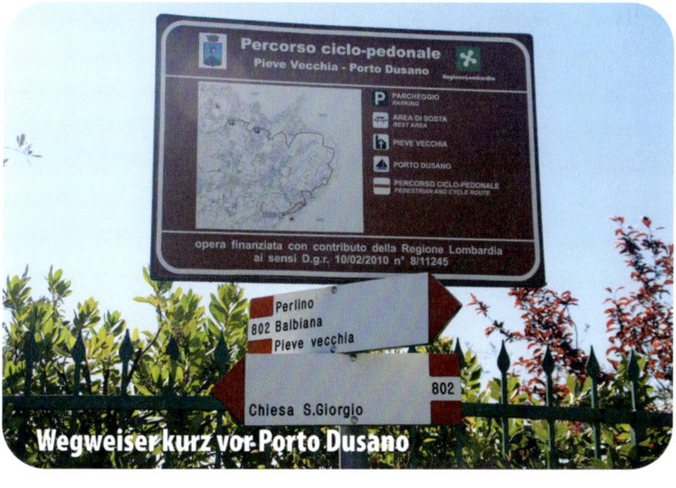

Wegweiser kurz vor Porto Dusano

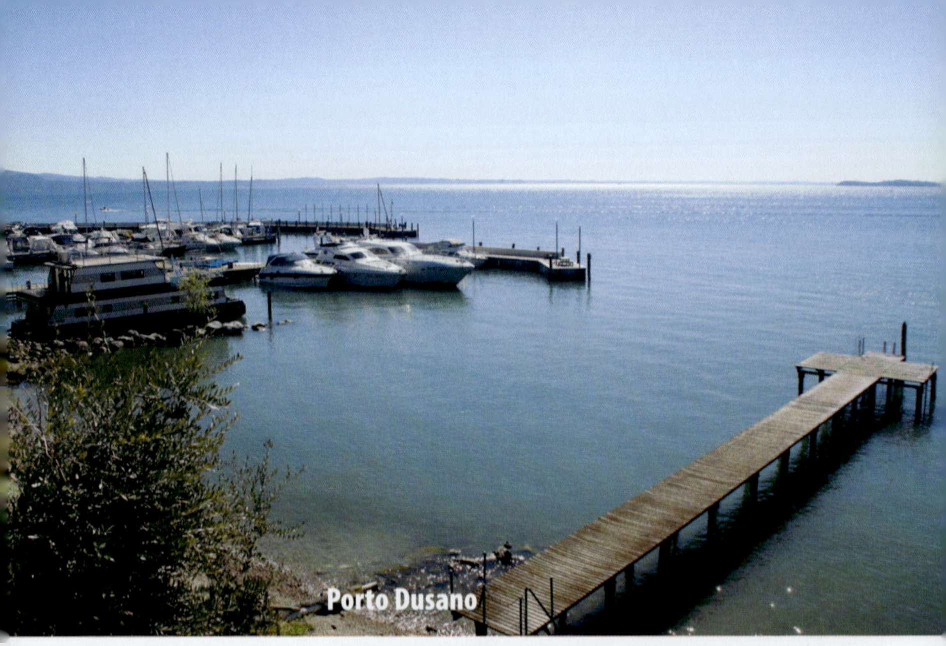

Porto Dusano

weiter. Hinter einem weiteren, jedoch gebührenpflichtigen Parkplatz biegen wir links ab, in den näher am See liegenden Weg, der weiterhin Via Torquato Tasso heißt. Hier entdecken wir eine braune Wanderkarte, darunter zwei rot-weiße Pfeile, von denen wir dem zur **Chiesa S. Giorgio** folgen. Mit dem See zur Rechten schlendern wir näher ans Ufer. Bald sehen wir die ersten vertäuten Jachten im **Hafen von Dusano ❶** liegen, vereinzelt tanzen Boote auf dem Wasser. Eine Brise frischer Seeluft umschwirrt unsere Nase. Geradeaus gelangen wir zur **Dusano White Bar ❷.** Von hier haben wir einen herrlichen Blick auf See und Hafen. Zeit für ein zweites Frühstück.

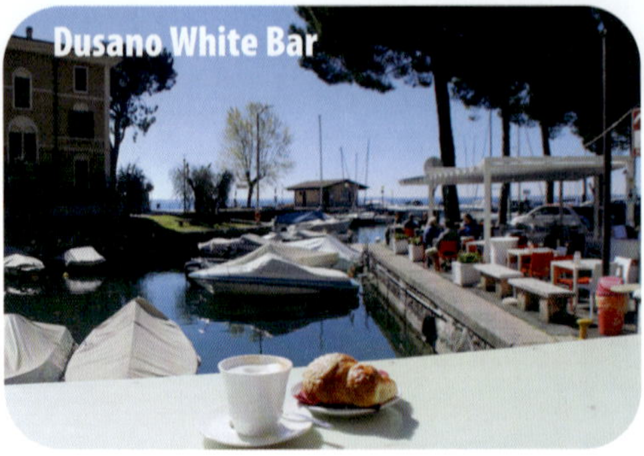

Dusano White Bar

Sollten wir erst später am Hafen ankommen, machen wir Rast im **Ristorante/Pizzeria Fior di Roccia ❸** nebenan und haben bei einem mittäglichen *pranzo* eine ebenso gute Aussicht. Hier herrscht eine entspannte Atmosphäre. Geschäfte zum Bummeln gibt es nicht, dafür einen hübschen Kiesstrand neben dem Fähranleger.

Für die Seele

Wir spazieren entspannt zwischen mehr Einheimischen als Touristen, bis uns ein kleiner Aufstieg ganz große Aussichten ermöglicht.

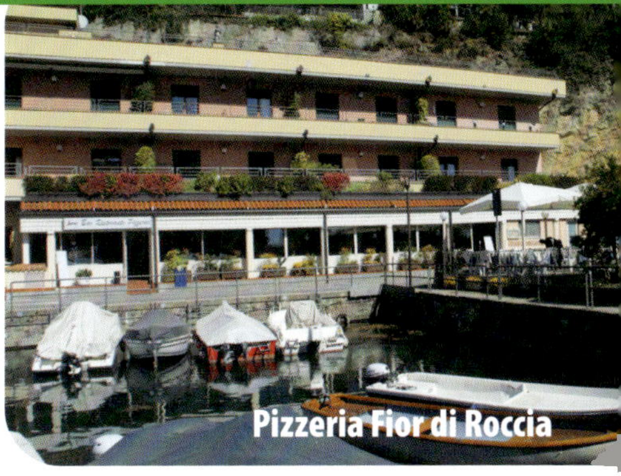
Pizzeria Fior di Roccia

Hier schauen wir vorbei, bevor wir uns auf unsere Runde Richtung **Rocca di Manerba** begeben.

Weiter geht es auf der **Via Giosuè Carducci.** Diese verläuft neben einem gebührenpflichtigen Parkplatz an der **Piazzale Piccolo Teatro di Milano** schräg gegenüber der Pizzeria. Zum Glück können wir die Straße bald verlassen, unser lauschiger Wanderweg beginnt. Am Eingang finden wir eine Landkarte, auf der das Wandergebiet **Parco della Rocca e del Sasso** eingezeichnet ist. Gegenüber die rot-weißen Wegweiser des italienischen Alpenvereins.

Der Zugang ist durch eine grün gestrichene Absperrung für Autos blockiert. Wir Wandernden ducken uns, um die Sperre zu passieren, und befinden uns sogleich auf einem gemütlichen Pfad. An der ersten Gabelung nehmen wir nicht den breiten Sentiero Panoramico, sondern den schmalen Pfad links, denn wir wollen die Chiesa S. Giorgio besuchen. Es bleibt eben, bis wir einem handgemalten Schild, das uns in Richtung dieser Kirche weist, nach links oben folgen. Über Naturstufen erreichen wir die idyllisch am See gelegene **Chiesa S. Giorgio ❹,** von der wir die herrliche Aussicht auf das Wasser genießen.

Von S. Giorgio nehmen wir zunächst den Weg auf Höhe der Kirche, der vom See wegführt, und biegen dann rechts in eine breite, unbefestigte Straße ein.

*Die **Kirche S. Giorgio** wurde wohl im 7. Jahrhundert als Grabkapelle errichtet. Im 11. Jahrhundert bekam sie mit der halbkreisförmigen Apsis ihr heutiges Aussehen, im 17. Jahrhundert kamen ein Säulenportal und Fassadendekorationen hinzu.*

Wir entdecken ein handgeschriebenes Schild, auf dem **„Rocca"** steht, und wandern in diese Richtung bis zur nächsten Querstraße. Dort folgen wir dem braunen Zeichen **Pieve** nach rechts. Der schmale Weg macht einen Knick nach links. An der nächsten Gabelung halten wir uns auf der rechten Route im Schatten der Bäume, bis wir auf den **Sentiero Panoramico** stoßen. Er bietet uns atemberaubende Ausblicke. Auf der Ostseite erkennen wir Bardolino und die Rocca del Garda, weiter im Norden den Bergkamm des Monte Baldo.

Wir bleiben auf dem Sentiero Panoramico bis zu einer Kreuzung mit handgeschriebenen Schildern. Viele Wege führen hier zwar nicht nach Rom, aber zur **Rocca.** Wir halten uns scharf links und gehen dann rechts bis zu einer Gabelung. Dort nehmen wir den linken, tiefer liegenden Pfad. Er führt uns auf eine Ebene mit nur einer einzigen Erhebung, der Rocca. Aus der Ferne erspähen wir das Gipfelkreuz, daneben quirliges Treiben. Wie fleißige Ameisen wimmeln zahlreiche Besucher auf der Suche nach dem besten Ausblick.

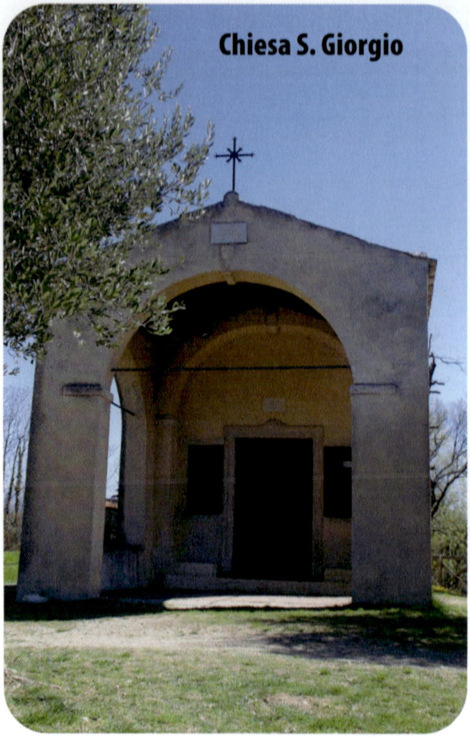

Chiesa S. Giorgio

Wir gehen auf sonnigem Pfad Richtung Fels bis zu einer Gabelung, an der jede Route zum Laghetto Büs De La Paül führt. Wir nehmen die linke. Wenn wir uns am Ende rechts halten, erreichen wir eine blühende Wiese. Wir wandern auf einem kleinen Trampelpfad, der eher rechts führt, und sehen einige Sonnenanbeter und Familien beim Picknick am grünen Teich **Laghetto Büs De La Paül ❺.** Daran vorbeigehend, kommen wir zu einem kleinen Wäld-

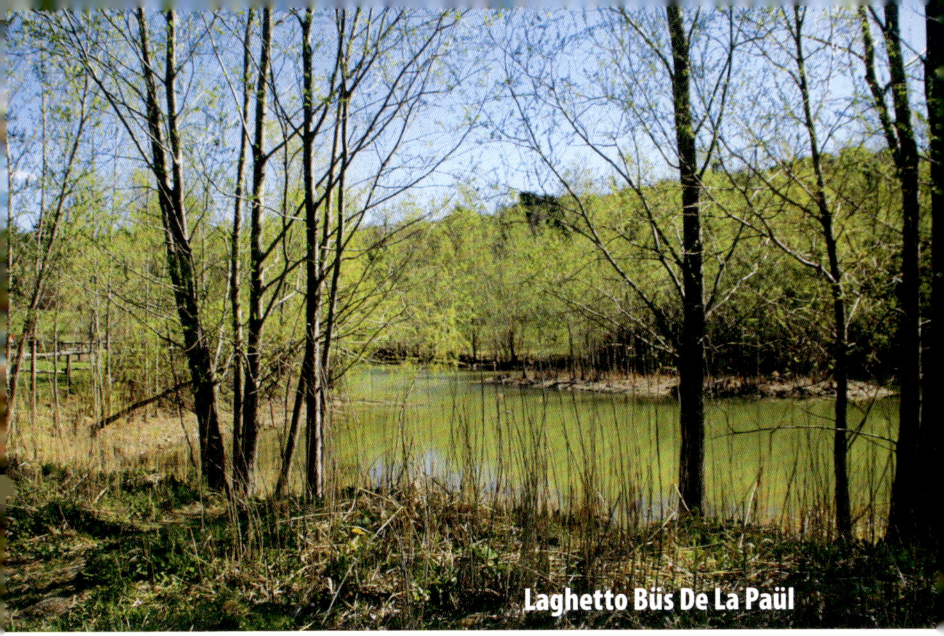
Laghetto Büs De La Paül

chen. Nun können wir es gar nicht mehr erwarten, den Felsen zu erklimmen, und folgen einem handgeschriebenen Schild zur **Rocca** bergan. Wer näher zum See möchte, hält sich zunächst rechts Richtung **Sasso,** einer kleinen, der Rocca vorgelagerten Landzunge, bevor er wieder zu dieser Gabelung zurückkehrt.

Der kurze Weg zur Rocca führt an ein paar verwitterten Holzbänken vorbei steil und steinig bergauf. Welch fantastische Aussicht haben wir von hier über den See!

Der wunderbare Blick weitet sich, sobald wir an der Spitze der **Rocca di Manerba** 6 angekommen sind, zu einem 360-Grad-Panorama: Richtung Norden erblicken wir am Westufer die Halbinsel San Felice del Benaco mit der vorgelagerten Isola del Garda, dahinter Salò, am Ostufer wird der See gen Norden vom Monte Baldo begrenzt, im Südosten erspähen wir die Küstenorte Garda und Bardolino.

Von den vielen Eindrücken beflügelt, machen wir uns auf den Rückweg und beginnen mit dem Abstieg. Dieser erfolgt auf der Westseite und ist mühelos zu bewältigen. Auch viele Radfahrer nutzen die Strecke, um auf ihren Drahteseln fast bis zum Gipfelkreuz zu

!

*Wer den steilen Weg hinauf zur Rocca di Manerba vermeiden möchte, kann sich zunächst unterhalb der Rocca westlich halten und die **gemütliche Route** von Westen auf den Gipfel, die bei unserer Tour der Abstieg sein wird, auch im Aufstieg nehmen.*

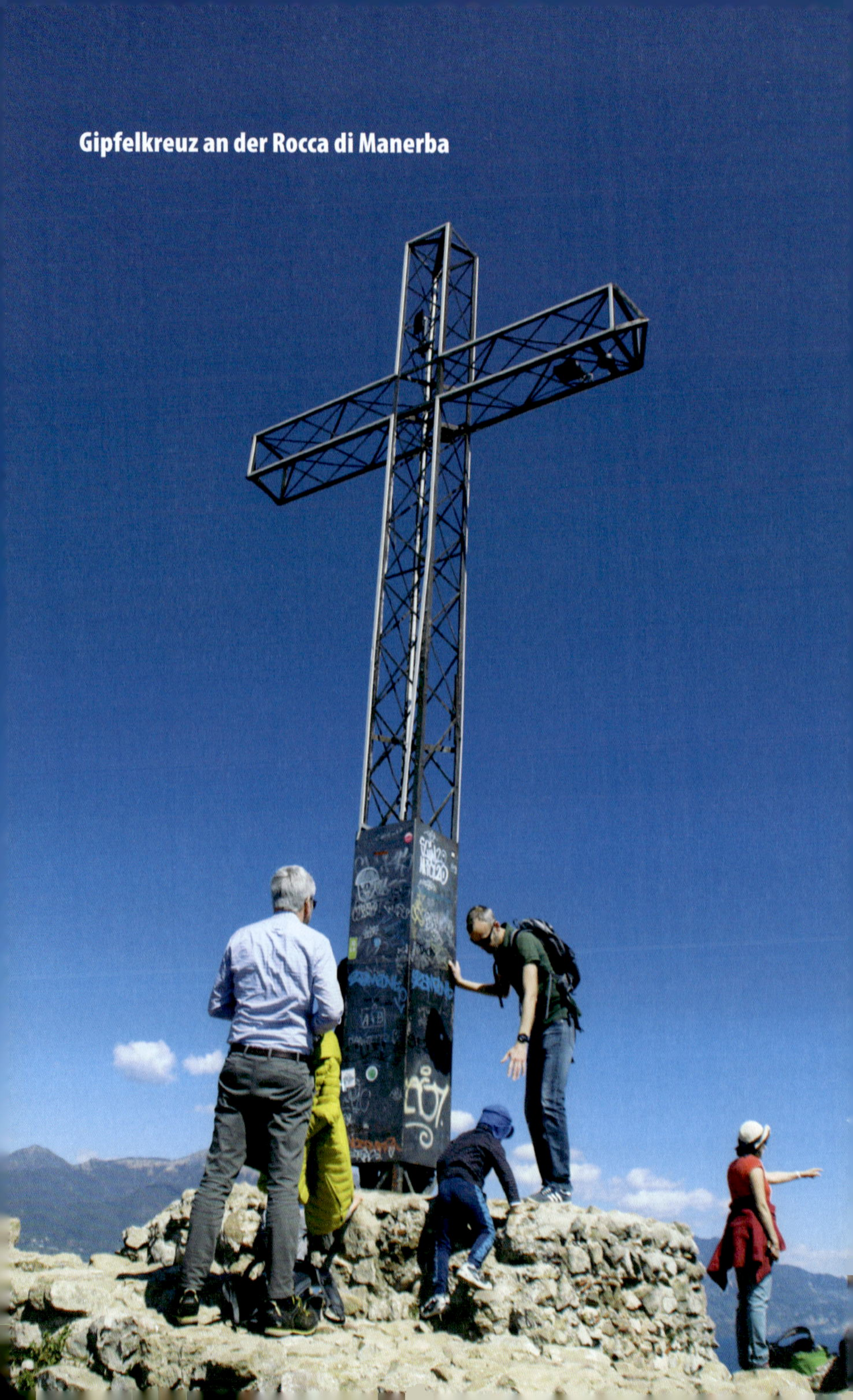

Gipfelkreuz an der Rocca di Manerba

gelangen. Auf breiter, asphaltierter Straße geht es durch einen kleinen archäologischen Park, vorbei an Überresten römischer Gebäude.

Wir spazieren bis zum **Museo Civico Archeologico della Valtenesi ⑦,** in dem wir archäologische Fundstücke aus der Gegend bewundern können. Dort befindet sich ein gebührenpflichtiger Parkplatz. Den kürzesten und bequemsten „Anstieg" zur Rocca hat man von hier. Und das ist der Grund, weshalb an der Spitze der Rocca zahlreiche Touristen anzutreffen sind.

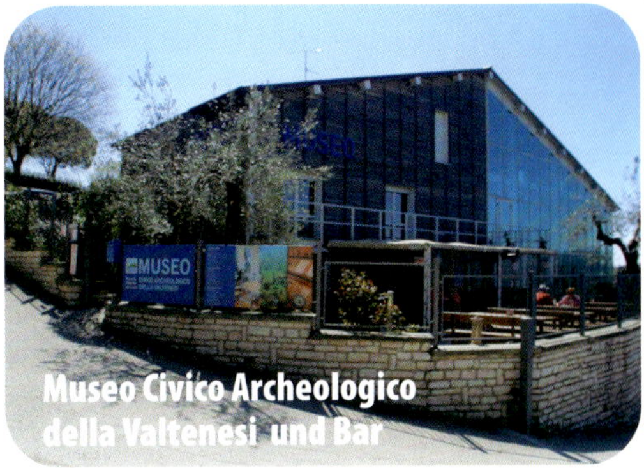

Museo Civico Archeologico della Valtenesi und Bar

Wir spazieren weiter und folgen dem rot-weißen Wegweiser, der sich schräg gegenüber vom Museum befindet, Richtung **Solaro.** Auf der schmalen **Via della Rocca** wandern wir bergab auf den Ort zu bis zur **Via Rupestre,** in die wir links einbiegen. Am Ende gelangen wir noch einmal kurz auf einen Wanderweg. Sanft geht es bergauf, bis wir bei einer Gabelung scharf rechts abbiegen und einem felsigen Weg folgen, den Gardasee zu unserer Linken. Auf sonnigem Pfad marschieren wir geradeaus und lassen dabei unseren Blick über Felder und Olivenbäume auf den See schweifen. Der Weg mündet in eine asphaltierte Straße, an deren Ende wir rechts in den **Vicolo del Colle** einbiegen. An einer Querstraße gehen wir rechts, dem Wegweiser **802 b** Richtung **Solarolo** folgend, bis zu einem Gebäude mit der Hausnummer 39 und biegen dort scharf links in die **Via Leutelmonte.** Am Ende der schmalen Straße erreichen wir das beschauliche Ortszentrum.

*Das Wort rocca kann im Italienischen sowohl für Felsen als auch für Burg stehen. Im Falle der **Rocca di Manerba** nimmt man an, dass die Bezeichnung auf eine mittelalterliche Festung zurückgeht, von der noch einige Überreste zu sehen sind.*

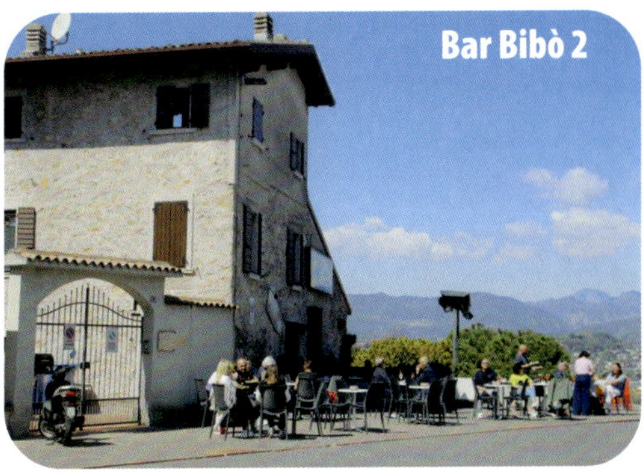
Bar Bibò 2

Auszeittour 3

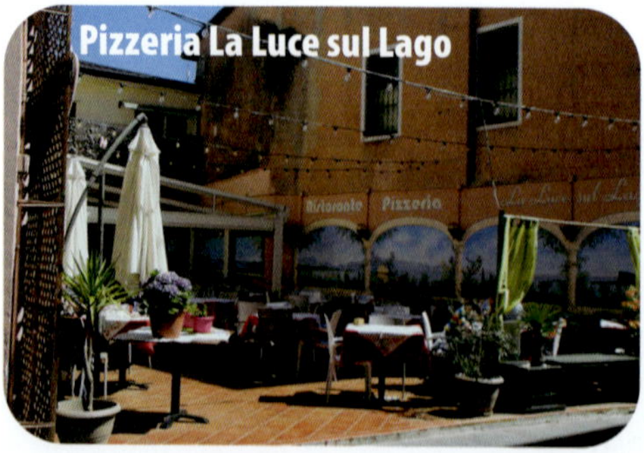

Pizzeria La Luce sul Lago

Wem nach der entspannten Wanderung eine *piadina* oder ein Toast genügen, der sollte in die **Bar Bibò 2** ❽ gehen. Wer größeren Hunger hat, der findet bestimmt im **La Luce sul Lago** ❾ ein lauschiges Plätzchen auf der Terrasse.

Die Straße bei der Pizzeria, die **Via G. B. Marchesini,** nehmen wir auch, um zu unserem Auto zurückzukehren. An der nächsten Kreuzung biegen wir rechts in die **Via Gabriele D'Annunzio** ein und laufen diese noch etwa 350 Meter entlang, bis wir wieder an unserem Ausgangspunkt angekommen sind.

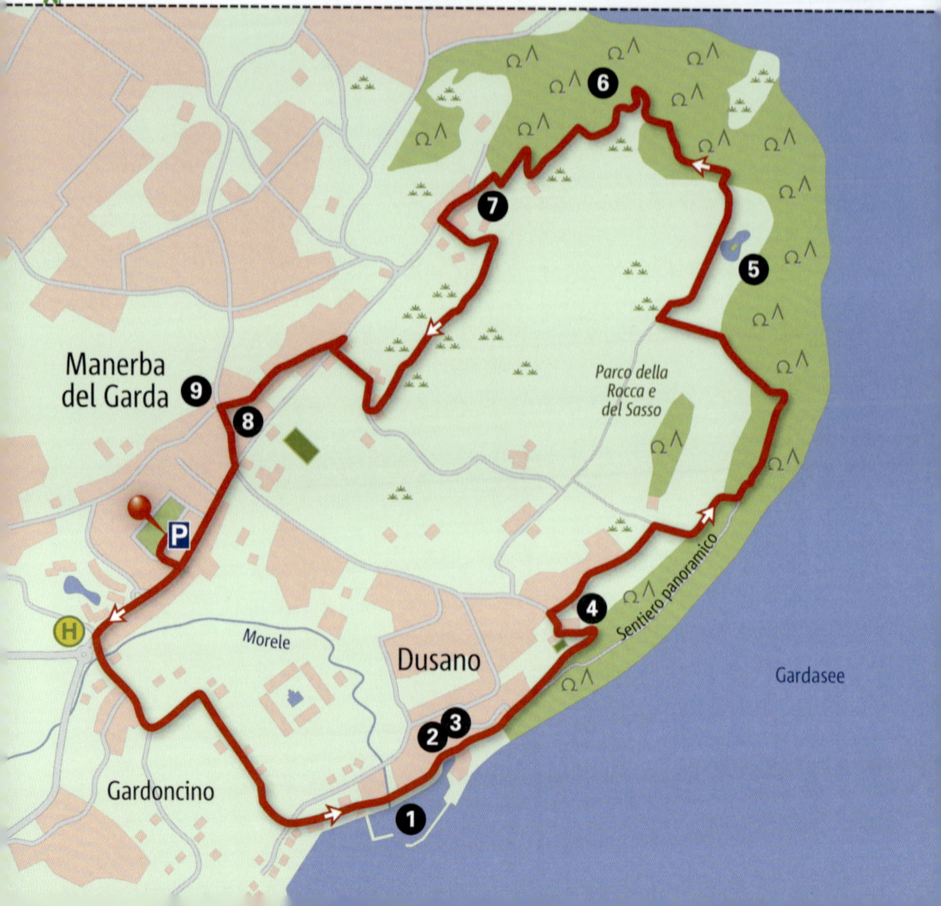

Entspannung ✱✱✱✱✱
Genuss ✱✱✱✱✱
Romantik ✱✱✱✱✱

WIE & WANN:
Gut begehbare Wanderwege, steilerer Abschnitt beim Aufstieg auf die Rocca di Manerba von der Ostseite; ganzjährig begehbar, empfehlenswert Februar bis Oktober

HIN & WEG:
Auto: Kostenfreier Parkplatz Via I Maggio, 25080 Solarolo (BS) (GPS: 45.54919, 10.55954)
ÖPNV: Von Desenzano Bus LN007 bis Solarolo di Manerba, Via IV Novembre, Einstieg in die Tour in der Via XXV Aprile schräg gegenüber

ESSEN & ENTSPANNEN:
Dusano White Bar ❷ Via Torquato Tasso 45, 25080 Manerba del Garda (BS), Tel. +39 (3 34) 3 13 44 83
Ristorante/Pizzeria Fior di Roccia ❸ Piazzale Porto Dusano 15, 25080 Manerba del Garda (BS), Tel. +39 (03 65) 55 17 50
Bar Bibò 2 ❽ Piazza S. Bernardo 4, 25080 Manerba del Garda (BS)
La Luce sul Lago ❾ Via Belvedere 36, 25080 Manerba del Garda, Tel. +39 (03 65) 55 25 39, www.ristorantelalucesullago.it

ENTDECKEN & ERLEBEN:
Hafen von Dusano ❶
Kirche S. Giorgio ❹
Teich Laghetto Büs De La Paül ❺
Rocca di Manerba ❻
Museo Civico Archeologico della Valtenesi ❼
Tel. +39 (3 39) 6 13 72 47, www.riservaroccamanerba.com

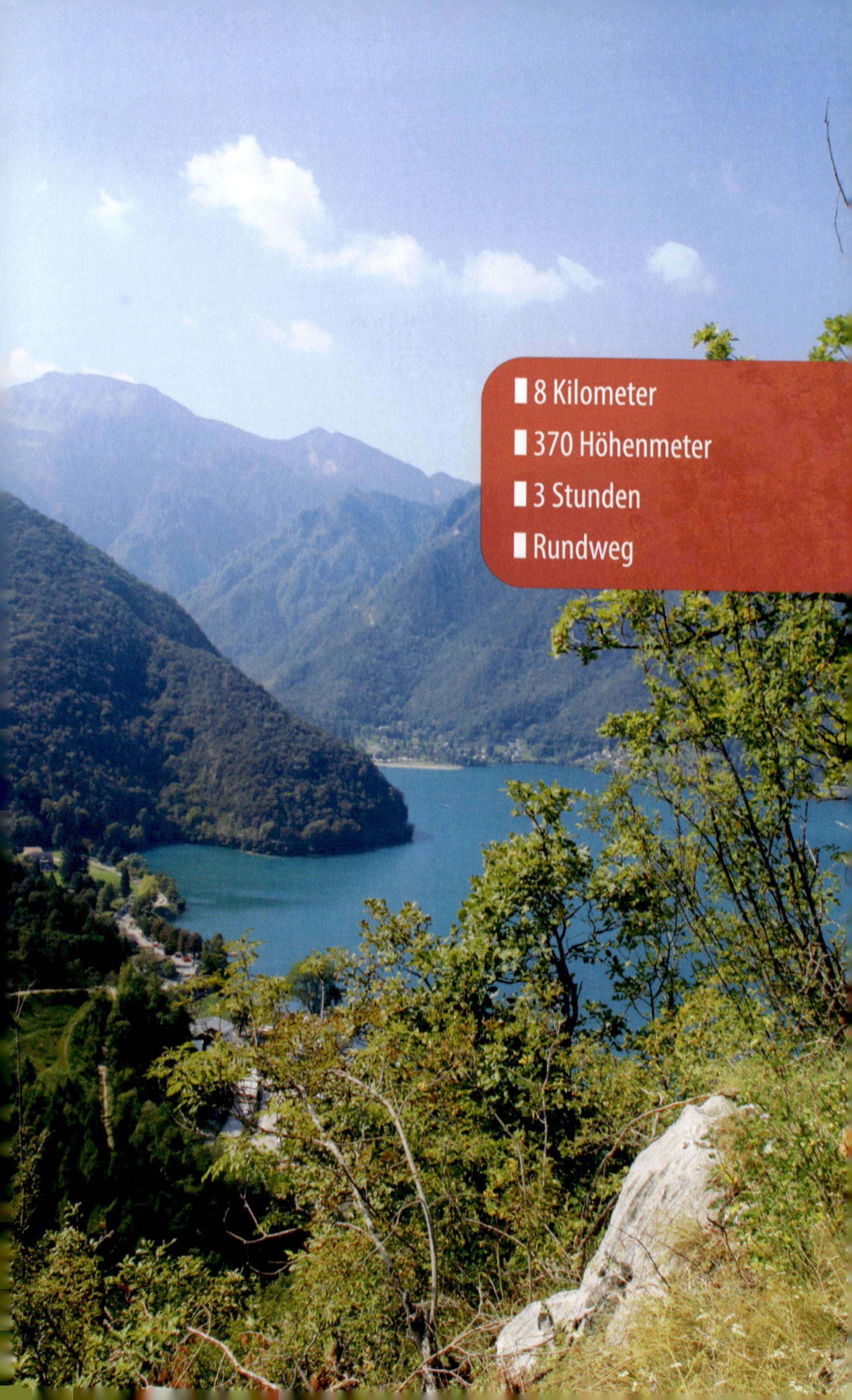
8 Kilometer
370 Höhenmeter
3 Stunden
Rundweg

Am Ostende des Ledrotals, gerade einmal 15 Kilometer von Riva del Garda entfernt, befindet sich der malerisch gelegene **Ledrosee.** Der kleine Alpensee mit seinem kristallklaren Wasser steht seinem berühmten Bruder an Schönheit in nichts nach, und dennoch geht es hier geruhsamer zu als am lebhaften Gardasee.

Türkises Juwel

Herrliche Aussichten am Ledrosee

Unsere Wanderung beginnt am Ostende des Sees in Molina di Ledro, das vor allem für sein Pfahlbaumuseum, das Museo delle Palafitte, bekannt ist. Unmittelbar neben dem Museum finden wir am Ufer einen Parkplatz, von dem wir den Rundweg zur **Madonnina di Besta** starten.

*Der **Ledrosee,** einer der schönsten und saubersten Seen des Trentino, liegt 650 Meter über dem Meeresspiegel. Nach der letzten Eiszeit bildete er eine einzige Seefläche mit dem Lago d'Ampola am südwestlichen Ende des Ledrotals. Heute beträgt sein Umfang rund 10 Kilometer.*

Auf unserem etwa dreistündigen Weg gibt es keine Einkehrmöglichkeiten, deshalb trifft es sich gut, dass gegenüber vom Parkplatz die **Gelateria Mary Poppins ①,** eine Eisdiele und italienische Kaffeebar, *gelato, panini* und andere Kleinigkeiten anbietet.

Dann geht es an der Uferpromenade Richtung **Pfahlbaumuseum ②** los. Die im Museum zu bewundernden Pfahlbauten sind Rekonstruktionen, bei denen Pfähle aus der Bronzezeit verwendet wurden. Diese entdeckte man Anfang des letzten Jahrhunderts bei Arbeiten an einem Wasserkraftwerk, die mit einer Absenkung des Wasserspiegels

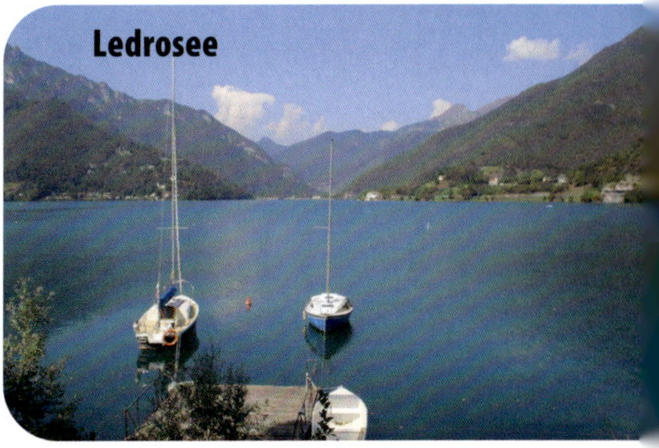

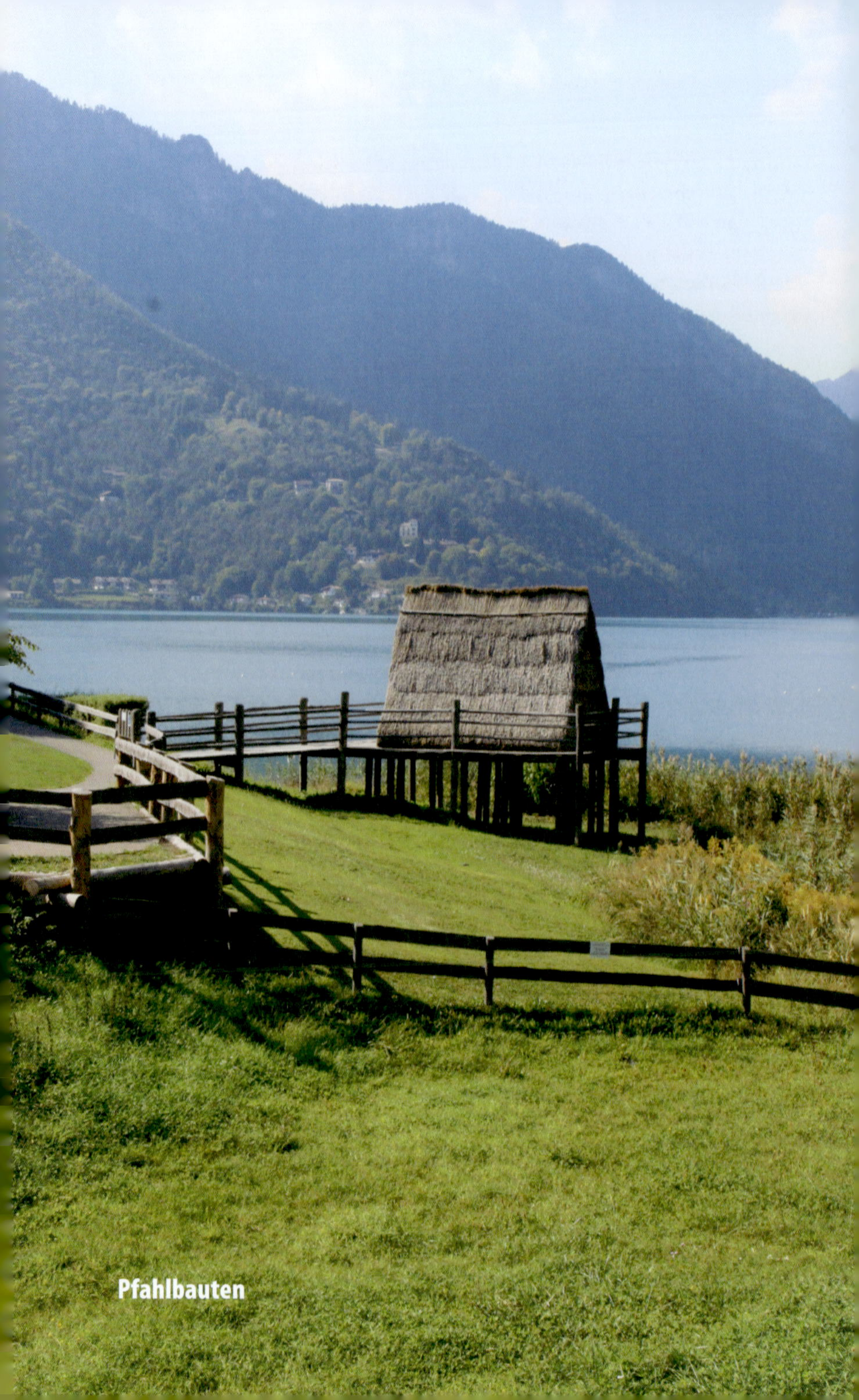
Pfahlbauten

verbunden waren. Bei einem Besuch dieses UNESCO-Weltkulturerbes kann man in die Vergangenheit eintauchen und viel über die faszinierenden Bauten erfahren.

Vom Pfahlbaumuseum gelangen wir zur Via Maffei (SS 240), die wir am Zebrastreifen überqueren. Auf der gegenüberliegenden Seite sehen wir bereits das Straßenschild der **Via dei Colli.** Diese wenig befahrene Straße bildet den Auftakt unseres Rundgangs. Der sonnige Weg führt zunächst steil bergauf. An der ersten Gabelung folgen wir dem Wegweiser zur **Madonnina di Besta,** biegen scharf links ab und bleiben auf der asphaltierten Straße. Obwohl wir erst am Beginn unseres Anstiegs sind, eröffnen sich uns bereits wunderschöne Aussichten auf das türkisgrüne Wasser des Sees, in dem sich die grün bewaldeten Berge der gegenüberliegenden Seite spiegeln. Die Via dei Colli verengt sich und schlängelt sich weiter gemächlich nach oben. Schattige und sonnigere Abschnitte wechseln sich ab. Die **rot-weißen Wegweiser** des italienischen Alpenvereins CAI sorgen dafür, dass wir auf dem richtigen Weg bleiben.

Für die Seele

Che vista! Was für eine Aussicht! Beim Blick auf den smaragdgrün bis türkis schimmernden Ledrosee erleben wir Momente vollkommener Entspannung.

Das in den 1970er-Jahren gegründete und 2019 komplett erneuerte ***Pfahlbaumuseum*** *bietet ganzjährig lohnende Veranstaltungen an, zum Beispiel spannende Themenführungen, Konzerte und archäologische Workshops, bei denen man selbst zum Forscher werden kann.*

So auch an einer kleinen Hütte, an der wir links abbiegen und die asphaltierte Straße verlassen. Wir gelangen auf einen schattigen Waldweg, der stetig bergauf führt. Erdiger Boden wechselt sich mit felsigerem Untergrund ab, was für den wenig trainierten Wanderer eine kleine Herausforderung darstellen kann. Aber wie heißt es so schön: *Per aspera ad astra* („Auf rauen Pfaden zu den Sternen"). Unsere Mühen werden durch

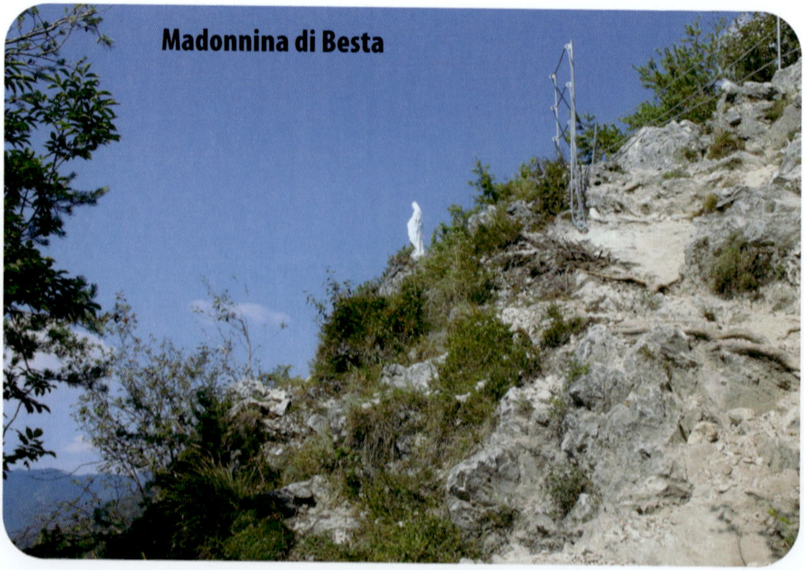

herrliche Ausblicke belohnt. Immer wieder legen wir an schönen Stellen kleine Pausen ein, atmen durch und lassen die Umgebung auf uns wirken. Dem richtigen Weg zur Madonnina di Besta folgen wir intuitiv. Es gibt kaum Abzweigungen, und die Strecke ist gut beschildert. Wir genießen die unglaubliche Ruhe beim knapp 30-minütigen Aufstieg, bei dem wir nur wenigen anderen Wanderern begegnen.

Oben breitet die **Madonnina di Besta** ❸ ihre schützenden Arme über den türkisblauen Ledrosee – wahrhaft ein unberührter Geheimtipp! Die Berge erheben sich sanfter und grüner am anderen Ufer des Sees als jene schrofferen, felsigen, die wir von der Westseite des Gardasees kennen. Wer sagt, dass man extreme Gipfel erklimmen muss, um die schönste Aussicht zu genießen?

Für das allerschönste Panorama mit der Madonnina im Vordergrund bedarf es allerdings noch einer kurzen Kletterpartie zu einer kleinen, gut gesicherten Aussichtsplattform. Wer sich diese Klettereinlage ersparen will, hat schon unterhalb der Plattform einen atemberaubenden Ausblick.

Nun könnten wir auf demselben Weg nach Molina di Ledro zurückgehen, sodass die Wanderung hin und zurück etwa 1 Stunde dauert. Weil es so schön ist, entscheiden wir uns jedoch, weiter dem Rundweg **Giro della Madonnina di Besta** zu folgen. Er führt uns noch ein gutes Stück bergauf, mit einigen steilen Abschnitten. Doch wir haben es nicht eilig und können immer wieder Rast machen und das smaragdene Türkis des Ledrosees auf uns wirken lassen.

Dann gelangen wir an einen breiten, nicht asphaltierten Forstweg und halten uns links. Eine ganze Weile wandern wir sanft und gemütlich bergab. Wer möchte, kann diesen Weg bis zu dessen Ende in Richtung Mezzolago weitergehen. Etwas kürzer ist ein kleiner Pfad mit stärkerem Gefälle, auf den wir dem Wegweiser folgend nach links abbiegen. Am steilen Einstieg

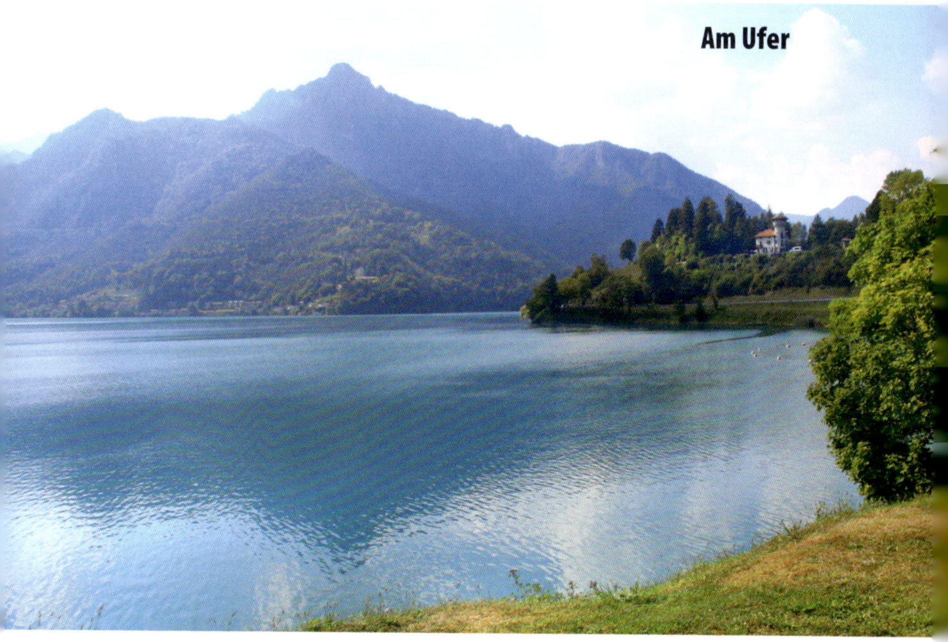
Am Ufer

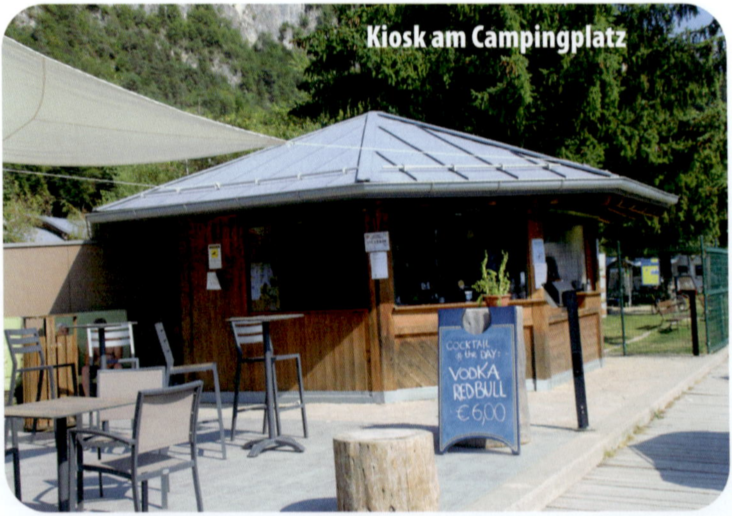

Kiosk am Campingplatz

macht sich gutes Schuhwerk bezahlt. Aber keine Sorge! Bald ist der Weg weniger abschüssig. Er bleibt zwar schmal und unbefestigt, ist aber trotz Wurzelwerk und Steinen am Boden relativ leicht zu bewältigen. Wir genießen die Ruhe, die von Vogelgezwitscher unterbrochen wird. Unsere einzigen Begleiter sind ein paar Eidechsen, während wir uns abwärts dem See immer mehr nähern. Zur besseren Orientierung dienen uns kleine rote, in den Boden geschlagene Pfähle.

Dann endet der schmale, etwas wild anmutende Bergpfad an einem Holzhäuschen. Das Schild „Fior di Bella" ist ein Hinweis auf die sommerliche Blütenpracht der vor uns liegenden Wiese. Der Giro della Madonnina di Besta verläuft rechts auf einem Forstweg nach Mezzolago in Richtung See.

Am Ende biegen wir scharf links nach **Molina di Ledro** in die **Via Belvedere** etwas oberhalb des Sees ein. Sie ist Teil eines beliebten Rundwegs um den Lago di Ledro, der gern von Radfahrern genutzt wird.

Die Via Belvedere bringt uns zur SS 240, die am See entlangführt. Dort angekommen, biegen wir scharf nach rechts ab und überqueren die Hauptstraße am Zebrastreifen, um an den Uferweg zu gelangen. Wer eine Brotzeit eingepackt hat, kann jetzt an den kleinen Holztischen und Bänkchen ein Picknick machen – einen Kiosk gibt es leider nicht. Den Seeblick genießen und die Seele baumeln lassen können wir allerdings auch ohne Proviant.

Das letzte Stück unserer Wanderung verläuft an der kleinen Uferpromenade am See. Wir sehen vereinzelt Wassersportler in Paddelbooten oder Stand-up-Paddler, es geht aber viel gemütlicher zu als auf dem Gardasee. Die Zeit scheint hier ein wenig stehen geblieben zu sein. Wir kommen an ein paar Privatstegen vorbei und an kleineren und größeren Badestellen, die Zugang zum eiskalten Wasser des Bergsees bieten. Beim Campingplatz **Camping al Sole** gelangen wir zum Kiosk **Bar Siesta ④**, an dem wir eine Kleinigkeit zu uns nehmen können. Bevor wir die Uferpromenade

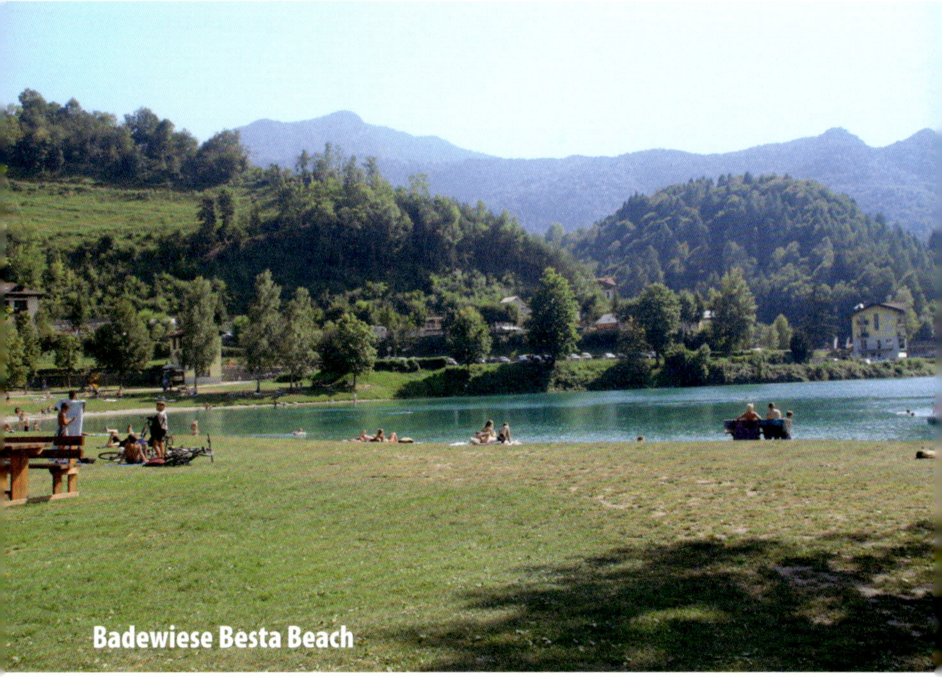

Badewiese Besta Beach

verlassen, passieren wir noch einen öffentlichen Strand, den **Besta Beach ❺,** mit einer großen Liegewiese. Neben einem Minimarket spazieren wir den Weg zur **Via Maffei** hoch und rechts am Parkplatz Besta 2 vorbei. Wer sich nach der Wanderung mit einem guten Essen bei herrlicher Aussicht belohnen möchte, hat die Möglichkeit, auf der Sonnenterasse des **Panoramic Hotel & Restaurant San Carlo ❻** am See einzukehren.

Der Weg zum Ausgangspunkt führt uns weiter an der Via Maffei entlang. Wir biegen nach dem Pfahlbaumuseum rechts ab und gelangen wieder auf die **Via al Lago** und zu unserem Auto. Mit einem letzten Blick über den See bis an dessen anderes Ende verabschieden wir uns von der großartigen Szenerie.

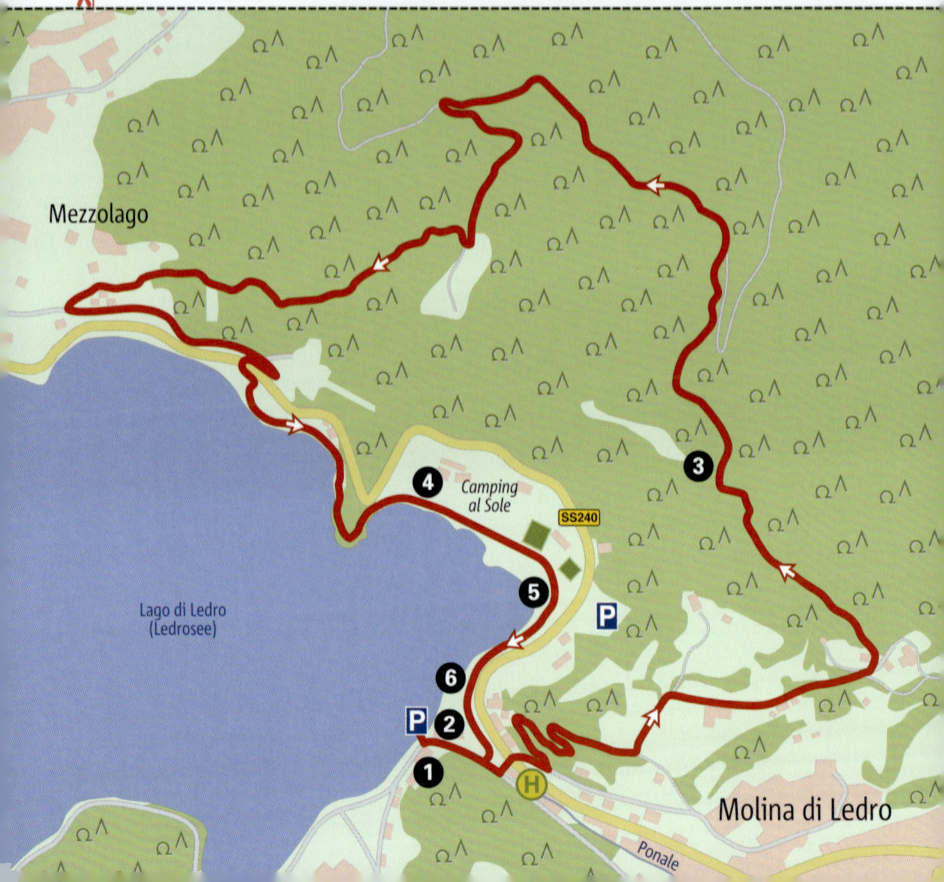

Alles auf einen Blick

WIE & WANN:
Schmale Pfade, breite Forstwege im Wald und herrliche Uferpromenade am See; beste Zeit Frühling bis Herbst

Entspannung ✱✱✱✱✱
Genuss ✱✱✱✱✱
Romantik ✱✱✱✱✱

HIN & WEG:
Auto: Parkplatz am See beim Pfahlbaumuseum, Via al Lago, Molina di Ledro (GPS: 45.873921, 10.764580)
ÖPNV: Von Rovereto Bus B 332 bis Riva del Garda Autostazione, von dort Bus B 214 nach Molina di Ledro

ESSEN & ENTSPANNEN:
Einkehrmöglichkeiten nur am Anfang/Ende der Tour, daher zusätzlich Rucksackverpflegung empfehlenswert!

Gelateria Mary Poppins ❶ Via al Lago 6, 38067 Molina di Ledro (TN), Tel. +39 (3 46) 5 03 93 52
Bar Siesta ❹ Kiosk am See beim Camping al Sole, Via Maffei 127, 38067 Molina di Ledro (TN), Tel. +39 (04 64) 50 84 96, www.campingalsole.it
Panoramic Hotel & Restaurant San Carlo ❻ Via Maffei 115, 38067 Molina di Ledro (TN), Tel. +39 (04 64) 50 81 15, www.hotelsancarlo.info

ENTDECKEN & ERLEBEN:
Pfahlbaumuseum ❷ Via al Lago 1, 38067 Ledro loc. Molina (TN), Tel. +39 (04 64) 50 81 82, www.palafitteledro.it
Madonnina di Besta ❸
Strand Besta Beach ❺

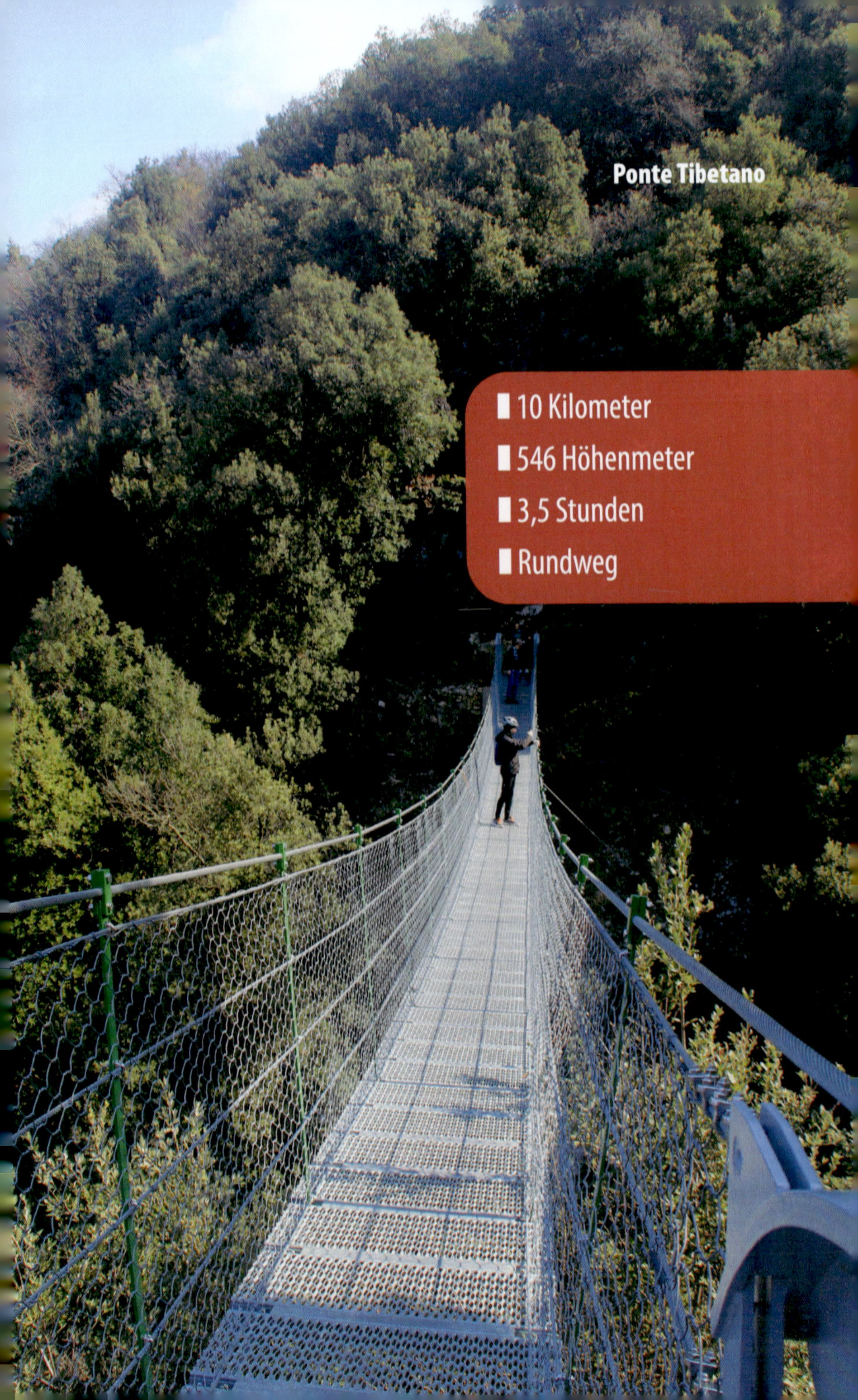
Ponte Tibetano
10 Kilometer
546 Höhenmeter
3,5 Stunden
Rundweg

Seit 2019 ist der Gardasee um eine Attraktion reicher. Eine Seilbrücke oder *ponte tibetano,* wie die Italiener sagen, in der Nähe von Pai di Sopra sorgt für Nervenkitzel bei Jung und Alt. Früh sollten wir am Parkplatz kurz vor dem Ortseingang von **Pai di Sopra** ankommen. Die knapp 25 Stellplätze sind schnell gefüllt.

Nervenkitzel

Rund um die Hängebrücke von Pai

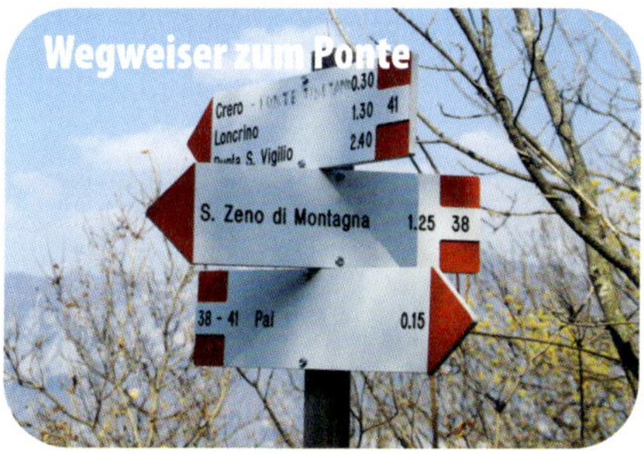

Wegweiser zum Ponte

Vom Parkplatz spazieren wir links ein paar Schritte bergauf in Richtung des malerisch am Hang gelegenen Bergdorfs **Pai di Sopra.** So reizend der Ort ist, wir lassen ihn zunächst im wahrsten Sinne des Wortes links liegen und biegen rechts in die **Via per la Casetta** ab. Unterhalb des Straßenschilds sehen wir drei rot-weiße Wegweiser. Für die erste Etappe unseres Ausflugs folgen wir der Route Nummer **41** Richtung **Crero.** Ein freundlicher Wanderer hat die Beschriftung **Ponte Tibetano** hinzugefügt, sodass wir den richtigen Weg nicht verfehlen können.

Wir gehen die Via per la Casetta entlang, eine schmale, asphaltierte Straße mit mäßiger Steigung, die schließlich in einen Wanderweg mündet. Die rot-weiße Markierung am Mäuerchen links des Pfads bestätigt uns, dass wir auf dem richtigen Weg sind. Auf der ersten Etappe der Wanderung werden wir vielen Spaziergängern begegnen. Die Hängebrücke ist ein beliebtes Ausflugsziel.

!

Wer die Runde in umgekehrter Richtung geht, braucht die ausgewaschene, steinige Passage zwischen Pai und San Zeno nicht bergab zu gehen. Abgekürzte Varianten wären: bis zur Hängebrücke und zurück (3 Kilometer, 1 Stunde) oder bis Crero und zurück (5 Kilometer, 2 Stunden).

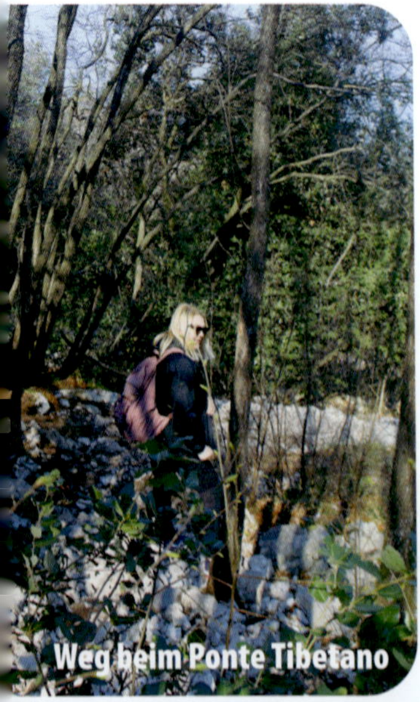
Weg beim Ponte Tibetano

An der ersten Abzweigung folgen wir dem Schild nach rechts Richtung Crero. Auch hier wurde der Hinweis zum **Ponte Tibetano** handschriftlich hinzugefügt. Die Strecke bleibt einfach, geht sanft mal bergab, mal bergauf. Bald hören wir Stimmengewirr. Nun kann es nicht mehr weit sein. Und tatsächlich erreichen wir die **Hängebrücke ❶.** Auf beiden Seiten Wanderer, die einen wagemutig, die anderen etwas weniger.

Der Ponte Tibetano, der sich über eine kleine Schlucht spannt, ist nicht lang. *Forza!* Das schaffen wir! Couragiert schreiten wir voran. Wenn wir auf halbem Weg Richtung See blicken, werden wir für unseren Mut belohnt. Was für ein Panorama!

Am Ende der Brücke gehen wir einen kleinen Trampelpfad links hoch, um das Bauwerk in seiner ganzen Pracht zu bewundern und ein

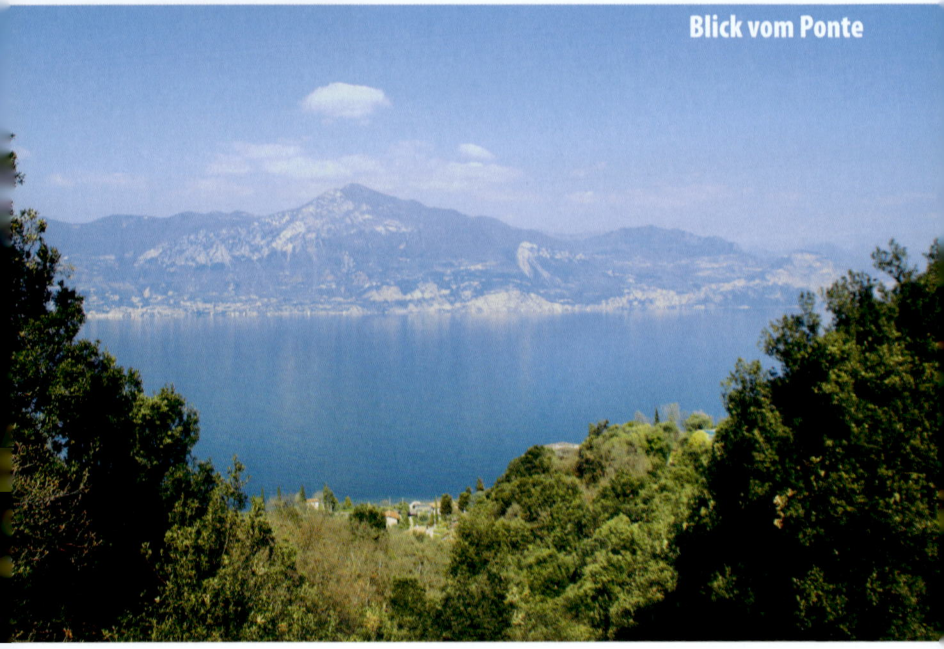
Blick vom Ponte

Foto von ihm mitsamt unseren mutigen Wandergefährten zu machen.

Unsere eigentliche Route führt uns dann rechts bergab weiter in Richtung **Crero,** zunächst auf einem sehr steinigen, steilen Schotterweg mit viel Geröll. Hier ist etwas Vorsicht geboten. Wohl dem, der Wanderstöcke mitgenommen hat! Wenn wir uns auf dem Pfad eher rechts halten, ist dieser etwas weniger steil und wir finden immer wieder einmal Halt an Ästen.

Für die Seele

Auf dieser Tour erleben wir Panorama hoch drei: Adrenalin pur auf einer Hängebrücke, Mittagessen in einem Bergdorf und traumhafte Ausblicke auf den See.

Bald wird der Weg wieder einfacher. Die Orientierung nach Crero ist mühelos. Solange der Gardasee rechts von uns liegt, können wir unser nächstes Etappenziel nicht verfehlen.

*Eine **Hängebrücke,** im August 2019 eröffnet, verbindet Pai di Sopra mit Crero in der Mitte des Vanzanatals. Die 34 Meter lange und 1 Meter breite Brücke schwebt etwa 45 Meter über dem Boden. Sie ist aus Stahl gefertigt und trägt bis zu 15 Personen.*

Wir passieren alsbald eine besonders hübsche Stelle mit putzig anmutenden Häuschen, an deren Wänden Holzscheite ordentlich bis unters Dach gestapelt sind. Daneben entrindete Baumstämme, die als urige Sitzbänke an einer Feuerstelle aufgestellt wurden. Zeit für eine Rast.

Wir spazieren bis zu einer Gabelung, an der uns ein Schild Richtung Crero nach links weist. Bald sehen wir eine kleine Kirche, die **Kapelle des heiligen Siro.** Hier haben wir unser nächstes Etappenziel erreicht.

Ein kurzer Bummel durch das hübsche Bergdorf **Crero** ❷ ist angenehme Pflicht. Malerisch thront es über dem

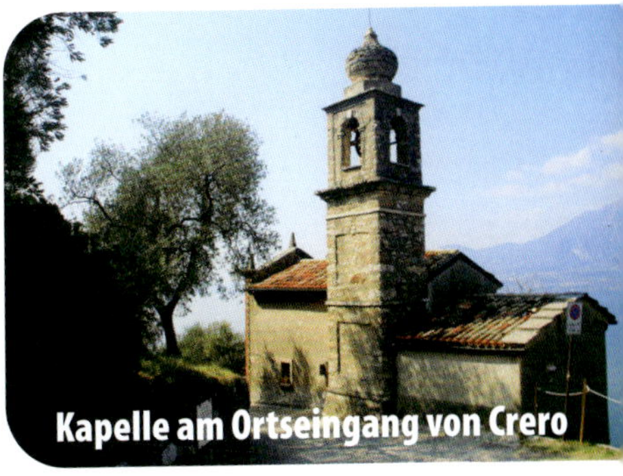
Kapelle am Ortseingang von Crero

See. Gerade einmal ein Restaurant gibt es im Ort, die **Trattoria Bar Panoramico ❸.** Das Hauptgebäude beeindruckt nicht sehr, umso mehr die kleine Dependance mit Speisesaal, ein Wintergarten am Hang mit herrlichem Blick auf den Gardasee.

*Die kleine, restaurierte **Kirche San Siro** am Ortseingang von Crero wurde Anfang des 18. Jahrhunderts erbaut, der Campanile dagegen erst 1880. Das Gotteshaus öffnet seine Pforten jedes Jahr am 9. Dezember anlässlich des Festtages des heiligen Siro von Pavia.*

Im Anschluss gehen wir wieder bis zur kleinen Kapelle am Ortseingang und halten uns dann rechts nach **San Zeno di Montagna.** Wir folgen der asphaltierten Straße bergauf bis zu einer Weggabelung. Hier richten wir uns nach dem blauen Straßenschild **„San Zeno di Montagna"** nach links und gelangen auf einen etwas hübscheren Wanderweg. Wer auf der Straße bleiben will, kann dies unbeschadet tun. Beide Wege treffen sich etwas weiter bergauf wieder. Auf unserem Pfad gehen wir unter silbrig grün schimmernden Olivenbäumen. Am Ende des Wegs halten wir uns links bergauf. Links oben erblicken wir einige Häuser des weitläufigen San Zeno di Montagna. Ein kleines Stück haben wir noch vor uns. Wir kommen zu einer weiteren Gabelung, und wieder weist uns ein blaues Straßenschild den Weg nach San Zeno di Montagna. Bald sehen wir die ersten Häuser

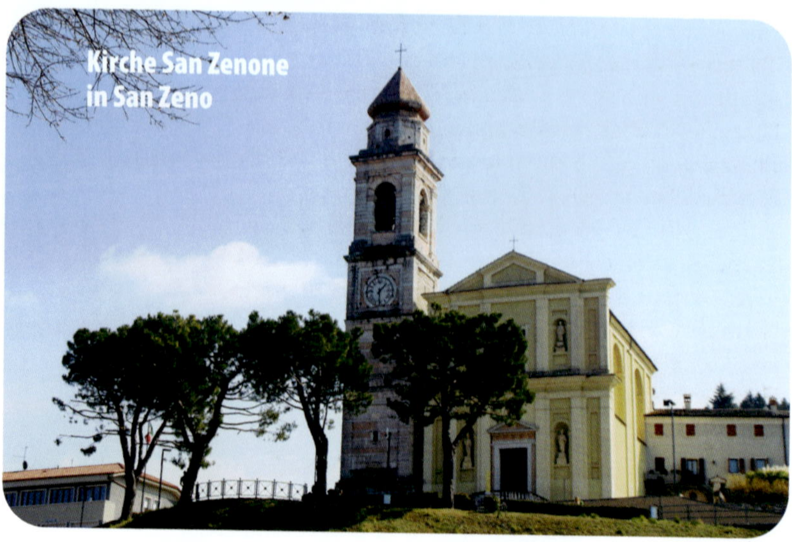

Kirche San Zenone in San Zeno

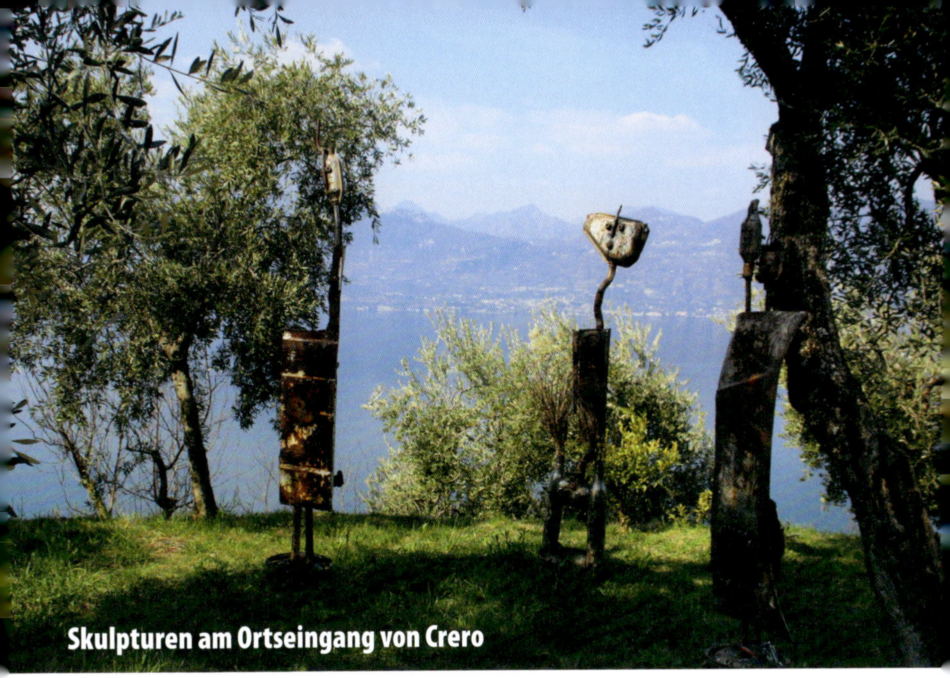
Skulpturen am Ortseingang von Crero

des Dorfs vor uns. Wir biegen vor dem Ortseingang rechts auf einen schmalen Naturpfad, an dessen Ende wir einen kleinen Wegweiser nach San Zeno entdecken. Nun geht es links auf steinigem Weg bergauf. Wenn wir auf eine Querstraße treffen, halten wir uns links. Noch ein kleines Stück nach oben, und wir erreichen eine asphaltierte Straße. Wir sind in **San Zeno di Montagna ❹,** die dritte Etappe unserer Runde ist geschafft. Rechts liegt ein Parkplatz, von dem wir unseren Blick über den See schweifen lassen, bevor wir dem Ort einen Besuch abstatten. Wir gehen zunächst auf die Gemeindekirche San Zenone zu. Sie liegt an der **Via degli Alpini,** die den Ort durchquert. Wer es gemütlich angehen lassen möchte, biegt nicht links in die Via degli Alpini, sondern macht sich nach rechts auf zu einem kleinen Bummel. Innerhalb der Saison, etwa ab April um die Osterzeit, können wir dort in einigen netten Restaurants mit Panoramaterrasse einkehren. Das ganze Jahr über geöffnet hat die **La Dolce Vita Suite Bar ❺** neben der Kirche. Hier gibt es leckere Kuchen, für den kleinen Hunger können wir uns auch ein deftiges *panino* bestellen.

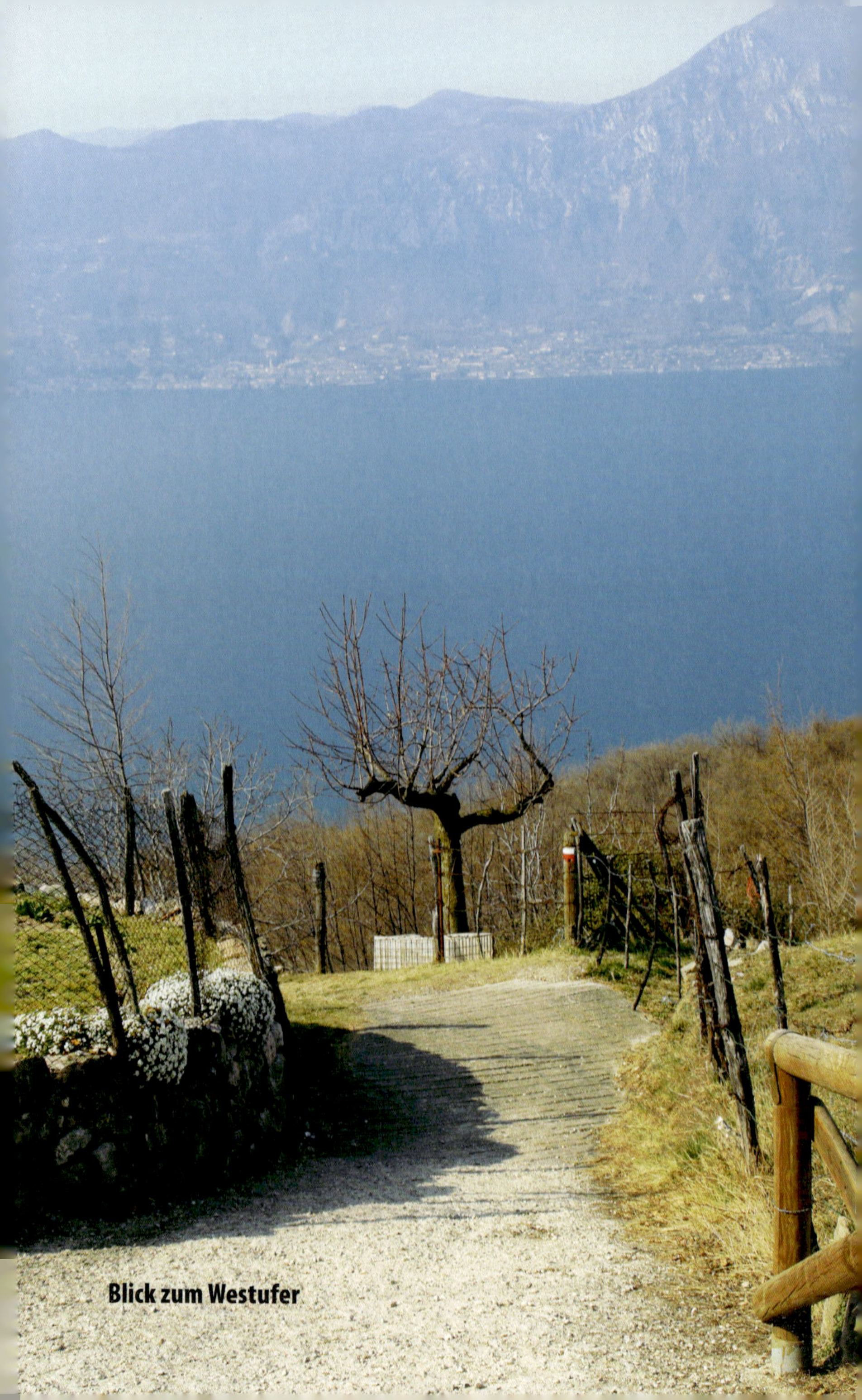

Blick zum Westufer

Danach machen wir uns auf die letzte Etappe unserer Runde zurück nach Pai di Sopra. Wir gehen die Straße weiter, den See zu unserer Linken, bis zum Gebäude der Eisenwarenhandlung **Ferramenta Bonafini.** Dort sehen wir den Wegweiser **38** nach **Pai.**

Es geht ein Stück bergab bis zu einer Kreuzung. Wer auf demselben Weg zurückwandern möchte, folgt jetzt der 39 nach Crero und läuft dann über den Ponte Tibetano wieder nach Pai. Alle anderen richten sich nach der **38.** Zunächst sind wir noch eine Weile in **San Zeno** und spazieren zwischen hübschen Villen und Sommerhäusern in Richtung See. Wir erreichen den Ortsteil **Le Tese.** Ein paar Holzbänke laden zu einer Pause mit Aussicht ein. Durch einen Torbogen unter einem Gebäude geht es weiter. Wir folgen dem Wegweiser nach links Richtung Pai. Der Weg wird etwas schmaler und ist mäßig steil. Am Ende halten wir uns rechts wiederum nach **Pai.** Wir wandern eine gute Weile auf einem schmalen, sehr steinigen Pfad bergab. Vermutlich ein ausgewaschenes Flussbett. Hier müssen wir sehr darauf

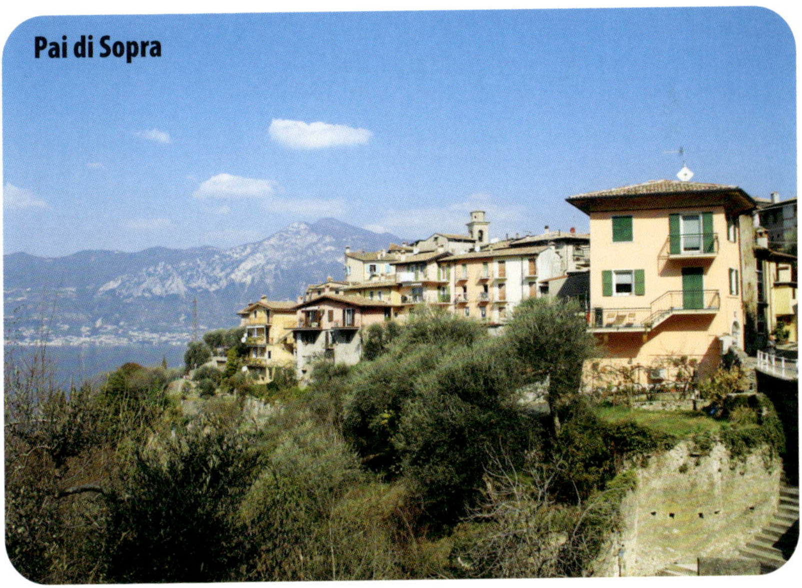
Pai di Sopra

Panoramatour 5

Pai *besteht aus dem Oberdorf (Pai di Sopra) mit Überresten einer alten Festungsanlage, das am Hang des Monte Baldo liegt, sowie dem modernen Unterdorf (Pai di Sotto) am See. Der ursprüngliche Name „Palli" geht auf die Pfahlbauten (palafitte) in der Gegend zurück.*

achten, wohin wir unseren nächsten Schritt setzen, um nicht auszurutschen. Auch wenn dieser Pfad nach etwa 20 Minuten endet, so bleibt der Weg, den wir nun scharf rechts weitergehen, ähnlich steinig. Um vor lauter Achtsamkeit die Umgebung nicht zu verpassen, sollten wir kleine Pausen einlegen und im Frühling die ersten Boten der herrlichen Jahreszeit nicht übersehen.

Endlich ist die anstrengende letzte Etappe geschafft, wir sehen Pai vor uns und kommen zu der Kreuzung, an der wir zu Beginn unserer Wanderung zum Ponte Tibetano abgebogen sind. Jetzt gehen wir geradeaus weiter den Weg vom Anfang bis zum Parkplatz. Vielleicht biegen wir am Ende der Via per la Casetta noch einmal rechts ab und besuchen das reizende **Pai di Sopra 6.**

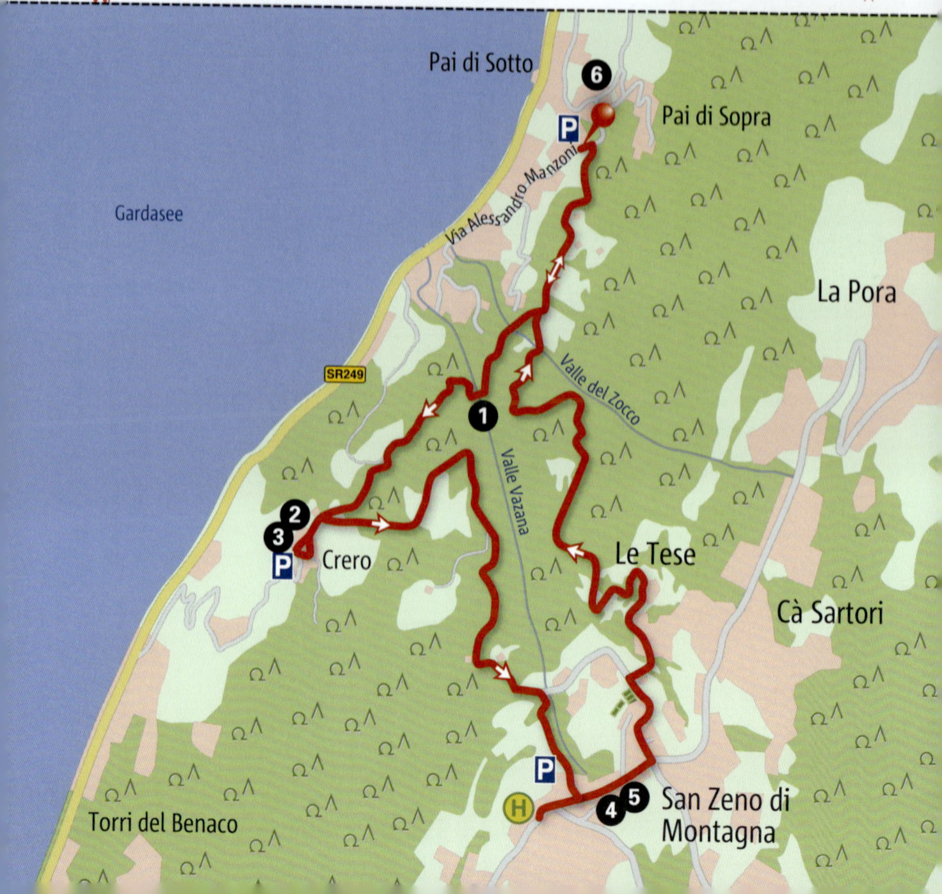

Alles auf einen Blick

WIE & WANN:
Vornehmlich leicht begehbare Wanderwege, teilweise etwas steinig; Wanderstöcke empfehlenswert; beste Zeit März bis Oktober an trockenen Tagen

Entspannung ★★★★☆
Genuss ★★★★☆
Romantik ★★★★☆

HIN & WEG:
Auto: Parking Ponte Tibetano, Via Alessandro Manzoni 18, 37010 Pai (VR) (GPS: 45.65158, 10.72406). Alternativen: Ortseingang von Crero, Via per Crero 6, 37010 Torri del Benaco (VR) (GPS: 45.63890, 10.71102) oder beim Friedhof in San Zeno di Montagna, Via del Cimitero 4, 37010 San Zeno di Montagna (VR) (GPS: 45.63209, 10.72468)
ÖPNV: Von Verona Porto Nuova Stazione FS Bus 162, 163, 164 oder 165 bis Garda Autostazione, von dort Bus 470 nach San Zeno di Montagna Piazza A

ESSEN & ENTSPANNEN:
Trattoria Bar Panoramico ❸ Località Crero 6, 37010 Torri del Benaco (VR), Tel. +39 (0 45) 6 29 06 54, www.trattoriapanoramico.it
La Dolce Vita Suite Bar ❺ Via degli Alpini 2, 37010 San Zeno di Montagna (VR), Tel. +39 (0 45) 7 28 50 15, www.bardolcevita.it

ENTDECKEN & ERLEBEN:
Hängebrücke (Ponte Tibetano) ❶
Crero ❷
San Zeno di Montagna ❹
Pai di Sopra ❻

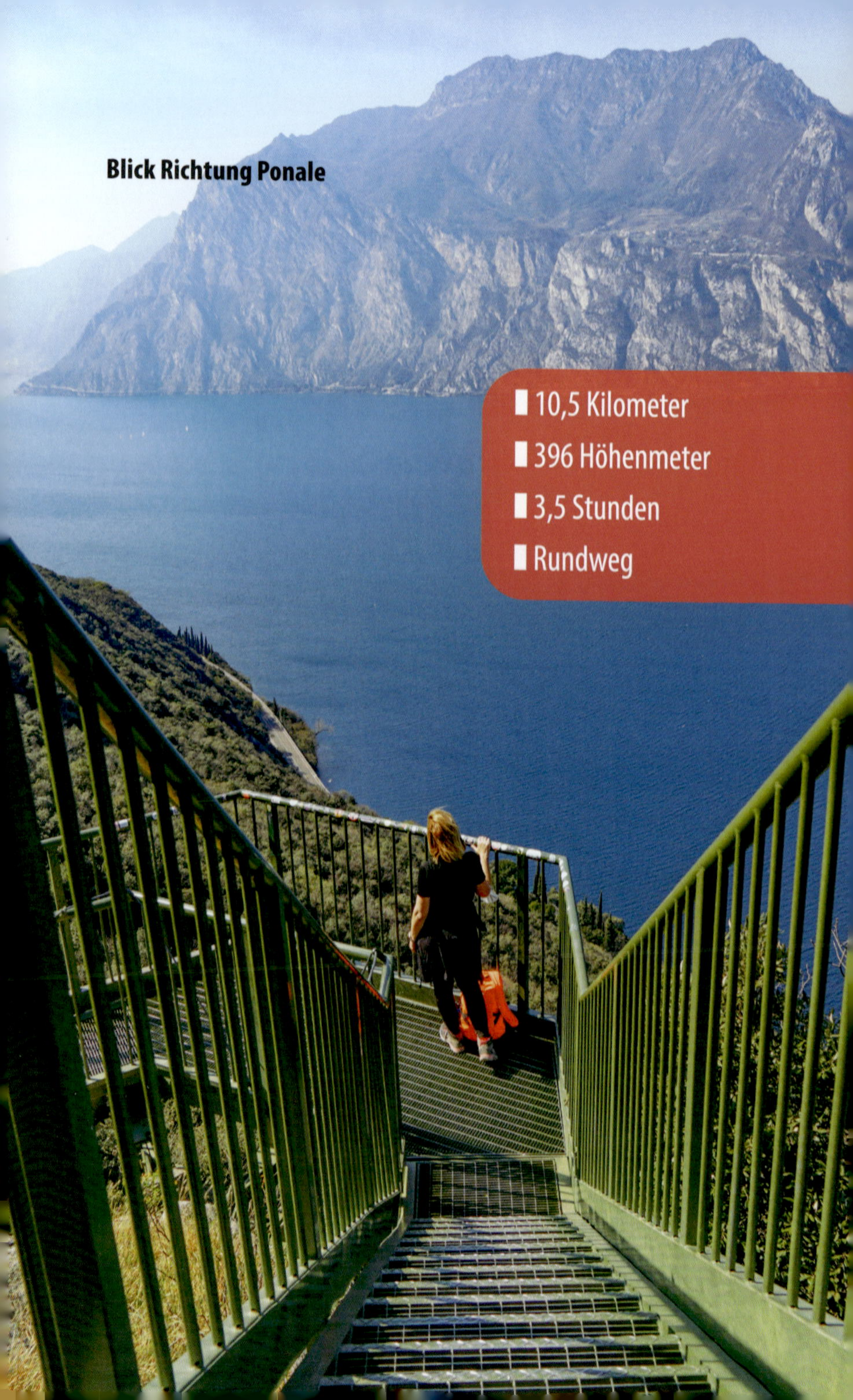

Blick Richtung Ponale

- 10,5 Kilometer
- 396 Höhenmeter
- 3,5 Stunden
- Rundweg

Für den Start der Wanderung haben wir die Wahl zwischen drei Parkplätzen. Der erste an der Uferpromenade von Torbole ist ideal, um nach der Tour frische Seeluft in einem Strandcafé zu schnuppern. Der etwas höher gelegene Parcheggio Panorama bietet wunderbare Ausblicke auf den See. Am Ausgangs-

Spektakuläre Stufen

Panoramaweg Busatte–Tempesta

punkt unserer Runde liegt die dritte Parkmöglichkeit, der Parcheggio Le Busatte.

Lassen wir unser Auto an der Uferpromenade, haben wir zum Auftakt unserer Tour die Gelegenheit, uns vor der Wanderung im **Caffè Bellavista** ❶, dem Café zur schönen Aussicht, zu stärken oder uns im Ort mit Proviant einzudecken. Entlang des spektakulären Wanderwegs gibt es keine Einkehrmöglichkeiten.

Vom Parkplatz aus spazieren wir zunächst auf das einstmals verträumte Fischerdörfchen Torbole zu, das heute wegen der zuverlässigen Gardasee-Winde an der Nordspitze des Gewässers bei sportlichen Surfern und Seglern beliebt ist. Wir gehen an der Straße **Gardesana Orientale** (SS 249) bis zur **Piazza Goethe,** in die wir kurz vor der Bäckerei Panificio San Giacomo rechts einbiegen. Schräg gegenüber sehen wir zahlreiche Wegweiser. Wir folgen dem untersten nach **Le Busatte.** Beim Überqueren der Piazza Goethe entdecken wir an einem Gebäude zu unserer Rechten eine Inschrift. Sie erklärt, weshalb der Platz nach Deutschlands großem Dichter benannt wurde: Dieser nächtigte hier am 12. September 1786 während seiner Italienreise.

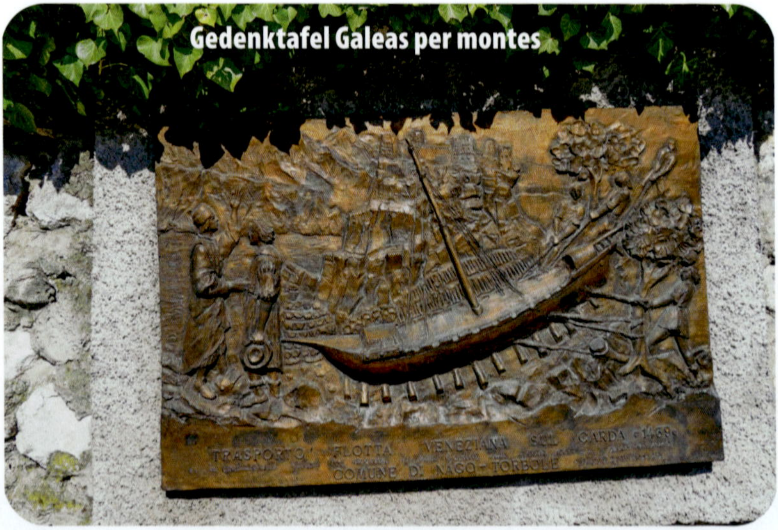

Gedenktafel Galeas per montes

Jetzt biegen wir dem rot-weißen Schild **Busatte–Tempesta** folgend links in die **Via Riccardo Pontalti** ab. Auf Kopfsteinpflaster wandern wir zwischen mediterranen Trockenmauern im Schatten von Olivenbäumen, vorbei an den Gärten gepflegter Villen, bergan. An einer Gabelung mit mehreren Wegweisern halten wir uns geradeaus auf die **Via Santa Lucia** in Richtung **Le Busatte.**

*Bei der **Galeas per montes** genannten Aktion ließ die Republik Venedig im Rahmen ihres Krieges gegen Mailand 1439 Boote und sogar große Galeeren vom Etschtal über die Berge zum Gardasee schaffen.*

Auf Höhe des **Parco degli Olivi** fällt uns eine **Gedenktafel** ❷ neben dem Eingang auf: eine Erinnerung an die Galeas per montes, den Transport mehrerer Galeeren und Boote auf Rundhölzern.

Wir spazieren auf der **Via delle Brae** weiter. Auf einem Hügel zu unserer Linken entdecken wir Überreste der Burg, die im Hintergrund der Gedenktafel abgebildet ist.

Im Vorübergehen grüßt uns die Kirchturmspitze der **Chiesa di S. Andrea,** eingerahmt von knorrigen Olivenbäumen vor den schroffen Bergen des Westufers.

Nach einer Rechtskurve gelangen wir zum **Parcheggio Panorama,** einer unserer beiden alternativen Parkmöglicheiten. Wir spazieren etwas abseits der Straße und überqueren den weitläufigen Parkplatz bis zu einer Steintreppe am anderen Ende. Bevor wir diese links hochgehen, sollten wir uns noch ein paar Stufen bergab zu einer kleinen Plattform begeben, um einen

Für die Seele

Wir erklimmen spektakuläre Treppen und fühlen uns dabei fast wie kühne Kletterer, denen an kahlen Felswänden eine steife Brise um die Nase weht.

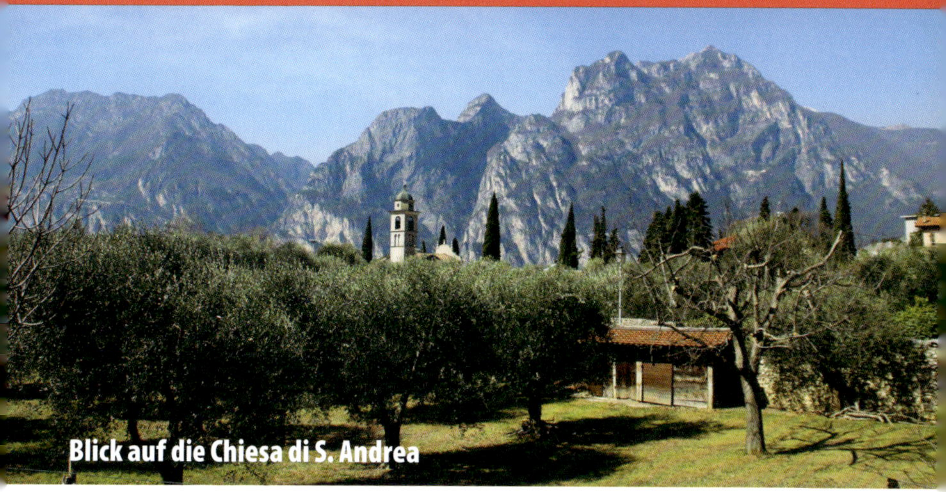

Blick auf die Chiesa di S. Andrea

weiteren herrlichen Blick über die Uferpromenade hinweg auf den See zu genießen.

Dann nehmen wir die Treppe zur **Via delle Brae.** An einer Haarnadelkurve folgen wir dem braunen Schild Richtung **Le Busatte** in die gleichnamige Straße. An der nächsten Querstraße halten wir uns links auf die **Località ai Bersagli.** Diese endet am Parcheggio Le Busatte. Daneben befinden sich das in den Sommermo-

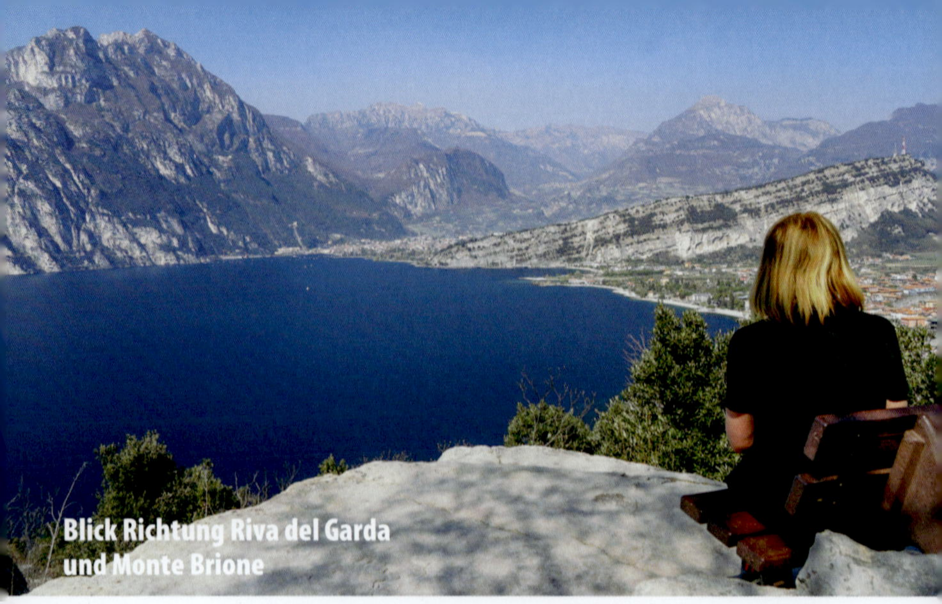

Blick Richtung Riva del Garda und Monte Brione

naten geöffnete **Ristorante Le Busatte** und der **Abenteuerpark Parco Avventura Busatte** ❸ mit Picknickwiese und Activity-Areas, die allerdings ebenfalls nur in der Hauptsaison geöffnet sind.

Am Restaurant vorbei gelangen wir über einen mit großen Steinplatten ausgelegten Weg zu Stufen, die uns zum Wanderweg **Busatte–Tempesta** bringen. Auf einem mäßig breiten, wenig steilen Pfad schlendern wir entspannt im kühlen Schatten der Bäume. Hin und wieder tauchen Holzschilder am Wegesrand auf, die zu körperlicher Ertüchtigung à la Turnvater Jahn auffordern. Wer hätte vermutet, dass es in Italien Trimm-dich-Pfade gibt?

An einer Gabelung illustriert eine Landkarte die Route und unseren Standort. Bevor wir den Schildern auf den **Sentiero Forestale Busatte–Tempesta** folgen, lohnt ein Abstecher auf einem kleinen, unbeschilderten Trampelpfad nach rechts, wo von fleißigen Wanderern zahlreiche „steinerne Manderl" aufgeschichtet wurden.

Dann geht es weiter auf dem einfachen und dennoch sensationellen Wanderweg. Die herrliche Aussicht über den See zu unserer Rechten ist unser stetiger Begleiter. Besonders auffallend ist die eigentümlich ge-

*Der lediglich 376 Meter hohe **Monte Brione** ist nicht nur der niedrigste, sondern geologisch betrachtet auch der jüngste Berg der Gardasee-Region. Seine Südostflanke Richtung Torbole fällt steil in den See ab, während er im Westen sanft ansteigt.*

formte Erhebung zwischen Torbole und Riva del Garda, der **Monte Brione.**

Bald gelangen wir zum Highlight der Wanderung: drei spektakulär in die Berghänge gebauten Treppen. Mit ihrer Hilfe überwinden wir mehrere felsige Abschnitte, die die gemütlichen Wanderpfade unterbrechen – was unsere heutige Genussrunde überhaupt erst ermöglicht: die 116 Stufen lange **Salt della Cavra** (Ziegensprung), die **Corno di Bò** (Ochsenhorn), bestehend aus 238 Stufen, und die mit 33 Stufen recht kurze **Val Calcarole** (Kalksteintal). Auf unserer Runde haben wir sogar viermal die Gelegenheit, über Treppen an schroffen Felswänden entlangzugehen, denn die Salt della Cavra passieren wir auf dem Rückweg nochmals. Der Wind kann uns auf den Treppenstegen bisweilen ganz ordentlich um die Ohren wehen, die ungetrübte **Aussicht über den See** ❹ ist umso eindrucksvoller. Wenn wir vom Monte Brione unseren Blick südwestlich am Ufer entlangschweifen lassen, erkennen wir die Ponale-Straße, die unterhalb des Cima Rocca

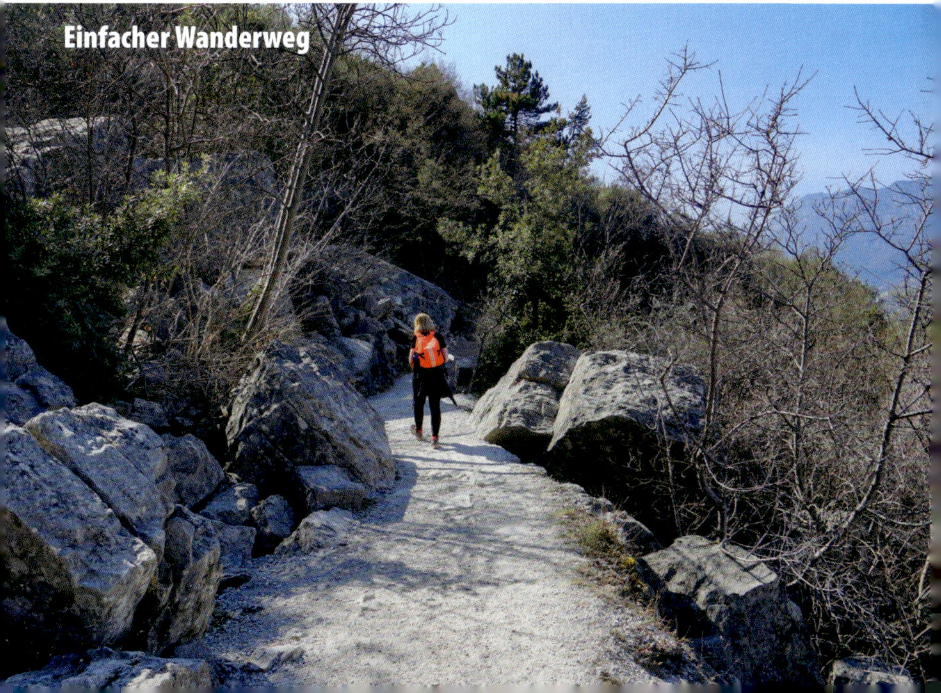
Einfacher Wanderweg

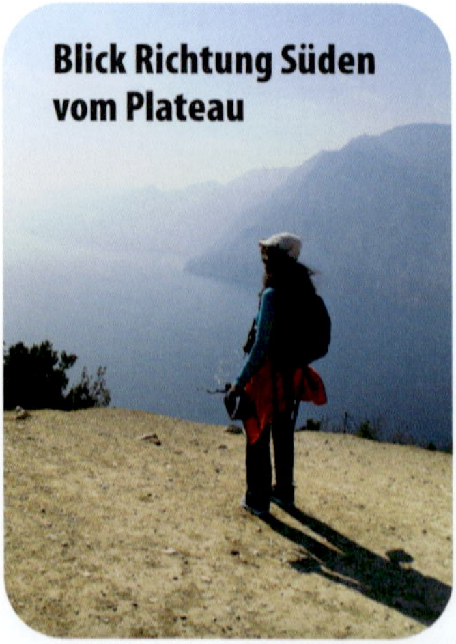

Blick Richtung Süden vom Plateau

Richtung Pregasina führt, dazwischen die Hochebene des Ledrotals.

Nach der Salt della Cavra geht es gemütlich auf dem Panoramaweg bis zu einer Gabelung, an der wir uns Richtung **Tempesta** halten. Bald erreichen wir die Corno di Bò. Wir genießen den Abstieg auf der längsten sich um den Felsen windendenden Treppe, machen immer wieder Halt, um die fabelhafte Aussicht einzusaugen. Danach spazieren wir weiter bis zur Val Calcarole, die mit ihren wenigen Stufen eher unspektakulär ist.

An der nächsten Gabelung angekommen, haben wir drei Möglichkeiten, die Tour fortzusetzen. Geradeaus dem Schild **„Tempesta“** folgend könnten wir mit dem Bus 484 zurück nach Torbole fahren. Tempesta ist klein und bietet dem Besucher nicht viel, daher sollte man sich vorher mit dem Bus-

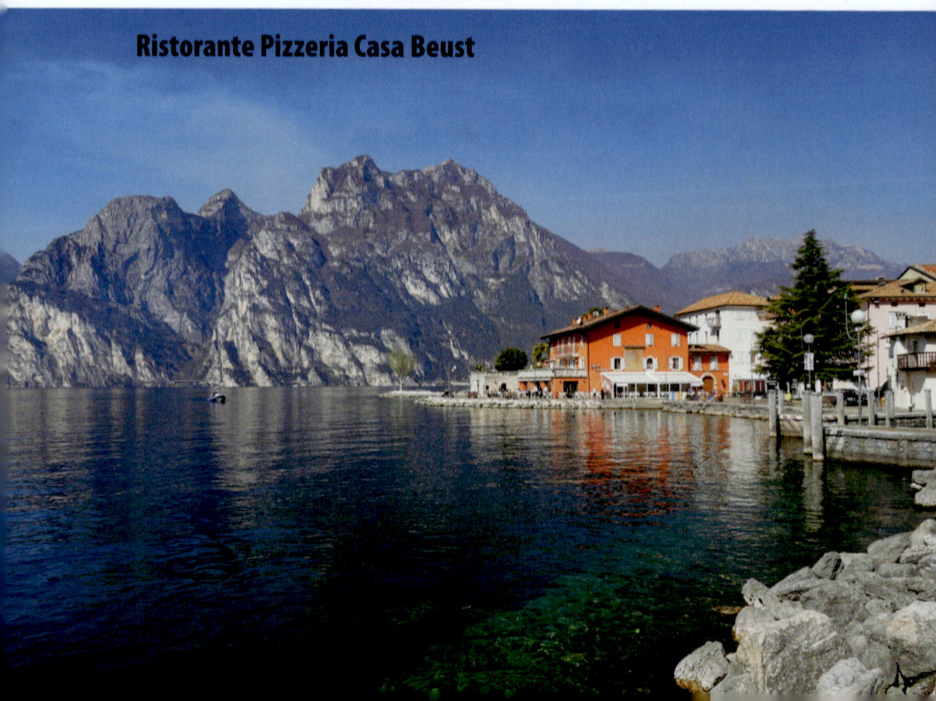

Ristorante Pizzeria Casa Beust

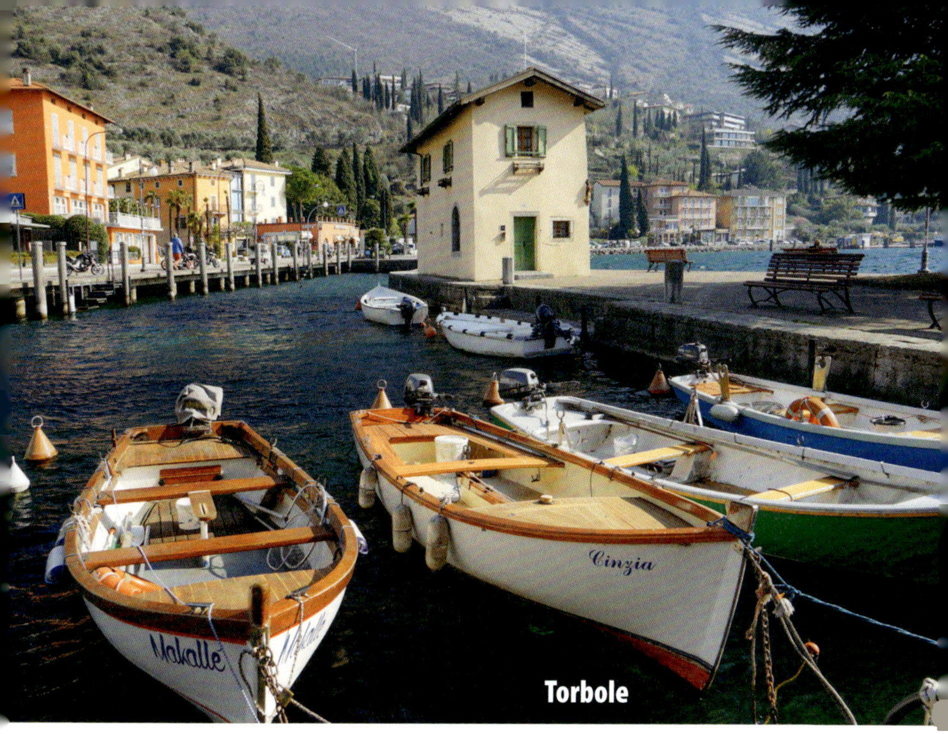

Torbole

fahrplan vertraut machen, um lange Wartezeiten zu vermeiden. Oder wir kehren auf derselben Strecke zurück und erklimmen alle Treppen ein weiteres Mal.

Letztendlich entscheiden wir uns für die dritte Variante. Dazu biegen wir scharf links nach oben ab, dem Schild **„Tempesta – Busatte"** folgend, und gelangen so auf einen breiten, wenig steilen Weg. Der See liegt zu unserer Linken. Im Sommer kann es hier heiß werden, da es nur wenig Schatten spendende Sträucher gibt. An der höchsten Stelle angekommen, erreichen wir ein aussichtsreiches Plateau. Herrliche Fotomotive, so weit unser Auge reicht!

Danach nehmen wir die letzte Etappe der Runde in Angriff. Der Weg führt zu der uns bereits bekannten Gabelung. Hier biegen wir scharf rechts ab und sind wieder auf der Strecke vom Anfang. Die Stufen der Salt della Cavra führen nun nach oben. Vielleicht entdecken wir noch ein Motiv, das uns auf dem Hinweg nicht aufgefallen ist? Die Gardasee-Kulisse ist so berauschend, dass wir nicht genug davon bekommen. Auf bekannter

*Der v-förmige Taleinschnitt des 600 Meter oberhalb des Sees liegenden **Ledrotals** am Westufer ist von den Höhen über Torbole deutlich zu erkennen. Der steile Weg vom Hafen am Gardasee über die Ponale-Straße bis Pregasina war über viele Jahre der einzige Zugang ins Tal.*

Route gelangen wir zur Wiese am Abenteuerpark. Noch eine kleine, erholsame Pause gefällig, bevor wir zum Parkplatz spazieren?

Wer am See geparkt hat oder noch einen kleinen Abstecher dorthin machen will, nimmt kurz vor dem Parcheggio Panorama die Treppe links Richtung Uferpromenade. An ihrem Ende biegen wir scharf links in die **Via Pescicoltura,** die uns direkt zum See bringt.

Wer den Ausflug mit einer Einkehr ausklingen lassen möchte, hat in Torbole reichlich Möglichkeiten, wie beispielsweise im behaglichen **Ristorante Pizzeria Casa Beust** ❺ an der Seepromenade.

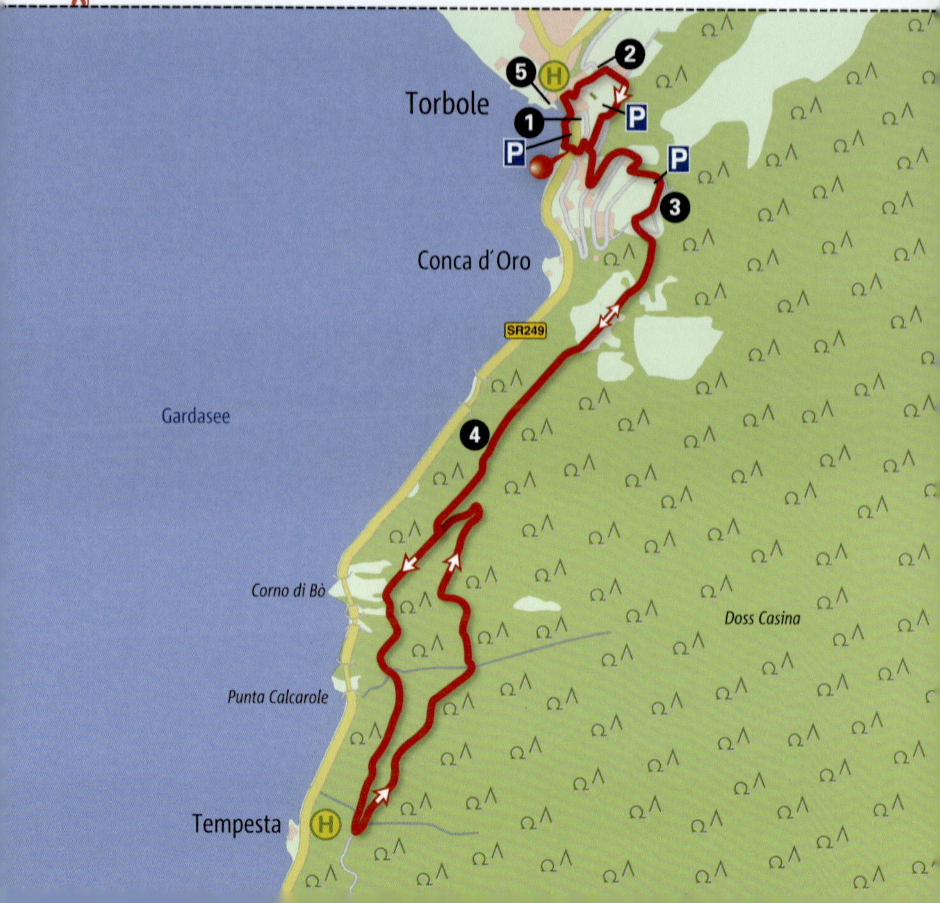

Alles auf einen Blick

WIE & WANN:
Leicht begehbare, ebene Wanderpfade, durch mehrere Treppen am Hang verbunden; einige sehr sonnige Abschnitte; beste Zeit März bis Oktober an trockenen Tagen

Entspannung ★★★★★
Genuss ★★★★☆
Romantik ★★★★☆

HIN & WEG:
Auto: Parken an der Uferpromenade, Via Lungolago Conca d'Oro, 21, 38069 Nago-Torbole (TN) (GPS: 45.86775, 10.87698). Alternativen: Parcheggio Panorama, Via delle Brae, 38069 Nago-Torbole (TN) (GPS: 45.86810,10.87847); Parcheggio Le Busatte, Località ai Bersagli, 38069 Nago-Torbole (TN) (GPS: 45.86582, 10.88162)
ÖPNV: Von Rovereto Stazione Bus B 332 bis Torbole

ESSEN & ENTSPANNEN:
Einkehrmöglichkeiten nur am Anfang/Ende der Tour, daher zusätzlich Rucksackverpflegung empfehlenswert!

Caffè Bellavista ❶ Via Lungolago 15, 38069 Nago-Torbole (TN), Tel. +39 (04 64) 50 51 74
Ristorante Pizzeria Casa Beust ❺ Via Benaco 15, 38069 Nago-Torbole (TN), Tel. +39 (04 64) 50 63 25, www.ristorantecasabeust.it

ENTDECKEN & ERLEBEN:
Gedenktafel Galeas per montes ❷
Abenteuerpark Parco Avventura Busatte ❸ Tel. +39 (3 47) 2 88 05 70, www.busatteadventure.it
Aussicht über den See ❹

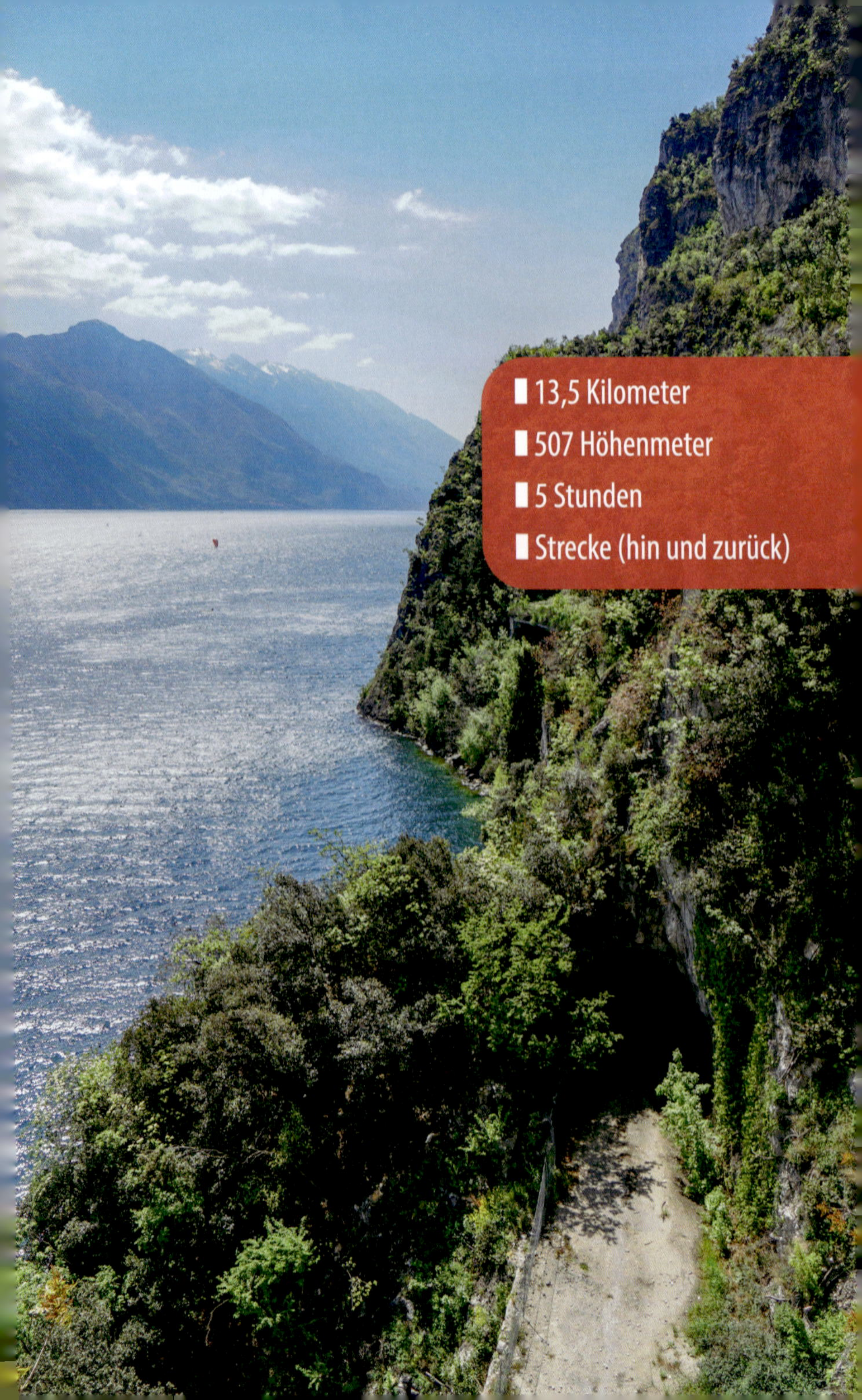

- 13,5 Kilometer
- 507 Höhenmeter
- 5 Stunden
- Strecke (hin und zurück)

Der Sentiero del Ponale gilt als der beliebteste Wanderweg am Gardasee und als einer der schönsten historischen Panoramawege Europas. Um ihn zu erkunden, fahren wir ans nördliche Ufer des Sees und starten am Parkplatz in der Via delle Ginestre in Riva del Garda.

Der Klassiker

Von Riva del Garda ins Ledrotal

Dieser liegt ein wenig abseits des Zentrums, dafür ist er gebührenfrei und so gut wie nie überfüllt.

Von der **Via delle Ginestre** biegen wir links in die **Via degli Oleandri** ein und halten uns auf dem Bürgersteig geradeaus Richtung Ortsmitte und See. Geradeaus über den Kreisverkehr gelangen wir auf eine von prächtigen Linden gesäumte Allee, den **Viale dei Tigli.** Auf diesem kommen wir zu einem weiteren Kreisel, auf dessen gegenüberliegender Seite wir die barocke **Kirche Santa Maria Inviolata** ❶ sehen.

*Die 1603 erbaute **Kirche Santa Maria Inviolata** zählt mit ihren wertvollen Stuckarbeiten, Fresken und Gemälden zu den eindrucksvollsten Bauwerken des Trentiner Barocks. Da der Tabernakel als wundertätig gilt, wurde der Ort bereits 30 Jahre später Wallfahrtsort.*

Wir gehen erst links und dann sofort rechts in die **Via L. A. Baruffaldi.** Am Ende der Straße entdecken wir einen Wegweiser Richtung Zentrum und See und folgen ihm nach rechts auf dem Viale Martiri XXVIII Giugno bis zur **Via Dante Alighieri** in der Fußgängerzone. Dort biegen wir rechts ab, spazieren bis zum **Viale Roma** und danach links weiter durch das schmucke Stadttor **Porta San Michele** bis zur Via Giuseppe Mazzini. Sie mündet

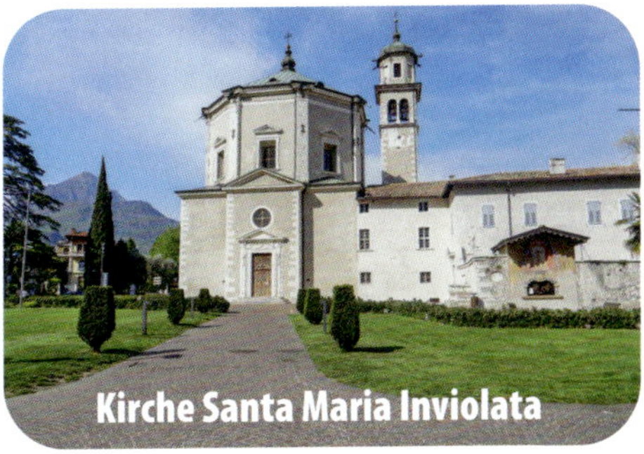
Kirche Santa Maria Inviolata

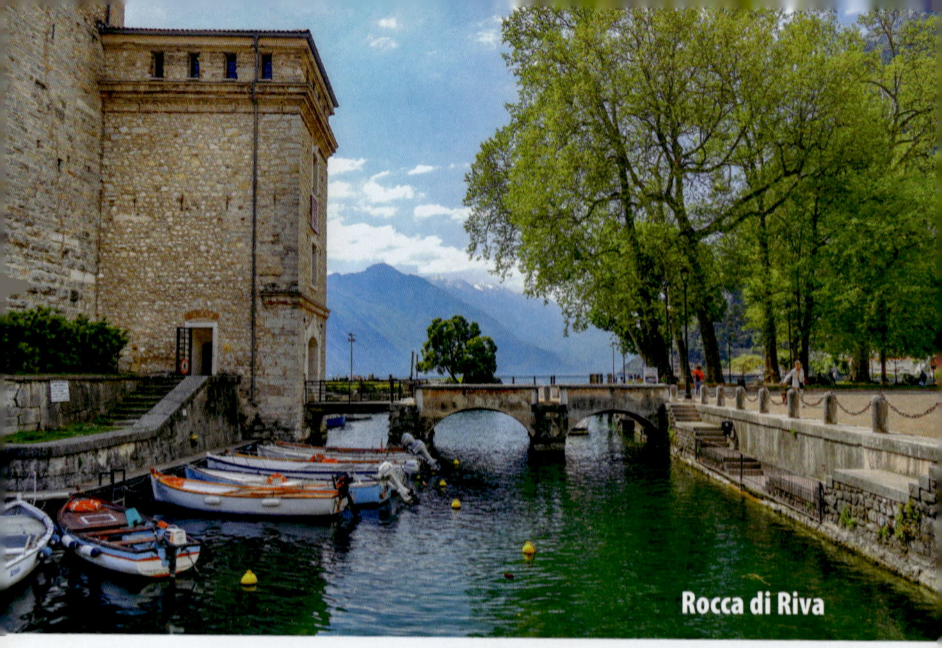

Rocca di Riva

in die belebte **Piazza Giuseppe Garibaldi.** Nicht zu übersehen ist die malerisch am Ufer gelegene mittelalterliche Burg **Rocca di Riva.** In der gut erhaltenen Festung befindet sich das **MAG – Museo Alta Garda ❷.**

Sollen wir zunächst das bunte Treiben auf der Piazza Giuseppe Garibaldi und die Wassersportler auf ihren Booten und Surfbrettern ein wenig beobachten? Vielleicht während wir gemütlich in einem der zahlreichen Cafés, wie beispielsweise der **Bar-Gelateria Al Lago ❸,** sitzen? Oder sollen wir entlang des Lungolago Marinai d'Italia an den bunten Booten des Tretbootverleihs vorbei bis zur Piazza III Novembre spazieren und dort kurz Rast machen? Vielleicht heben wir uns das alles aber für unsere Rückkehr auf und gehen am westlichen Ufer entlang zum **Sentiero del Ponale.**

*Das **MAG – Museo Alta Garda** beherbergt eine ständige Ausstellung zur bildenden Kunst der Region vom 15. bis zum 19. Jahrhundert. Außerdem besitzt es eine geschichtliche Abteilung mit archäologischen Funden aus der Umgebung. Dazu gibt es regelmäßig Wechselausstellungen.*

Um dorthin zu gelangen, bleiben wir südwärts an der **Via Giacomo Cis** (SS 45 bis). Vorbei am imposanten Gebäude des **Wasserwerks ❹** zu unserer Rechten kommen wir auf unsere Strecke, deren Beginn uns von braunen Schildern in regelmäßigen Abständen angekündigt wird. Die **Strada del Ponale** wurde 1851 eröffnet und führt bis ins Ledrotal. Wer möchte, kann sie bis zum „kleinen Bruder" des Gardasees, dem Ledrosee, wandern. Wir werden heute die grandiosen Ausblicke von der in eine senkrechte Felswand geschlagenen Ponale-Straße auf dem Abschnitt bis kurz vor Pregasina genießen. Die Route ist hinsichtlich Orientierung und Schwierigkeitsgrad einfach. Wir halten uns auf der breiten, mäßig steilen Wanderstrecke am Westufer immer

Für die Seele

Mediterrane Leichtigkeit am azurblauen See, imposante Felsen, die ins Wasser zu stürzen scheinen – sie begleiten uns auf dieser eindrucksvollen Wohlfühltour.

südwärts. Abzweigungen gibt es kaum, dafür umso mehr atemberaubende Ausblicke. Die Strada del Ponale war früher der einzige Zugang nach Pregasina, heute heißt sie Sentiero del Ponale und ist für Autofahrer gesperrt. Wir müssen uns den Weg und die Aussicht nur mit sportlichen Mountainbikern und Hobbyradfahrern teilen. Laut der rot-weißen Wegweiser des CAI (Club Alpino Italiano) soll der Abschnitt bis Pregasina zu Fuß gerade einmal 1 Stunde 40 Minuten dauern. Wer die Strecke kennt, wird diese Zeitangabe anzweifeln. Zu viele fantastische Fotomotive bieten sich. Bizarr geformte Felswände vor der Kulisse des schimmernden Sees. Darauf Segelboote und Windsurfer, die wie bunte Tupfer über das Wasser gleiten. Wenn wir hinter uns blicken, sehen wir Riva del Garda im

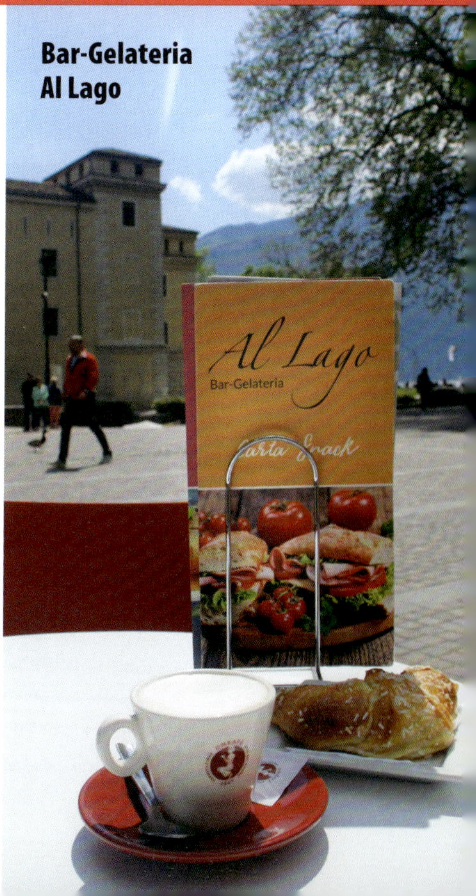

Bar-Gelateria Al Lago

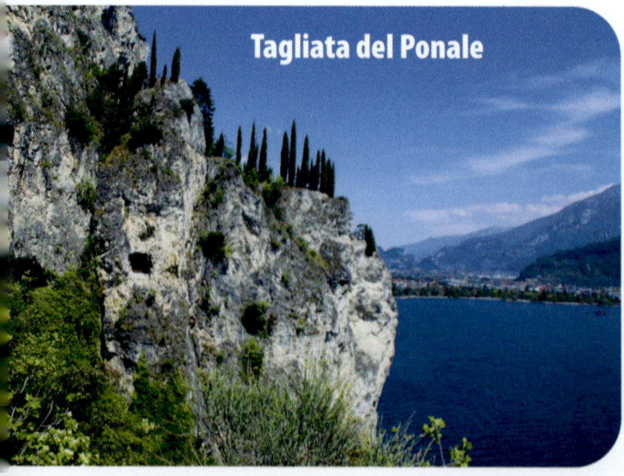

Westen und Torbole im Osten, getrennt vom Monte Brione, der wie ein umgekipptes Tortenstück zwischen den beiden liegt. Wir laufen am mit Maschendraht gut gesicherten Hang oberhalb des Sees.

Unseren ersten Stopp machen wir an der **Tagliata del Ponale ❺.** Die ehemalige österreichische Festung wurde zwischen 1904 und 1918 unterirdisch ins Gestein „geschnitten" *(tagliata)* und gibt Zeugnis davon, dass zwischen 1861 und 1919 die Grenze zwischen Österreich und Italien ganz in der Nähe verlief.

Danach geht es auf unserem herrlich entspannenden Weg weiter Richtung Süden. Etwas unterhalb entdecken wir die Straße Richtung Limone und erkennen, was für ein Glück wir haben, diese Seite des Sees wandernd erkunden zu können. Wer mit dem Auto die Gardesana Occidentale in dieselbe Richtung fährt, kann lediglich erahnen, welch fantastische Ausblicke sich von hier eröffnen, denn es finden sich kaum Möglichkeiten zu halten.

Durch fehlende Vegetation auf der Seeseite kann es auf der ***Strada del Ponale*** *windig und im Sommer heiß werden. Am späten Nachmittag verschwindet die Sonne hinter den Felsen auf der Landseite und der Weg liegt im Schatten.*

Wir dagegen wandern gemächlich oberhalb des Sees bis zum **Ristorante Ponale Alto Belvedere ❻.** In diesem traumhaft im Herzen der Natur an einen Felsen gebauten Restaurant einzukehren, ist nahezu Pflicht. Es bietet alles, was man für eine gemütliche Ruhepause braucht: famose Ausblicke und einfaches, gutes Essen auf einer herrlichen Aussichtsterrasse.

Erfrischt spazieren wir weiter und gelangen zu einer der wenigen Kreuzungen auf unserer Tour. Auf zwei großen Anschlagtafeln erfahren wir Wissenswertes zu unserer Route und entdecken Vorschläge für künftige Wanderungen. Dazwischen mehrere rot-weiße Wegweiser. Wir richten uns nach dem obersten **(D03)** Richtung **Pregasina,** sodass der Gardasee weiterhin links von uns liegt. Kurz darauf gelangen wir zu einer Gabelung **(Bivio).** Hier halten wir uns geradeaus am See entlang Richtung **Pregasina.**

Nun beginnt ein kurzer Abschnitt, an dem wir in Serpentinen etwas steiler nach oben geführt werden. Hier stoßen wir auf ein handgeschriebenes Schild, das zum Sentiero Contrabbandieri, dem Schmugglerweg, zeigt. Diesen etwas anspruchsvolleren, weil wenig gesicherten und schmalen, kurzen Pfad können geübte Wanderer auf dem Rückweg wählen, um für ein kurzes Stück von der bekannten Strecke abzuweichen.

Wir gehen zunächst weiter Richtung **Pregasina** und haben die Möglichkeit, entweder die einzelnen Haarnadelkurven entlangzumarschieren oder die kleinen, etwas steileren Trampelpfade zu benutzen, die die Strecke etwas verkürzen. Diese sind sehr beliebt bei versierten Mountainbikern, sodass uns immer wieder waghal-

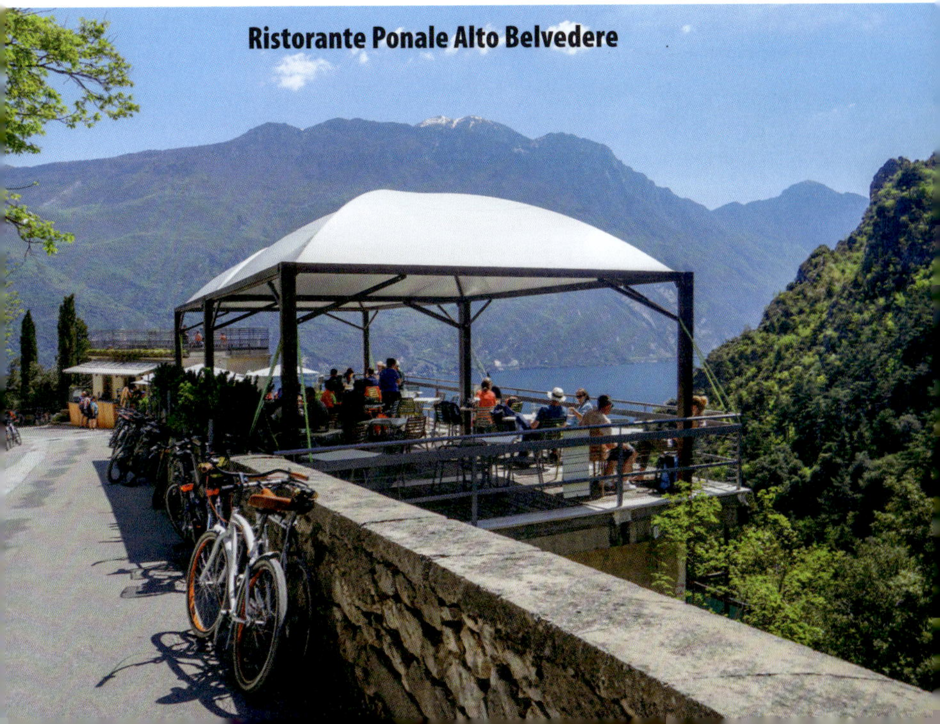

Ristorante Ponale Alto Belvedere

sige Radler entgegenkommen. Bald gelangen wir zum Aussichtspunkt **Regina Mundi** ❼, in dessen Mitte die gleichnamige Statue thront.

Ab hier könnte man weiter in das kleine Bergdorf **Pregasina** wandern und mit dem Bus von dort nach Riva del Garda zurückfahren. Pregasina ist klein und bietet dem Besucher keine nennenswerten Sehenswürdigkeiten, auch ist dieser Abschnitt weniger spektakulär, weil er nicht mehr am Felsen, sondern zwischen Weiden verläuft.

Landschaftlich ist die **Strada del Ponale** ohnehin so reizvoll, dass es sich lohnt, sie auch auf dem Rückweg nach Riva del Garda zu nutzen, wo wir den Tag am See gemütlich ausklingen lassen können.

Die eindrucksvolle, 4,5 Meter große Statue der ***Regina Mundi,*** *der „Königin der Welt", wurde vom franziskanischen Bildhauer Silvio Bottes geschaffen. Sie hält die Erdkugel, auf der ein Kreuz thront, in ihren Händen, während sie Richtung Pregasina blickt.*

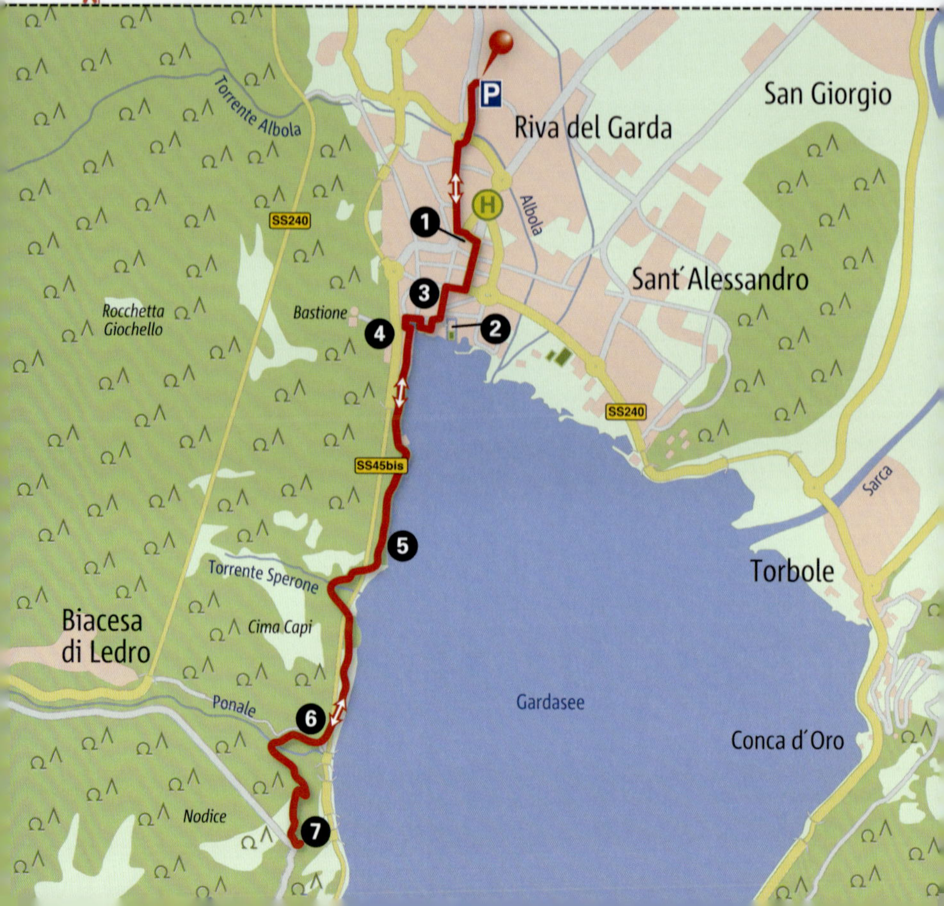

Alles auf einen Blick

WIE & WANN:
Einfache, breite Wege mit mäßiger Steigung, großenteils asphaltiert bzw. gut begehbarer Naturweg; wenig Schatten; beste Zeit Februar bis Oktober

Entspannung ★★★★★
Genuss ★★★★☆
Romantik ★★★★☆

HIN & WEG:
Auto: Parkplatz Via delle Ginestre, 38066 Riva del Garda (TN) (GPS: 45.89735, 10.84419)
ÖPNV: Von Rovereto Stazione Bus B 332 bis Riva del Garda Autostazione, zu Fuß durch die Viale Trento Richtung See bis zur Kirche Santa Maria Inviolata, dort Einstieg in die Tour. Variante Rückkehr mit dem Bus ab Pregasina: ab Regina Mundi ca. 1,5 km/30 Min. zu Fuß bergauf bis Pregasina, von dort Bus B 214 bis Riva del Garda

ESSEN & ENTSPANNEN:
Bar Gelateria Al Lago ❸ Piazza Cesare Battisti 3, 38066 Riva del Garda (TN), Tel. +39 (04 64) 56 70 92
Ristorante Ponale Alto Belvedere ❻ Strada del Ponale, 38067 Molina di Ledro (TN), Tel. +39 (04 64) 56 73 21

ENTDECKEN & ERLEBEN:
Kirche Santa Maria Inviolata ❶
MAG – Museo Alta Garda ❷ Piazza C. Battisti 3 a, 38066 Riva del Garda (TN), Tel. +39 (04 64) 57 38 69, www.museoaltogarda.it
Wasserwerk ❹ Via Giacomo Cis 13, 38066 Riva del Garda (TN), Tel. +39 (04 61) 03 24 86, www.hydrotourdolomiti.it
Tagliata del Ponale ❺
Regina Mundi ❼

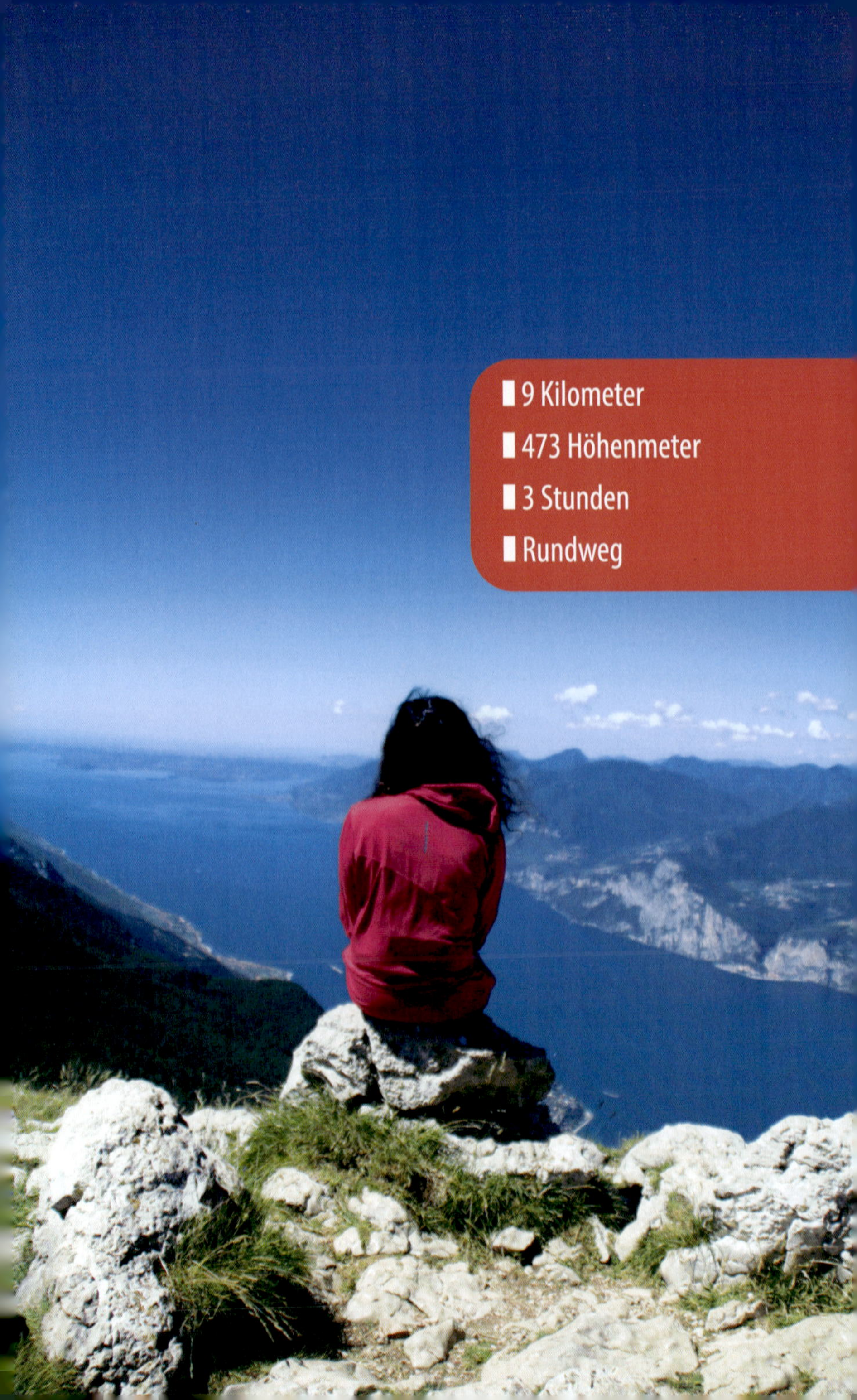
9 Kilometer
473 Höhenmeter
3 Stunden
Rundweg

Von der spannenden Seilbahnfahrt mit der Funivia Malcesine–Monte Baldo haben sicherlich viele Gardasee-Liebhaber gehört. Es gibt aber noch eine weitere Möglichkeit, den Gipfel zu erreichen: Die Fahrt mit dem **Sessellift Prà Alpesina ❶**, der sich auf der Trentiner Seite des Berges befindet, ist außerhalb der

Beste Aussichten

Panoramarunde auf dem Monte Baldo

Skisaison eine charmante und wunderbar entspannte Alternative, um auf den Monte Baldo zu gelangen.

Wir parken an der Talstation, wo in der **Bar Chalet Falco ❷** die Tickets für den Sessellift verkauft werden. Lange anstehen müssen wir nicht. Wenige Wanderer verirren sich im Sommer auf diese Seite des Monte Baldo. Ruhig, fast bukolisch ist die Stimmung zwischen den Almwiesen. Lediglich vereinzelte Kuhglocken durchbrechen die Stille.

*Der **Monte Baldo** ist der westlichste Gebirgskamm der venetischen Voralpen. Er liegt zu drei Vierteln auf Veroneser und einem Viertel auf Trentiner Gebiet und erstreckt sich auf 30 Kilometern zwischen dem Gardasee im Westen und dem Etschtal im Osten.*

Unsere Höhenmeter im Anstieg überlassen wir bei dieser Tour dem Sessellift. Wir genießen die hübsche Aussicht während der gemächlichen Fahrt und lassen uns die frische Bergluft um die Nase wehen. Oben angekommen, haben wir die spektakuläre Aussicht auf den See in seinen Blau- und Türkis-Schattierungen für uns allein. Wir lassen unseren Blick von Limone sul Garda am Westufer bis nach Sirmione im Süden schweifen.

Talstation des Sessellifts

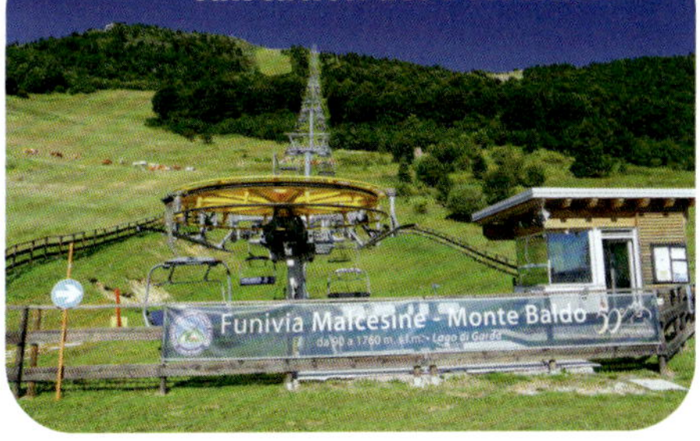

Bevor wir uns auf den Weg zur Bergstation der Seilbahn machen,

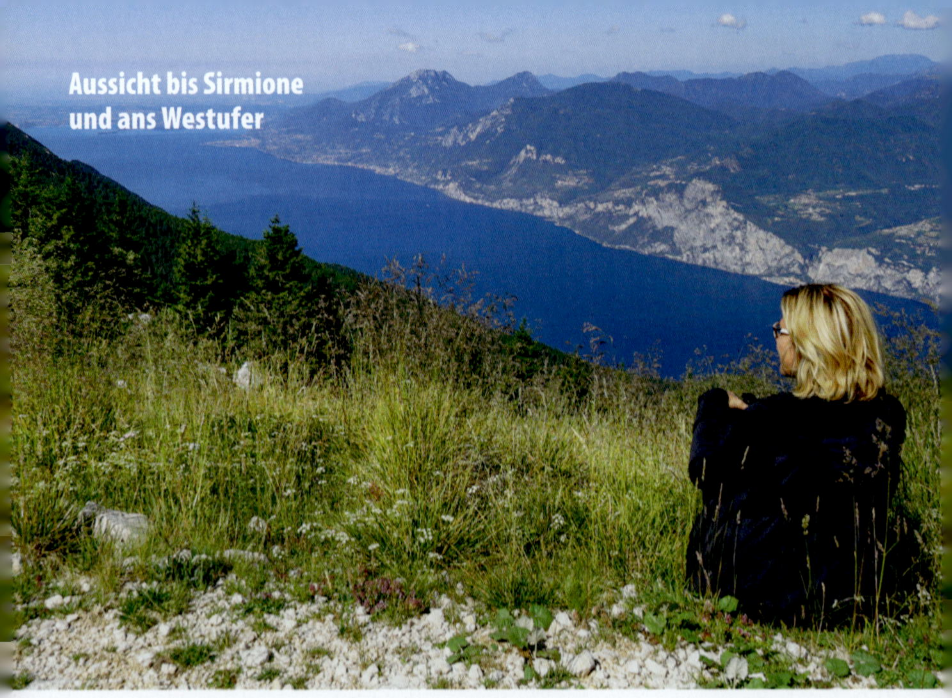

wollen wir noch ein wenig die wohltuende Ruhe auf dieser Seite genießen. Vom Sessellift aus haben wir ein interessantes **Kreuz** ③ auf dem kleinen Hügel zu unserer Linken erspäht, dem wir einen Besuch abstatten. Mit dem unvergleichlichen Panorama des Lago zu unserer Rechten spazieren wir den Weg ein Stück in südliche Richtung. Dann folgen wir links bergab einem Pfad, der uns wieder in Richtung Sessellift führt. Wenn er sich fast mit dem Lift kreuzt, erkennen wir rechts von uns einen Trampelpfad durch die Wiese zum Kreuz. Dort angekommen, haben wir einen herrlichen Blick ins Tal und auf die Wiesen und Weiden der **Prà Alpesina.** Danach machen wir uns auf den Weg zur Bergstation der Seilbahn. Hierfür müssen wir zur oberen Sesselliftstation zurück, wo wir am Ausgang den Wegweiser zur **Funivia** (Seilbahn) sehen. Handschriftlich hat jemand „20 Minuten" hinzugefügt. Wegen des atemberaubenden Panoramas zu unserer Linken werden wir sicherlich länger unterwegs sein.

Der Weg ist zunächst behaglich und breit. Es kommen uns einige Mountainbiker entgegen. An einer Ga-

!

*Als **einfachere Alternative** zwischen Sessellift und Seilbahnstation bietet sich der Weg hinter dem Hügel rechts an, der gemütlicher und breiter ist. Allerdings müssen wir dann auf diesem Streckenabschnitt auf die herrliche Aussicht auf den Gardasee verzichten.*

belung müssen wir zwischen Aussicht und Gemütlichkeit entscheiden. Wir nehmen den linken, aussichtsreichen Weg, der ein wenig steil und naturnah ist und eine gewisse Trittsicherheit erfordert. Die spektakuläre Aussicht auf den See ist dabei unser ständiger Begleiter.

Für die Seele

Gemächlich bringt uns der Sessellift zu spektakulären Aussichten. Berauscht vom unvergleichlichen Panoramablick spazieren wir entspannt über blühende Wiesen.

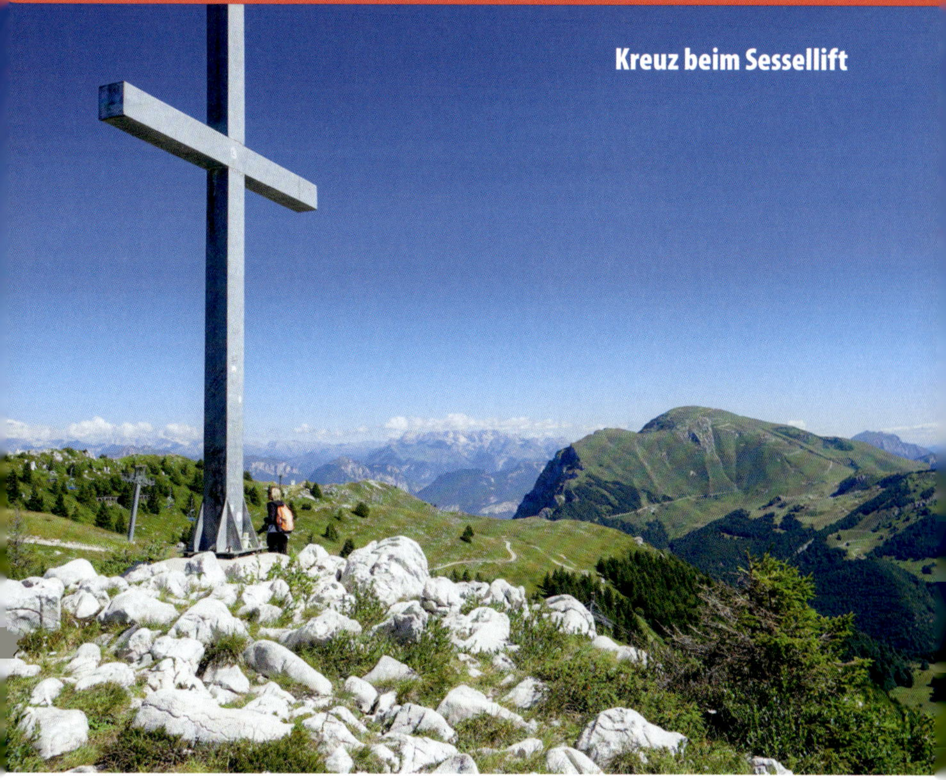

Kreuz beim Sessellift

Wenn wir an der **Seilbahnstation** ❹ ankommen, wird es etwas lebhafter. Hier treffen wir viele Urlauber, die sich einen Tagesausflug auf die östliche Dachterrasse des Lago nicht entgehen lassen wollen. Und wer könnte es ihnen verdenken? Wie oft hat man die Möglichkeit, ein so unvergleichliches Bergpanorama samt Seeblick ohne schweißtreibenden Aufstieg zu genießen?

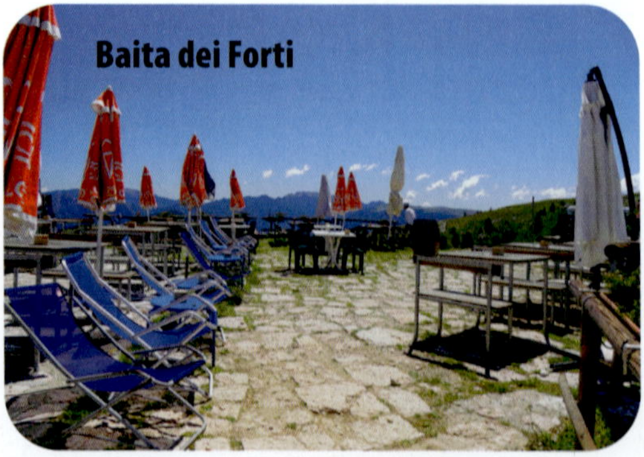

Baita dei Forti

Bei der Seilbahnstation erwarten den hungrigen Wanderer zwei Einkehrmöglichkeiten: die **Baita dei Forti** ❺ und die **Bar Skywalk** ❻ mit herrlichem Blick auf den See.

Wir machen uns auf den Weg, schließen uns der Mehrheit an und folgen der gemütlichen **Runde von Colma,** die uns von der Seilbahn gen Norden und wieder zurück führt. Auf dem Streckenabschnitt, der näher

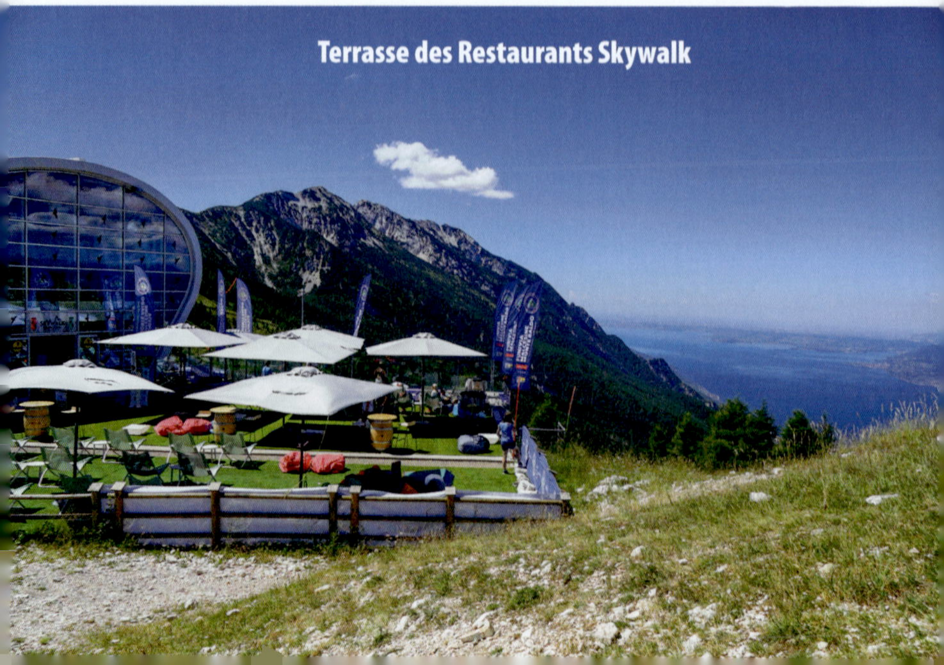

Terrasse des Restaurants Skywalk

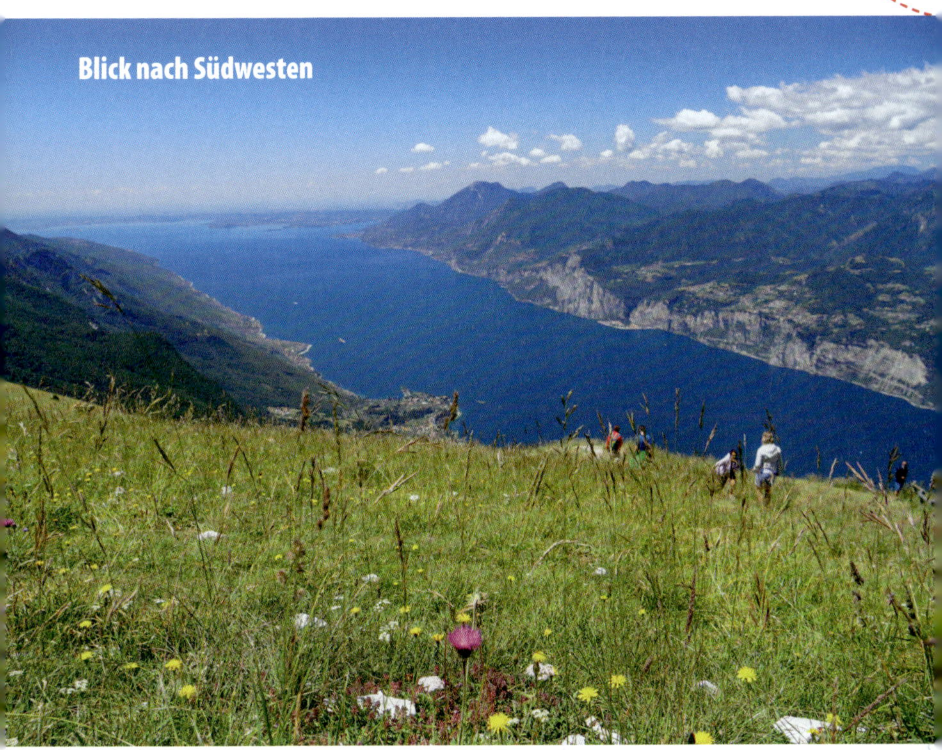

Blick nach Südwesten

am Gardasee liegt, ist der Weg schmaler. Hier haben wir die Gelegenheit, spektakuläre, Instagram-würdige Fotos auf Felsen vor der Kulisse des Lago zu machen – und zwar ohne uns auch nur der geringsten alpinen Gefahr auszusetzen. Oberhalb verläuft ein breiterer Weg, der am Restaurant **La Capannina** ⑦ vorbeiführt. Selbst wenn es uns auf diesem ganz und gar nicht anstrengenden Rundweg allenfalls wegen der sagenhaften Aussicht den Atem verschlägt, laden die Liegestühle im Garten des Restaurants zum Après-Hike ein. Welche Route wir für den Hin- und Rück-

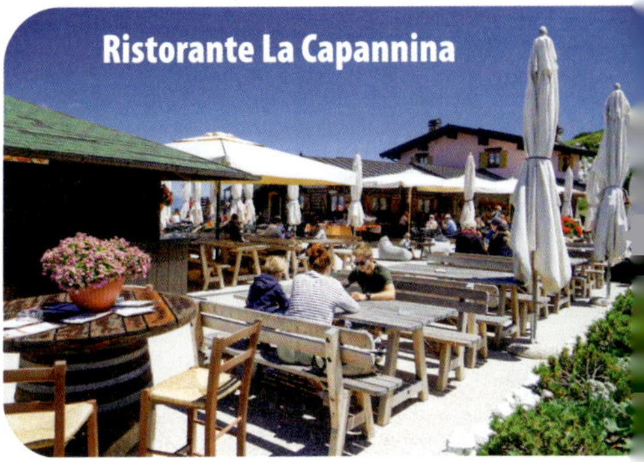

Ristorante La Capannina

weg wählen, entscheiden wir spontan. Wir könnten es beispielsweise davon abhängig machen, wo gerade weniger Wanderer unterwegs sind …

Beide bringen uns jedenfalls entspannt zum Aussichtspunkt, von dem wir bis an die Nordspitze des Sees auf Riva del Garda und Torbole mit dem Monte Brione dazwischen blicken.

Wieder an der **Seilbahnstation,** machen wir uns auf den Weg zurück zum Parkplatz. Dazu nehmen wir kurz vor der Station einen Weg links bergab, bis wir zu einigen Wegweisern gelangen. Zur Talstation des Sessellifts **(Seggiovia – Stazione di Valle)** spazieren wir geradeaus auf gemütlichem Weg bis zu einer weiteren Kreuzung. Wer noch einmal in den Genuss einer Ses-

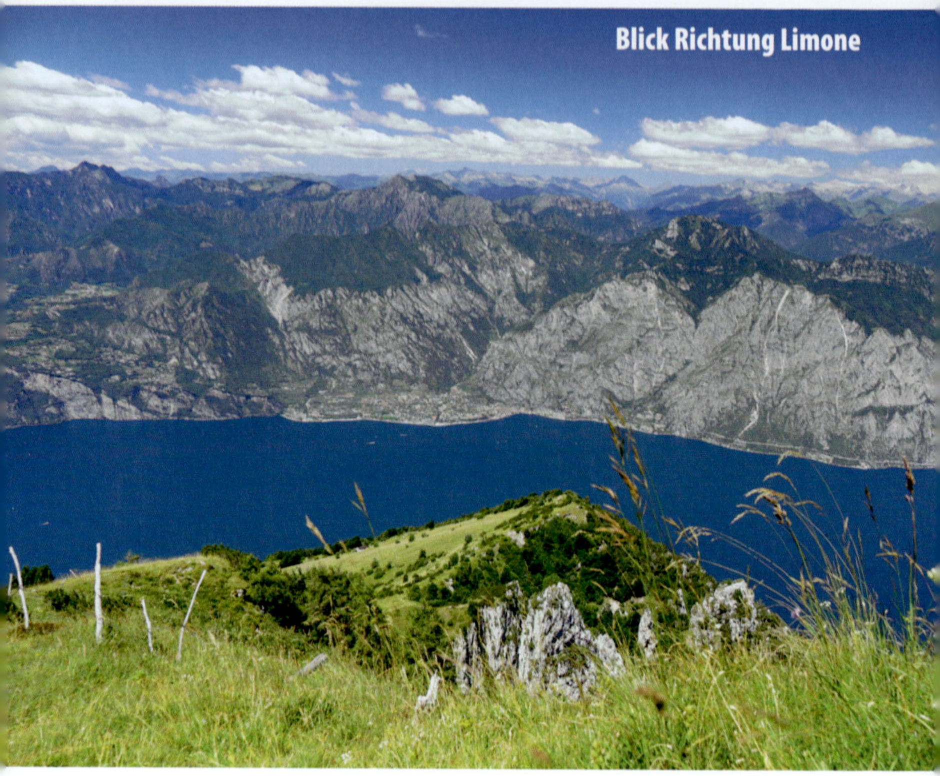

Blick Richtung Limone

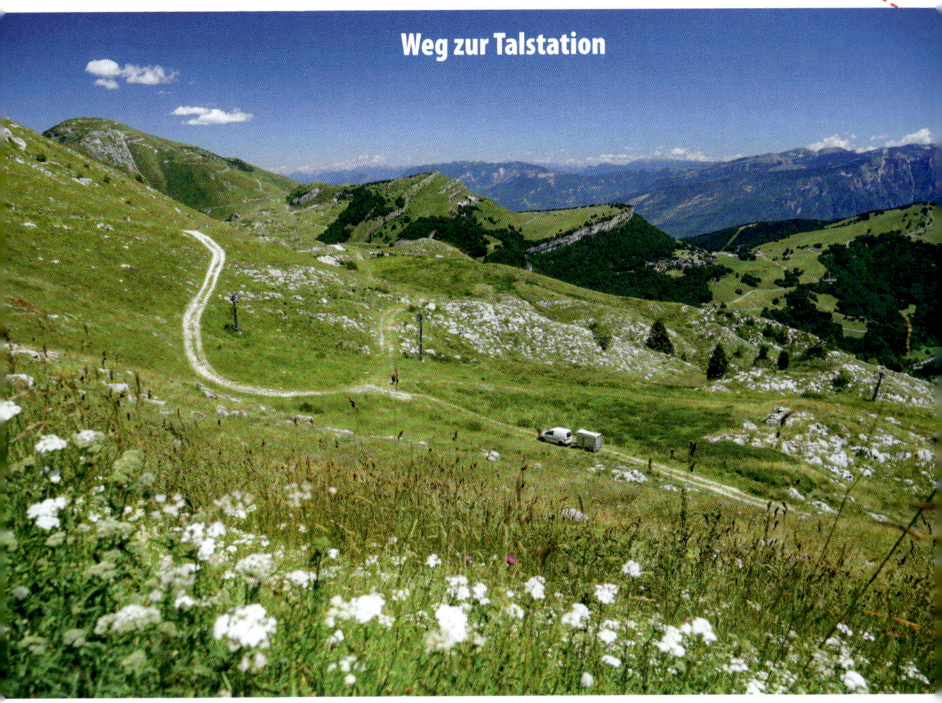

Weg zur Talstation

selliftfahrt kommen möchte, entscheidet sich für den Weg geradeaus über einen Hügel.

Wir aber wollen dieser Wanderung noch einen Spaziergang hinzufügen – über blühende Almwiesen, auf denen es von Schmetterlingen nur so wimmelt. Deshalb folgen wir dem Weg **10b** zur Talstation nach links. Der Trampelpfad durch die Wiese wird von einem Zaun unterbrochen. Mutig klettern wir über die Absperrung. Der Weg lässt sich nur erahnen. Wir gehen da, wo das Gras stärker niedergetreten ist. Während wir, begleitet vom Flattern bunter Schmetterlinge und dem Klang der Kuhglocken, durch den Hochlagenrasen spazieren, achten wir darauf, nicht in Hinterlassenschaften der Weidekühe zu treten.

Zum Glück helfen uns immer wieder Schilder Richtung Talstation und rot-weiße Markierungen bei

*Die Gräser und Blumen des **Hochlagenrasens** auf dem Monte Baldo sind perfekt an die klimatischen Bedingungen hier angepasst. Viele Pflanzen weisen Knospen an der Bodenoberfläche auf, sind von Hülsen geschützt, bilden Kriechformen aus oder wachsen in Polstern.*

Panoramatour 8

Auf der Veroneser Seite des Monte Baldo gibt es 52 **Malghe (Almen)** mit fast 4000 Hektar Weideland. Sie spielen seit Jahrhunderten eine bedeutende Rolle als Sommerweide für das Vieh. Der Begriff malga bezeichnet alle Weiden, Wälder und Gebäude auf dem jeweiligen Gelände.

der Orientierung. Besonders erfreuen uns Tafeln mit Abbildungen und Erklärungen des Bergpanoramas auf der anderen Seite des Tals.

Bald stoßen wir auf einen Pfad, der eindeutiger als Weg zu erkennen ist. Im wohltuenden Schatten geht es auf erdig-steinigem Untergrund bergab. Der Waldpfad endet an der schwach befahrenen **SP 8,** in die wir nach rechts abbiegen. Wir folgen ihr zwischen Almwiesen bis zur nächsten Kreuzung geradeaus. Hier lohnt sich noch ein Besuch bei der **Malga Prà Alpesina ❽,** um *formaggio* oder *salumi,* Käse oder Wurstwaren, zu kaufen. Danach ist es nur noch eine kurze Strecke auf der **SP 230** bis zur Talstation des Sessellifts, die wir bereits sehen können.

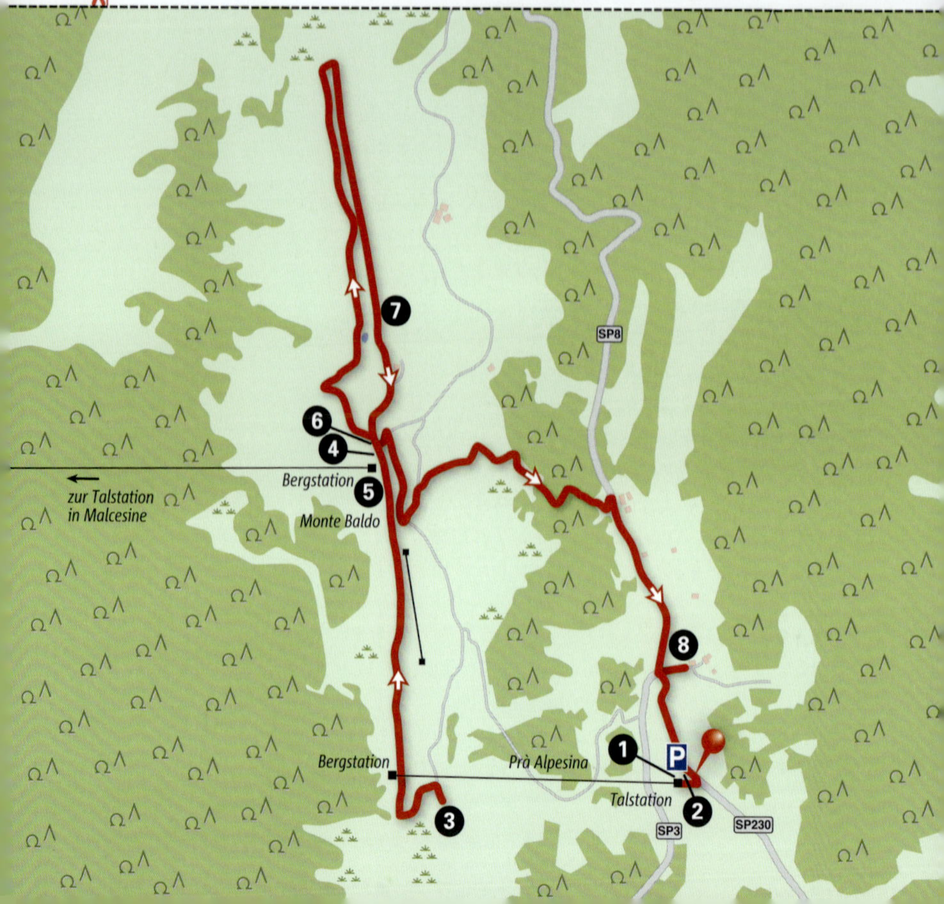

Alles auf einen Blick

WIE & WANN:
Weitgehend einfach begehbare Wanderwege, nur das kurze Stück vom Sessellift zur Seilbahn erfordert etwas Trittsicherheit; beste Zeit Mai bis September

Entspannung ✱✱✱✱✱
Genuss ✱✱✱✱✱
Romantik ✱✱✱✱✱

HIN & WEG:
Auto: Parkplatz bei Bar Chalet Falco, SP 230, 5, 38063 Avio (TN) (GPS: 45.760218, 10.878371)
ÖPNV: Von Brentonico Pendelbus zum Sessellift Prà Alpesina (verkehrt nur im Juli Di., im August Di., Do.) oder ab Verona Porta Nuova Bus 185 bis Garda Autostazione, weiter mit Bus 483 oder 484 bis Malcesine, von dort Auffahrt mit der Seilbahn und Einstieg in die Tour an der Bergstation

ESSEN & ENTSPANNEN:
Bar Chalet Falco ❷ SP 230, 5, 38063 Avio (TN), Tel. +39 (3 27) 8 16 65 42
Baita dei Forti ❺ Località Tratto Spino 1, 37018 Malcesine (VR), Tel. +39 (0 45) 7 40 03 19, www.baitadeiforti.com
Bar Skywalk ❻ Località Tratto Spino, 37018 Malcesine (VR), Tel. +39 (0 45) 7 40 02 06, www.funiviedelbaldo.it
La Capannina ❼ Località Tratto Spino, 37018 Malcesine (VR), Tel. +39 (0 45) 6 57 00 81, www.lacapanninamontebaldo.com
Malga Prà Alpesina ❽ SP 230, 38063 Avio (TN)

ENTDECKEN & ERLEBEN:
Sessellift Prà Alpesina, Talstation ❶ SP 230, 5, 38063 Avio (TN), www.funiviedelbaldo.it
Kreuz ❸
Seilbahn, Bergstation ❹ Via Navene Vecchia 12, 37018 Malcesine (VR), Tel. +39 (0 45) 7 40 02 06, www.funiviedelbaldo.it

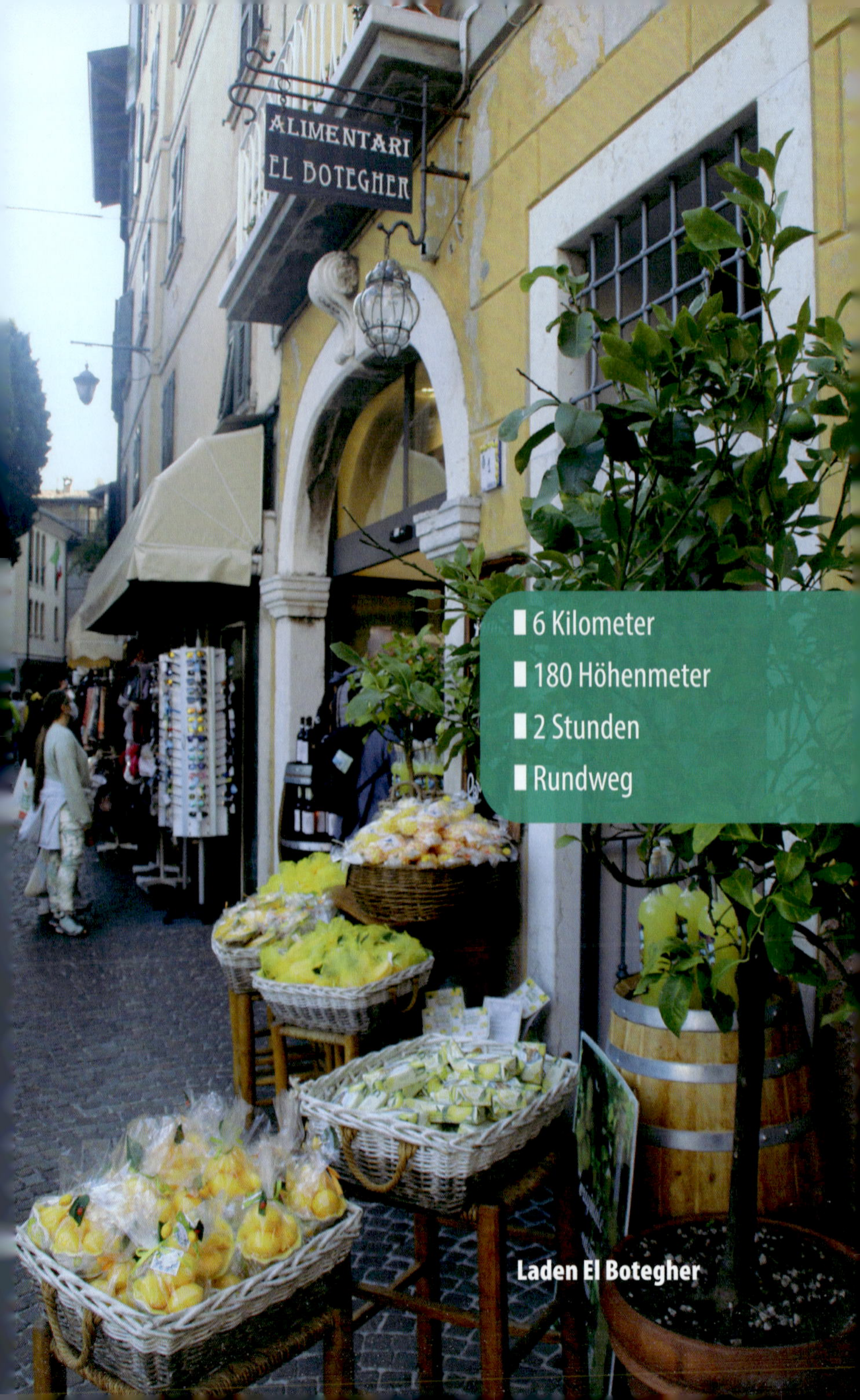

- 6 Kilometer
- 180 Höhenmeter
- 2 Stunden
- Rundweg

Laden El Botegher

Heute wollen wir eine Wanderung auf weniger frequentierten Pfaden, die traumhafte Ausblicke auf den See bieten, mit einem Stadtbummel in der Altstadt von Limone verbinden.

Wir beginnen die Wanderung in der **Via IV Novembre.** Aus Richtung Riva del Garda kommend sehen wir nach der Touristeninformation rechts die **Via Caldogno,** die wir wenige Meter bis zu einem gebührenpflichtigen Parkplatz hochfahren.

Von hier spazieren wir die asphaltierte Via Caldogno zwischen Hotels und Sommerresidenzen ein Stück weiter aufwärts. Vereinzelte Olivenbäume und prächtig blühende Gärten vermitteln mediterranes Flair. Dramatisch erheben sich steile Felswände hinter den Häusern rechts von uns. Keine Sorge, wir müssen sie nicht erklimmen. Sie werden die fantastische Kulisse unserer genussvollen Wanderung sein.

Einfach köstlich!

Limone, wo die Zitronen blühen

An einer Gabelung mit mehreren Wegweisern folgen wir dem Schild **Oleificio Cooperativa Agricola** ❶ nach links in die Via Fol, um dem Geschäft der Genossenschaft der Olivenhainbesitzer einen Besuch abzustatten. Der Weg bringt uns über das Bächlein Torrente San Giovanni. Hinter einem kleinen Supermarkt sehen wir

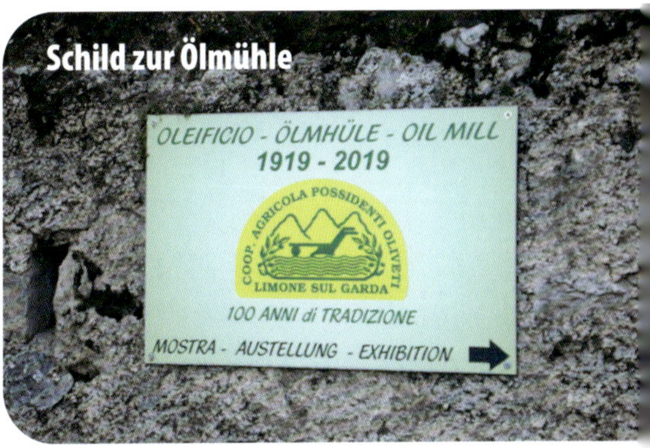

Schild zur Ölmühle

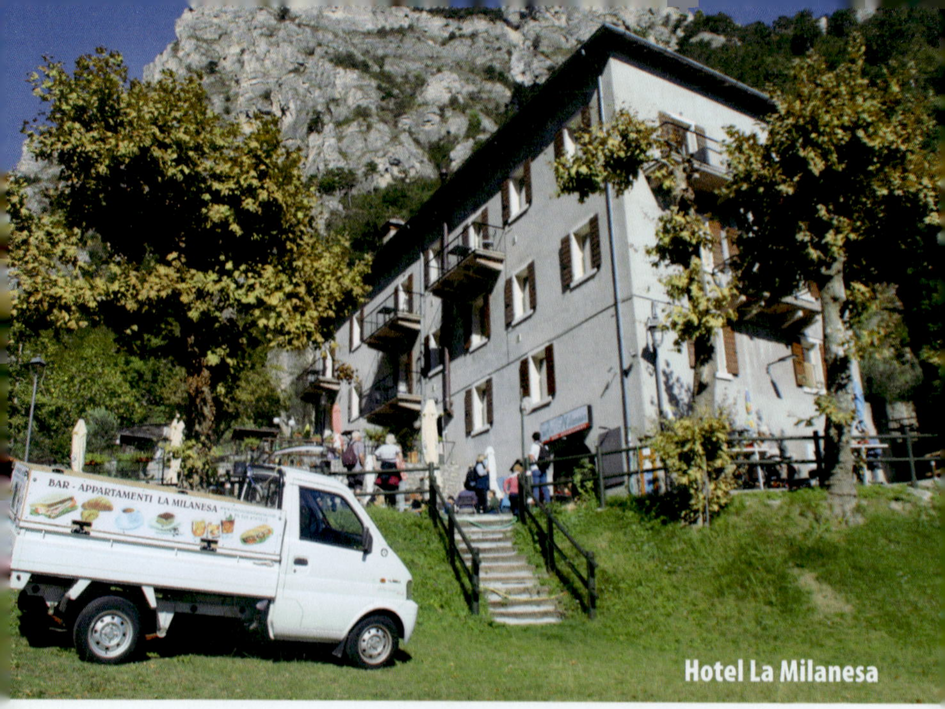

Hotel La Milanesa

zu unserer Rechten den Laden, der regionale Produkte aus hochwertigem Olivenöl und Zitronen der Region im Angebot hat. Wenn wir die **Via Campaldo** wenige Meter weitergehen, entdecken wir das **Ölmuseum** der Kooperative. Dort können wir neben einer Ölpresse verschiedene Werkzeuge bewundern, die zur Herstellung von Olivenöl benötigt werden.

Anschließend kehren wir zur Gabelung zurück und folgen dem obersten Wegweiser **„Strada Panoramica"** in die **Via Molino,** eine schmale Straße, die uns bis zum Hotel **La Milanesa ❷** führt. Die Außenterrasse mit Barbetrieb gewährt einen herrlichen Blick auf den tiefblauen, glitzernden Gardasee. Hinter dem La Milanesa befindet sich der Ausgangspunkt zahlreicher Wanderstrecken. Neben einer Wanderkarte finden wir dort die rot-weißen Wegweiser des italienischen Wandervereins. Unsere Tour, den **Percorso Natura A12,** erkennen wir am laminierten gelben Schild, das unterhalb dieser Wegweiser angebracht ist. Der Percorso Natura ist eine einfache Wanderroute oberhalb von Limone mit himmlischen Ausblicken auf den Lago.

La Milanesa im Rücken, halten wir uns links und sehen eine schmale Treppe, die den Beginn des Wanderwegs darstellt. Sie bringt uns auf unseren gemütlichen Pfad, der meist eben am Hang entlang verläuft.

Unser von Bäumen leicht beschatteter Weg führt zu einer Gabelung, an der wir nach rechts oben weiterwandern. Die nächste Weggabelung ist etwas besser markiert, wir sehen das laminierte Schild des Percorso Natura, wenn wir links bergab weitergehen. Wir genießen die Stille und den Schatten des Waldes. Unter uns schimmert der See zwischen den Bäumen. Wer eine Erholungspause braucht oder einfach mit Muße seinen Blick auf dem Wasser ruhen lassen möchte, kann an einer der vielen Bänke entlang des Wegs eine Rast

Für die Seele

Von Pfaden oberhalb des Sees genießen wir traumhafte Ausblicke und besuchen das lebhafte Zentrum von Limone, um Seeluft zu schnuppern.

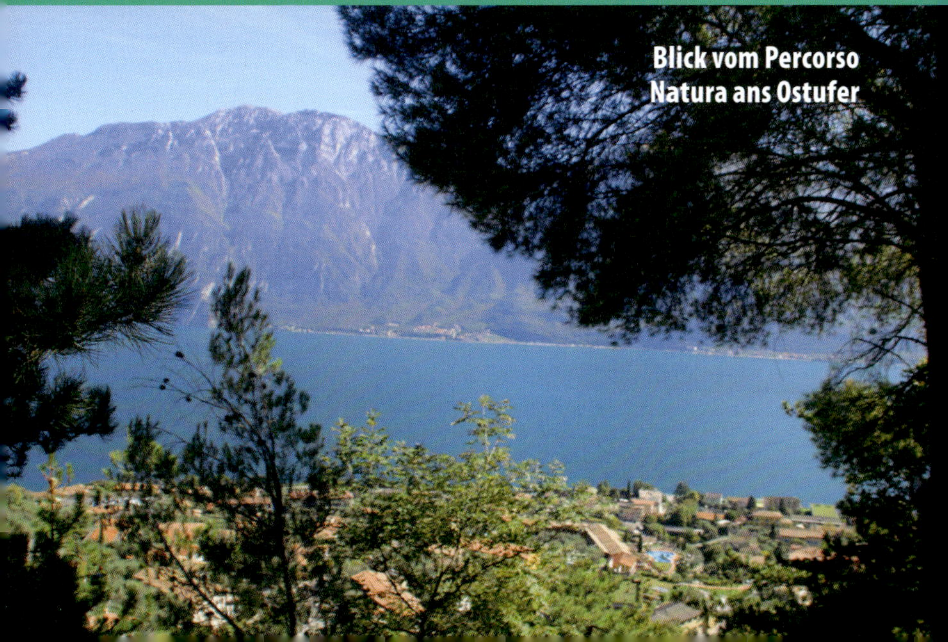

Blick vom Percorso Natura ans Ostufer

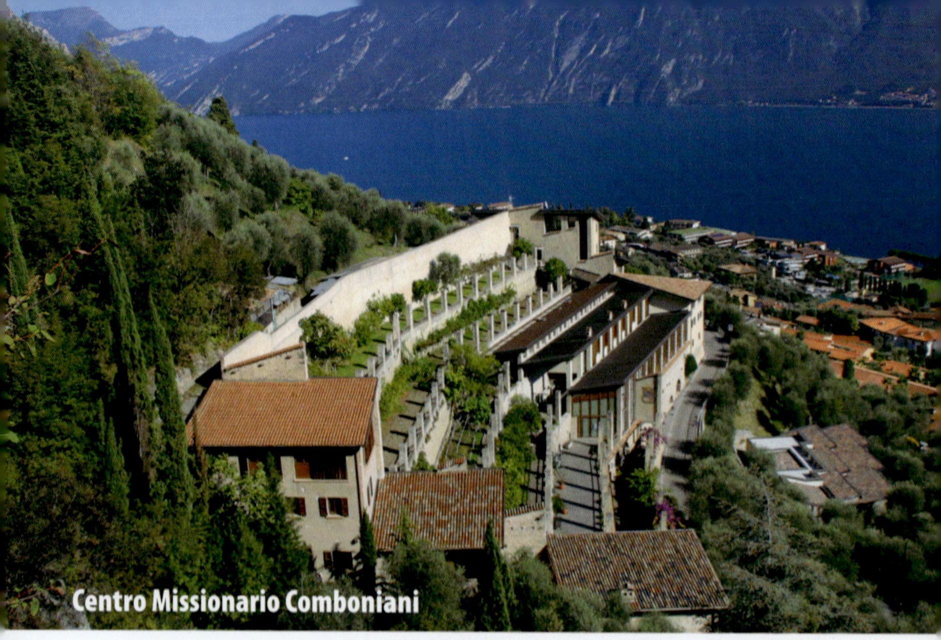

Centro Missionario Comboniani

*Limone sul Garda ist der Geburtsort des heiligen **Daniele Comboni,** eines Geistlichen, dessen missionarisches Wirken mit seiner Seligsprechung im Jahr 1996 und seiner Heiligsprechung am 5. Oktober 2003 anerkannt wurde.*

machen. Mit scharfem Auge gelingt es uns sogar, die Seilbahn auf den Monte Baldo bei Malcesine zu erkennen und an Tagen, an denen die Thermik es zulässt, Gleitschirm- und Drachenflieger zu erspähen.

Ein weiteres Mal gabelt sich der Weg, wir gehen schräg links bergab weiter. Nach wenigen Metern zeigt uns das gelbe Schild, dass wir auf dem richtigen Weg sind.

An der nächsten Kreuzung sehen wir links von uns ein großes Gebäude mit riesigem Zitronengarten, das **Centro Missionario Comboniano ❸.** Wer mehr über Limones berühmten Sohn Daniele Comboni erfahren möchte, sollte das Missionarzentrum besuchen.

Wir gehen geradeaus, dem gelben Wegweiser des Percorso Natura A12 nach, bis zur **Via Campaldo.** Hier biegen wir rechts ab. Die asphaltierte schmale Straße führt ein Stück steil bergauf bis zur **Bar Campaldo ❹.** An dieser rustikalen Bar lohnt eine Rast, um von der Sonnenterrasse aus ein weiteres Mal die herrliche Aussicht auf den See zu genießen. Im Sommer gibt es eine größere Auswahl an warmen Gerichten. Wem außerhalb der Saison der Sinn nach einem ausgedehnteren Menü steht, der muss sich noch gedulden.

Von der Bar Campaldo nehmen wir die **Via Campaldo,** die unterhalb des Gebäudes weiterverläuft, und überqueren einen kleinen Bach, den Torrente Pura. Dahinter spazieren wir links auf den Gardasee zu. An der Via Luigi Einaudi wechseln wir die Seite des Bachs und gehen weiter zwischen Olivenbäumen sanft bergab Richtung **Spaggia Nanzel.** Kurz vor Ende des Wegs sehen wir eine Unterführung unter der Via IV Novembre hindurch, von wo ein Weg zum See führt. Wer hier einen Abstecher zum Strand machen möchte, muss wieder auf unseren Pfad zurückkehren, um in den historischen Ortskern von Limone zu gelangen: Von der Spiaggia Nanzel führt keine Uferpromenade ins Zentrum.

Wenn wir ohne Umwege nach Limone gehen möchten, biegen wir kurz vor dem Ende des Wegs, also kurz vor der Brücke, nach links in die **Via Nanzello** ab. Es handelt sich um eine ruhige, kleine Straße, auf der wir uns einen breiten Seitenstreifen mit den Radfahrern teilen. Am Ende der Straße treffen wir auf die **Via Tamas,**

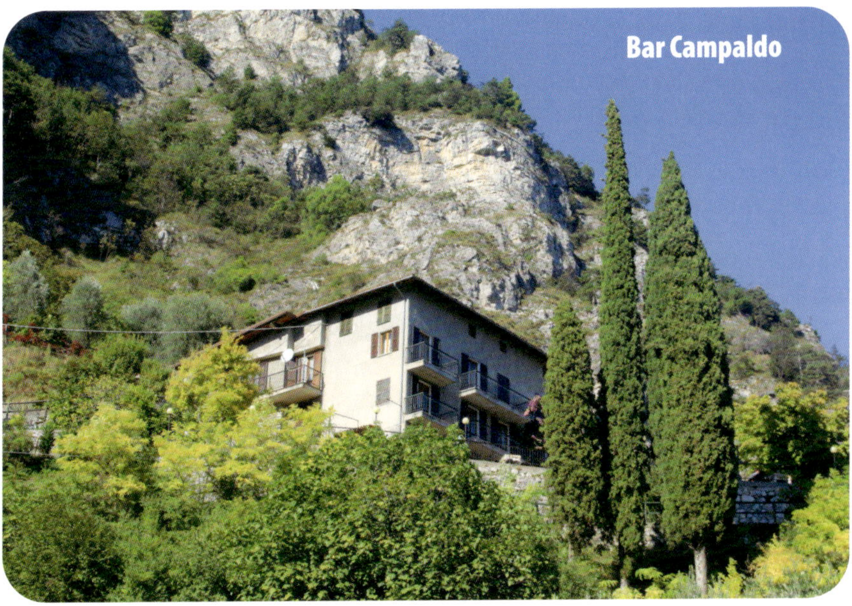
Bar Campaldo

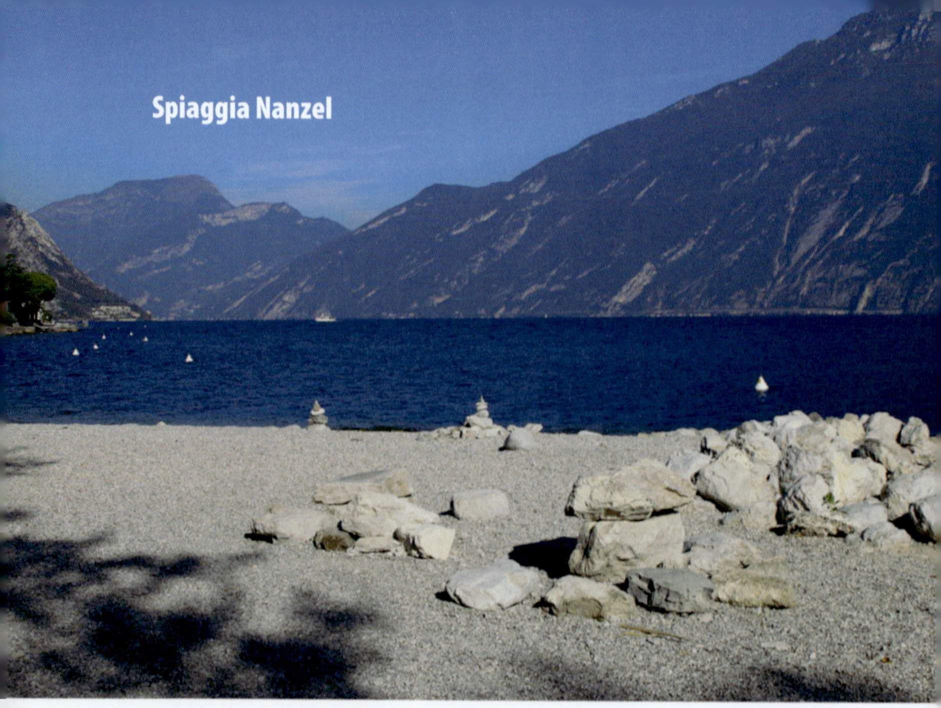

Spiaggia Nanzel

Wer Lust hat, in der Sommersaison von Limone aus einen Tagesausflug nach Malcesine zu machen, der hat ab Mitte März die Möglichkeit, die Fähre der Linie Desenzano–Peschiera–Riva zu nehmen. Die Fahrt dauert 20 Minuten (www.navigazionelaghi.it).

in der wir nach rechts zur **Via IV Novembre** abbiegen. Wir überqueren diese am Zebrastreifen und müssen ein kurzes Stück auf dem Fußweg an der meist recht stark befahrenen Straße in Richtung Limone Zentrum wandern, bis wir an eine Straße gelangen, die rechts zur Uferpromenade am See führt. Hier sehen wir auf der anderen Straßenseite das **Ristorante Dal Bigaröla ❺,** ein feines Restaurant, auf dessen Terrasse wir uns ein Mahl mit Seeblick schmecken lassen.

Weiter geht es auf der **Via Lungolago Guglielmo Marconi** bis zum **Fährterminal,** wo die Strandpromenade von Limone beginnt.

Diese verläuft immer am See entlang bis zur **Piazza Garibaldi,** von wo aus wir die pittoresken Gassen des hübschen Ortes erkunden. Unser Weg führt uns ins **El Botegher ❻.** In diesem Paradies für Feinschmecker ist Einkaufen ein Genuss. Ob Limoncello, Zitronenmarmelade, Kekse oder Nudeln mit Zitrusgeschmack, hier wird jeder fündig.

Wir bleiben auf der Spur der Zitronen und machen uns auf den Weg zur Limonaia del Castel, dem eindrucksvollen Zitronengarten Limones. Die Säulen des imposanten Gebäudes können wir von der Uferpromenade erkennen, wenn wir unseren Blick nordwestlich in Richtung der Berge wenden.

Neben El Botegher bringt uns eine kleine Gasse in die verwinkelte, am Hang gelegene Altstadt. Wir folgen ihr bis zur Metzgerei **Salamihaus.** Dort biegen wir rechts ab und spazieren weiter bis zum Straßenschild **Via Castello,** das uns den Weg nach links auf eine Treppe weist. Wenn wir auf den Asphalt schauen, werden wir von im Boden eingelassenen Fliesen überrascht, die uns überall im Ort den Weg zur **Limonaia** zeigen. Es ist praktisch unmöglich, diesen wunderbaren Zitronengarten zu verfehlen. In der **Limonaia del Castel** ⑦ angelangt, bewundern wir eine Vielzahl prächtiger

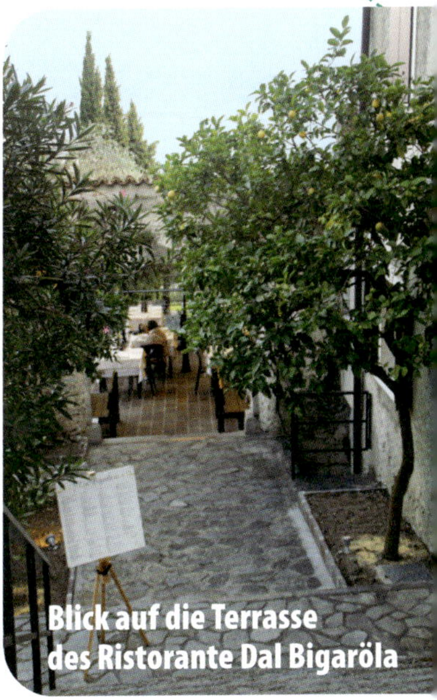

Blick auf die Terrasse des Ristorante Dal Bigaröla

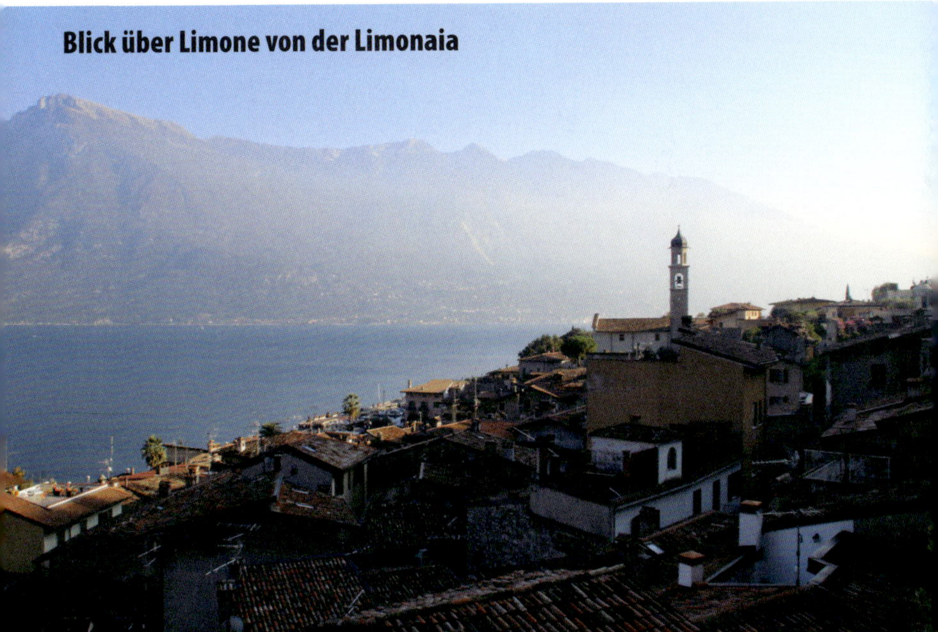

Blick über Limone von der Limonaia

Verwöhntour 9

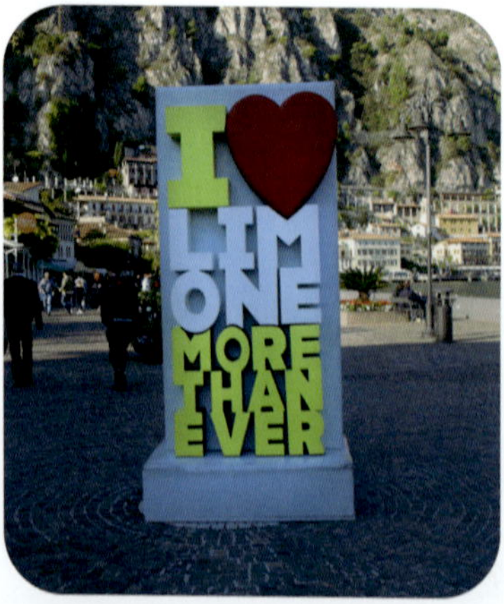

Zitronenbäume und erfahren in Ausstellungshallen Wissenswertes zu diversen Zitrusfrüchten, etwa dass der Gardasee wegen seines milden Klimas der nördlichste Ort ist, an dem Zitronen kultiviert werden können.

Beeindruckt von den vielen unterschiedlichen Sorten von Zitrusfrüchten beenden wir unsere Tour. Am Ausgang des Museums halten wir uns rechts auf der Straße bis zur **Via Rovina,** die uns rechts zur **Via IV Novembre** und zum Ausgangspunkt unserer Tour bringt.

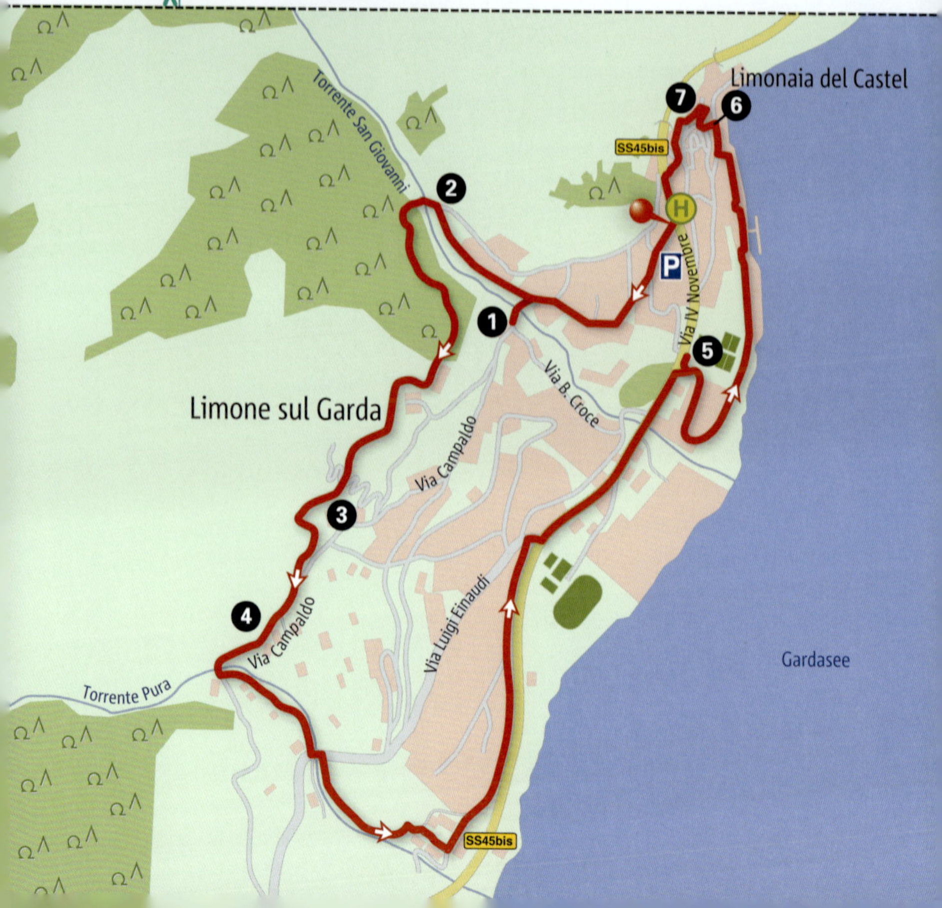

Alles auf einen Blick

WIE & WANN:
Einfach begehbarer Wanderpfad parallel zum Hang und asphaltierte Wege; ganzjährig begehbar; in den Wintermonaten sind in Limone die meisten Geschäfte geschlossen.

HIN & WEG:
Auto: Kommunaler Parkplatz, Via Caldogno, 25010 Limone sul Garda (BS) (GPS: 45.81340, 10.79145)
ÖPNV: Von Desenzano Bus LN027 bis Limone

ESSEN & ENTSPANNEN:
Oleificio Cooperativa Agricola ❶ Via Campaldo 10, 25010 Limone sul Garda (BS), Tel. +39 (03 65) 95 46 44, www.oleificiolimonesulgarda.it/de
La Milanesa ❷ Via Milanesa 12, 25010 Limone sul Garda (BS), Tel. +39 (3 28) 4 78 78 12, www.limonelamilanesa.com

Entspannung ✱✱✱✱✱
Genuss ✱✱✱✱✱
Romantik ✱✱✱✱✱

Bar Campaldo ❹ Via Campaldo 28, 25010 Limone (BS), Tel. +39 (03 65) 95 43 28
Ristorante Dal Bigaröla ❺ Via IV Novembre 42, 25010 Limone sul Garda (BS), Tel. +39 (03 65) 1 83 00 50

ENTDECKEN & ERLEBEN:
Centro Missionario Comboniano ❸ Via Campaldo 18, 25010 Limone sul Garda (BS), Tel. +39 (03 65) 95 40 91, www.combonianilimone.it
El Botegher ❻ Piazza Garibaldi 1, 25010 Limone sul Garda (BS), Tel. +39 (03 65) 95 43 04, www.elbotegher.com
Limonaia del Castel ❼ Via Orti 9, 25010 Limone sul Garda (BS), Tel. +39 (03 65) 95 40 08, www.visitlimonesulgarda.com/de → Museen

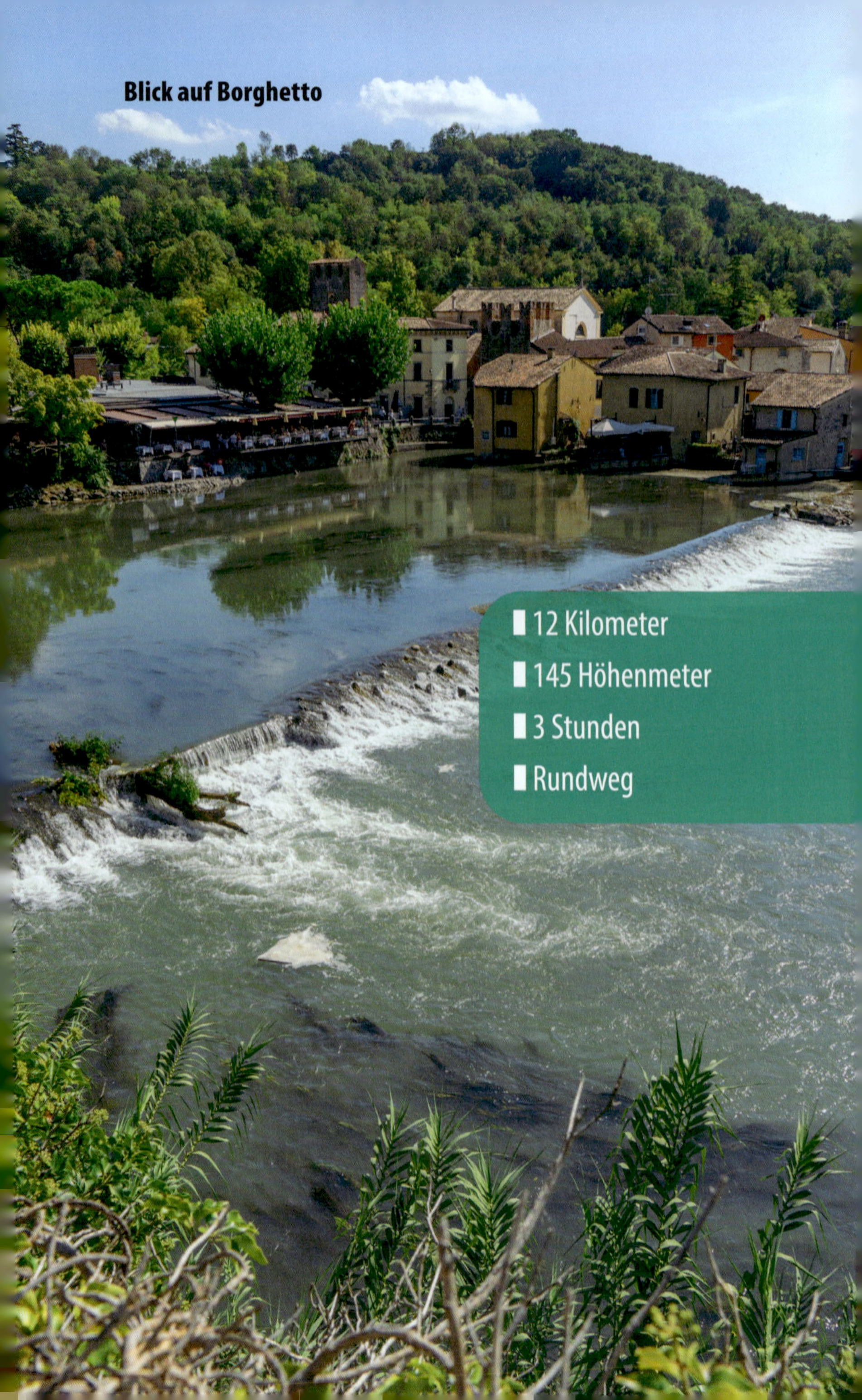
Blick auf Borghetto
12 Kilometer
145 Höhenmeter
3 Stunden
Rundweg

Wir starten auf einem der kostenfreien Parkplätze des Parco Sigurtà, benannt nach Giuseppe Carlo Sigurtà. Der pharmazeutische Unternehmer kaufte die zu diesem Zeitpunkt vernachlässigte Parkanlage 1941 und verhalf ihr zu neuem Glanz. Ein ausgiebiger Besuch dieses blühenden Paradieses ist Teil unserer heutigen Runde.

Vom Parkplatz aus folgen wir der **Via Camillo Benso Conte di Cavour** bis zum großen Hinweisschild am Eingang des **Parco Giardino Sigurtà ❶.**

Mit dem Faltplan bewaffnet, den wir mit der Eintrittskarte erhalten, machen wir uns auf den Weg. Da im großflächig angelegten Park kaum Wegweiser aufgestellt sind, wird uns dieser auf unserer Tour durch die weitläufige Anlage nützlich sein. Wer seine Kräfte für den Rest der Wanderung schonen möchte, kann mit einem gemütlichen Bummelzug oder einem wendigen Golfcart das Gelände erkunden.

*Ein Besuch des **Parco Giardino Sigurtà** lohnt von Frühling bis Herbst, Tulpenliebhaber werden aber ganz besonders im März auf ihre Kosten kommen, wenn über eine Million Tulpen sowie eine Vielzahl von Hyazinthen, Traubenhyazinthen und Narzissen den Park in ein Blütenmeer verwandeln.*

Gaumenfreuden

Borghetto am malerischen Mincio

Wir schlendern zunächst die **Via dei Pini** im Schatten hellgrün blühender Pinien. Am Ende geht es erst rechts und sogleich wieder links. Ein schmaler Weg führt uns an der **Bar Bosso** vorbei. Dort parken auch einige der putzigen Bummelzüge, wenn diese nicht gerade im Einsatz sind. An der nächsten Kreuzung halten wir uns links auf einem für Fahrzeuge

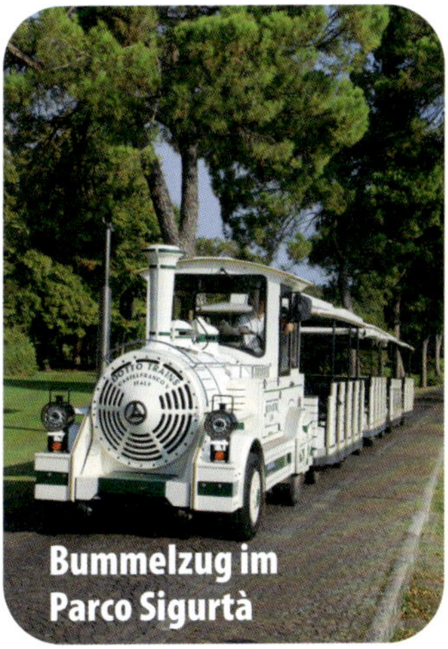
Bummelzug im Parco Sigurtà

gesperrten Weg. Rechts oberhalb von uns erblicken wir das erste Highlight unserer Tour, die **Einsiedelei der Laura,** die der Marchese Antonio Maffei 1792 errichten ließ. Der Weg schlängelt sich an den vier Teichen entlang, dann steigen wir eine Treppe zur Einsiedelei hinauf. Oben angekommen, nehmen wir den Weg am Gebäude vorbei und halten uns links auf einer Zypressenallee Richtung Hundefriedhof. Auf einem kleinen Teich, in dessen Mitte die Statue eines Belgischen Schäferhunds thront, blühen schneeweiße Seerosen in Gedenken an die felligen Freunde der Familie Sigurtà. Von dort spazieren wir weiter zu der von duftenden Rosen umrankten **Bank der Verliebten.** Diese lassen wir rechts liegen, gehen weiter und biegen links in einen von japanischen **Paulonia Imperialis** (Blauglockenbäumen) gesäumten Weg. Am Ende wenden wir uns nach links und an der folgenden Kreuzung sofort nach rechts und gelangen so zur **Meridiana Orizzontale,** der Galileo Galilei gewidmeten Sonnenuhr.

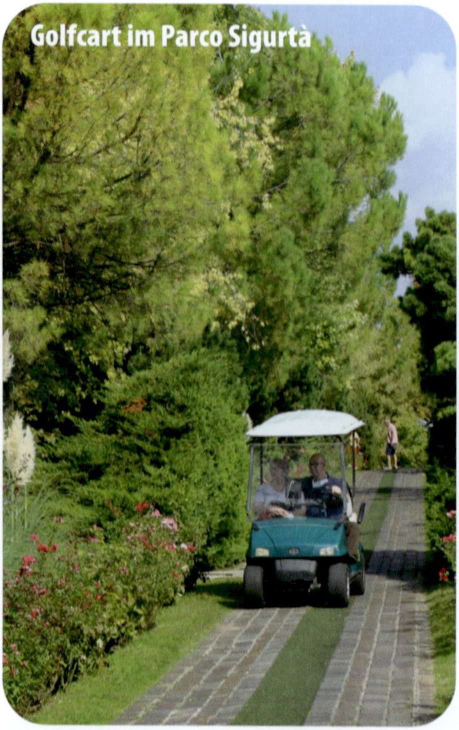
Golfcart im Parco Sigurtà

Danach geht es zurück auf den Hauptweg und leicht bergab weiter. Auf der riesigen Grünflache links von uns entdecken wir eine Statue, die den Namensgeber des Parks darstellt. Sigurtà scheint die Besucher seines Lebenswerks zu grüßen. Vielleicht blickt er auch nur über die weitläufige Wiese zu den blühenden Teichen inmitten des gepflegten Rasens. Ruhig ziehen dort Zierfische ihre Bahnen, während lila, rosa und weiße Seerosen auf dem Wasser zu tanzen scheinen.

Schon gelangen wir zu einer weiteren Attraktion des Parks. Ein **Bananenbaum,** so groß, dass man darunter hindurchlaufen kann, wartet auf der gegenüberliegenden Seite des Wegs auf uns.

Dahinter kommen wir zur **Bar delle Querce.** Hier entscheiden wir uns für den Naturpfad rechts, die **Strada sterrata.** An seinem Ende überqueren wir eine asphaltierte Straße und folgen dem Schild zur **Fattoria Didattica** (Lehrbauernhof). Bei den Gebäuden angekommen, entdecken wir Esel, Ziegen, Hühner und diverses Federvieh in Gehegen.

Durch die Fattoria Didattica gelangen wir auf einen geteerten Weg, die **Via dei Pascoli** (Weidenallee). Diese führt uns am Tal der Ziegen entlang bis zum

Für die Seele

Einer der schönsten Orte Italiens, ein mehrfach prämierter Landschaftsgarten und köstliche Tortellini sind die Zutaten für diese genussvolle Wanderung.

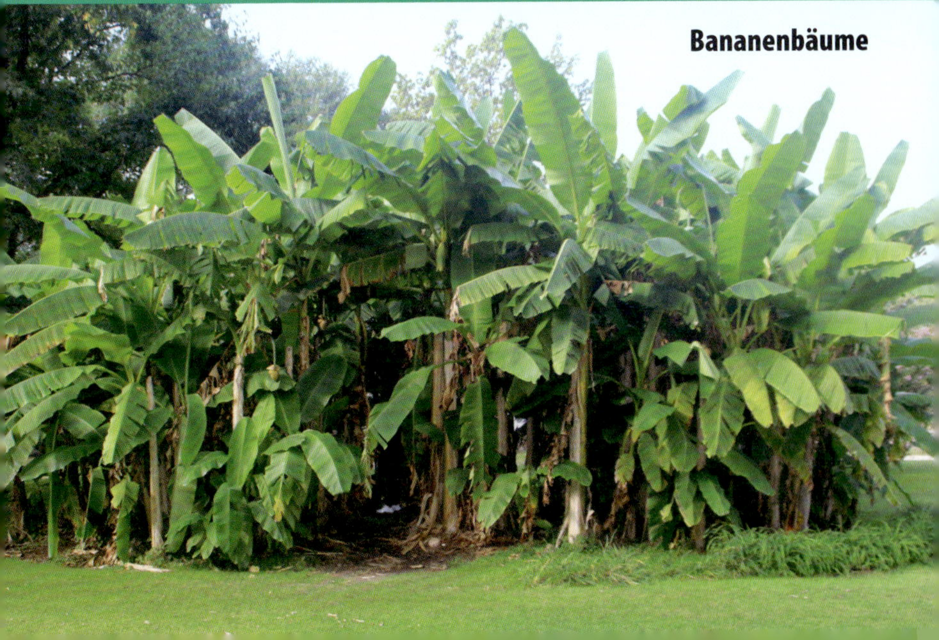

Bananenbäume

Giardino delle Erbe Officinali (Arzneipflanzengarten), in dem etwa vierzig Heilkräuter kultiviert werden. Von dort halten wir uns nach einem Schwenk um rund 180 Grad wieder nördlich und kommen über die **Strada Campagnolo** zum absoluten Höhepunkt des Parks, dem **Labyrinth.** Um zum Turm mit der Messingkuppel in der Mitte zu gelangen, irren wir eine Weile durch die Hecken. Wenn wir es geschafft haben, werden wir mit einem herrlichen Blick auf den Park und darüber hinaus belohnt. Gen Süden sehen wir die Skaligerburg Castello Scaligero, eine mittelalterliche Befestigungsanlage, gen Norden verzaubern uns im Frühjahr rund 30.000 wohlriechende Rosen in der gleichnamigen Allee. Dort wird unser Weg im Anschluss weitergehen.

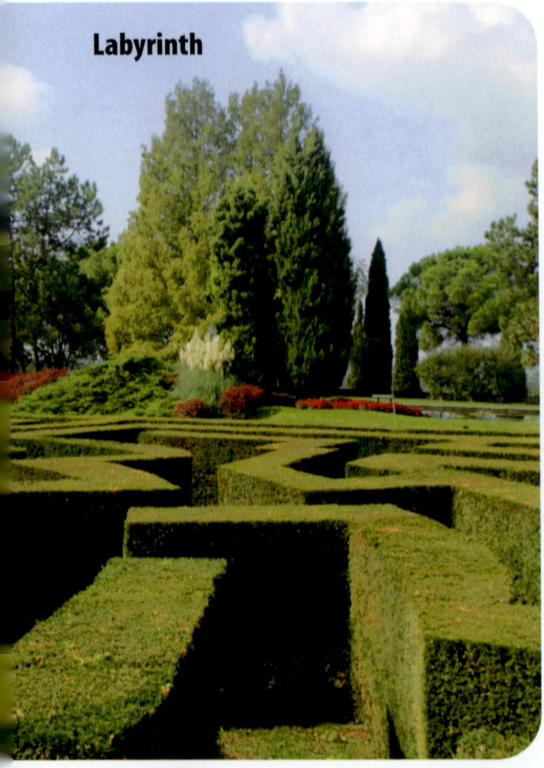

Am **Schildkrötenteich** vorbei kommen wir zu einem kleinen Schlösschen mit romantischem Innenhof, in dem sich der **Laghetto nel querceto** (kleiner Teich im Eichenwald) mit Froschstatue und Gartenzwerg befindet.

Zurück auf unserem Weg, passieren wir den Stein der Jugend und eine große **Eiche,** die mit 400 Jahren der älteste Baum des Parks ist.

*Die imposante **Eiche** im Parco Giardino Sigurtà ist bei Besuchern äußerst beliebt. Sie beeindruckt durch ihren beträchtlichen Stammesumfang von 6 Metern und ihre dichte Krone von 120 Metern Durchmesser, die eine Fläche von sagenhaften 1000 Quadratmetern bedeckt.*

Dann nehmen wir den Weg links zur Gelübde-Grotte, um der Madonna von Lourdes einen Besuch abzustatten, bevor wir den prächtigen Park verlassen. Danach müssen wir ein Stück denselben Weg zurückgehen, um zum Ausgang zu gelangen. Kurz nach dem

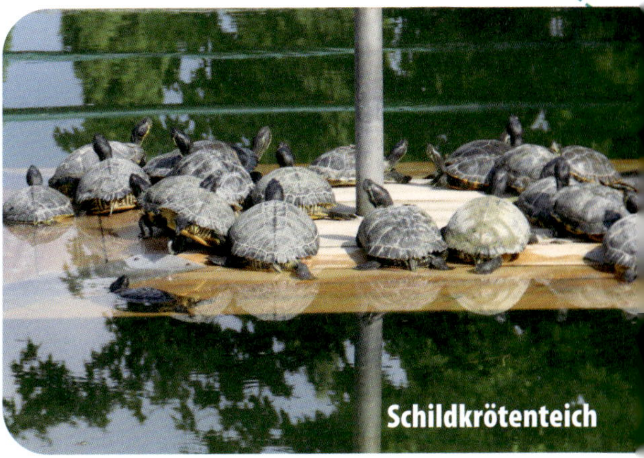
Schildkrötenteich

Schlösschen ist die Abkürzung zum Ausgang des Parks ausgeschildert.

Vom Parco Sigurtà geht es weiter nach **Valeggio sul Mincio,** einem wahrhaftigen Paradies für Tortellini-Liebhaber. *Nodi d'Amore,* Liebesknoten, nennt man sie hier. Der Legende nach sollen zwei Liebende, die Nymphe Silvia und der Kapitän Malco, am Ufer des Flusses Mincio ein geknotetes gelbes Seidentuch als Unterpfand ihrer gescheiterten Liebe zurückgelassen haben. An jenes geknotete Seidentuch sollen uns heute die köstlich gefüllten Teigtaschen erinnern, denen man allerorts in Valeggio begegnet. Ihnen ist in diesem Ort sogar ein Fest gewidmet, die „Festa del Nodo d'Amore".

Wir machen uns also auf den Weg ins Zentrum von Valeggio sul Mincio, um beim „König der Tortellini" diese Köstlichkeiten zu genießen. Dazu halten wir uns auf der **Via Camillo Benso Conte di Cavour** rechts. Die **Via Antonio Murari** bringt uns in die Fußgängerzone. An der kreuzenden Via San Rocco starten diejenigen, die mit dem Bus gekommen sind, die Tour. Unser Ziel, **Al Re del Tortellino – Il Ristorantino ❷,** befindet sich links am Beginn der **Via Roma.** Ein gemütliches Restaurant, auf dessen kleiner Speisekarte neben den klassisch gefüllten Tortellini wechselnde Tagesgerichte mit ausgefallenen Füllungen wie Birne und Käse stehen. Auch Antipasti, Hauptgerichte und Desserts fehlen nicht. Im Sommer lädt der entzückende Innenhof ein, die köstlichen Teigtaschen zu genießen, die für gewöhnlich mit zerlassener Salbeibutter oder *in brodo* (in einer leichten Brühe) gereicht werden.

!

*Bei der **Festa del Nodo d'Amore** am dritten Dienstag im Juni wird die Visconti-Brücke in Borghetto Schauplatz eines riesigen, atmosphärischen Open-Air-Dinners: 3300 Gäste sitzen an einer 1 Kilometer langen Tafel und genießen die einzig wahren Tortellini aus Valeggio.*

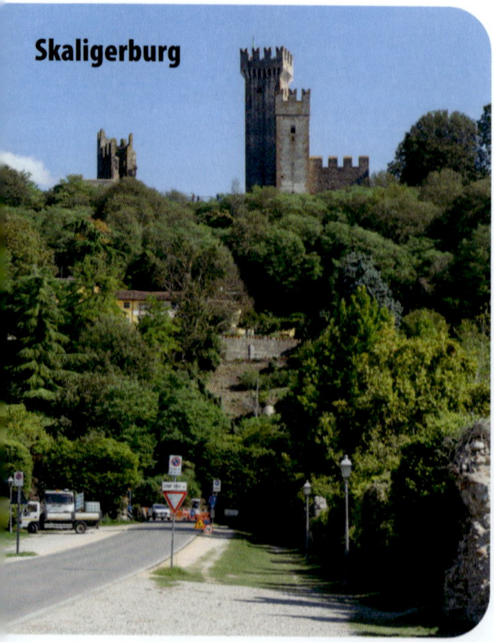

Dann machen wir uns auf den Weg in eines der schönsten Dörfer Italiens. Hierzu folgen wir der **Via Roma** bis zur **Pfarrkirche San Pietro Apostolo ❸.**

Dort gehen wir rechts auf die Skaligerburg zu. Sie erhebt sich auf einem Hügel, der Valeggio von seinem hübschesten Ortsteil Borghetto trennt. Wir schlendern die **Via Alessandro Sala** und die **Via Jacopo Foroni** entlang und wenden uns am Ende der Straße nach rechts auf die **Via Giuseppe Zamboni.** Wenn wir dieser bergauf folgen, sehen wir den Wegweiser zum Castello Scaligero.

Scharf links von der Via Zamboni geht es auf einen Fußgängerweg, der uns im Schatten der Bäume den Burghügel hinaufführt. Am Ende der Treppe links sehen wir die trutzige **Skaligerburg ❹** vor uns. Welch wunderbarer Blick sich vom Burghof in alle Richtungen eröffnet! Im Osten liegt uns Valeggio und im Westen das romantische Borghetto zu Füßen. Dieses idyllische Dörfchen am Ufer des Flusses Mincio steuern wir nach einem kurzen Aufenthalt auf dem Burggelände an. Über Treppen geht es bergab.

*Die einschiffige **Pfarrkirche San Pietro Apostolo** wurde von 1760 bis 1782 nach einem Entwurf von Adriano Cristofali erbaut. In ihrem Inneren finden wir eine hölzerne Pietà und ein Altarbild des heiligen Martin von Tours, der seinen Mantel mit einem Armen teilt.*

Am Fuß des Hügels angelangt, wenden wir uns nach rechts und sehen bereits die **Via Raffaello Sanzio,** die uns über einen kleinen Seitenkanal des Mincio in das pittoreske Zentrum **Borghettos ❺** führt.

Dem Menschenstrom folgend gelangen wir in den Ortskern, der seinen verträumten Charakter trotz all der Touristen bewahren konnte. Wir bewundern den mittelalterlichen Glockenturm, die Räder der historischen Wassermühle, die einst Weizen und Getreide mahlten, und den festungsähnlichen Ponte Visconteo, die Visconti-Brücke, die im Nordosten aufragt. Wir machen einen kleinen Bummel durch das charmante Zentrum und verweilen in einem der zahlreichen Cafés am Fluss, bevor wir über eine Brücke in den Teil Borghettos gelangen, der am linken Ufer des Mincio liegt. Drüben halten wir uns rechts auf der **Via Giotto.** Zu unserer Rechten sehen wir die Ruinen der zinnenbewehrten Mauern am lang gezogenen Ponte Visconteo. Um dorthin zu gelangen, wenden wir uns an einem Seitenkanal des Mincio nach links und gehen dann rechts über eine Brücke auf der **Via Michelangelo Buonarotti** bis zur Straße **SP 55.** Diese führt uns auf den **Ponte Visconteo** **6**. Von hier genießen wir fantastische Ausblicke auf diesen verwunschenen Ort, umgeben von den Wassern des Mincio.

Um wieder zu der Stiege auf den Burghügel zu kommen, biegen wir von der SP 55 rechts auf die **Via Raffaello Sanzio** ein und folgen ihr, bis sich der Kreis schließt. Der Rückweg führt uns über den Hügel auf dem Weg, auf dem wir gekommen sind, nach Valeggio.

Dort in der **Via Zamboni** angekommen, überqueren wir die Straße in die Via Castello, die uns geradewegs zum gelb-grünen Gebäude des **Rathauses** bringt. Für zu Hause kaufen wir noch Tortellini in der Pasta-Manu-

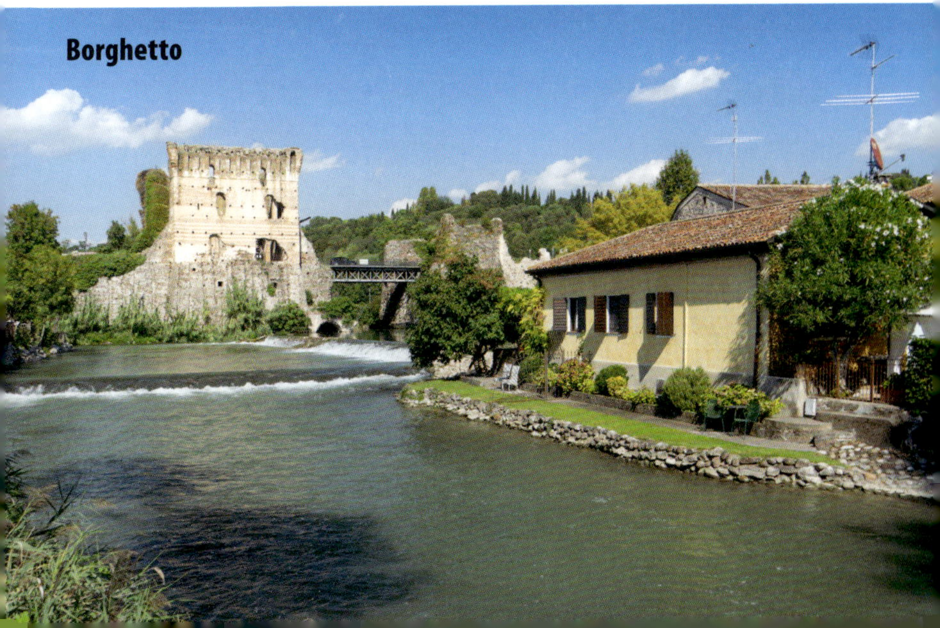

Borghetto

faktur **Pastificio Al Re del Tortellino** ❼. Hierzu folgen wir am Ende der Fußgängerzone kurz links der **Via San Rocco,** wo sich das Geschäft auf der linken Straßenseite befindet.

Dann kehren wir auf bekanntem Weg zum Parco Sigurtà zurück. Kurz davor lohnt sich noch ein Besuch der **Villa Sigurtà** ❽, einer Villa palladianischer Schule aus dem späten 17. Jahrhundert, die man nach Voranmeldung im Rahmen einer Führung besuchen kann. Hierzu biegen wir vor dem Parco Sigurtà links in die **Via di Circonvallazione Scipione Maffei** ab, wo man den herrschaftlichen Palazzo erstrahlen sieht.

Danach sind es nur wenige Meter zu unserem Parkplatz.

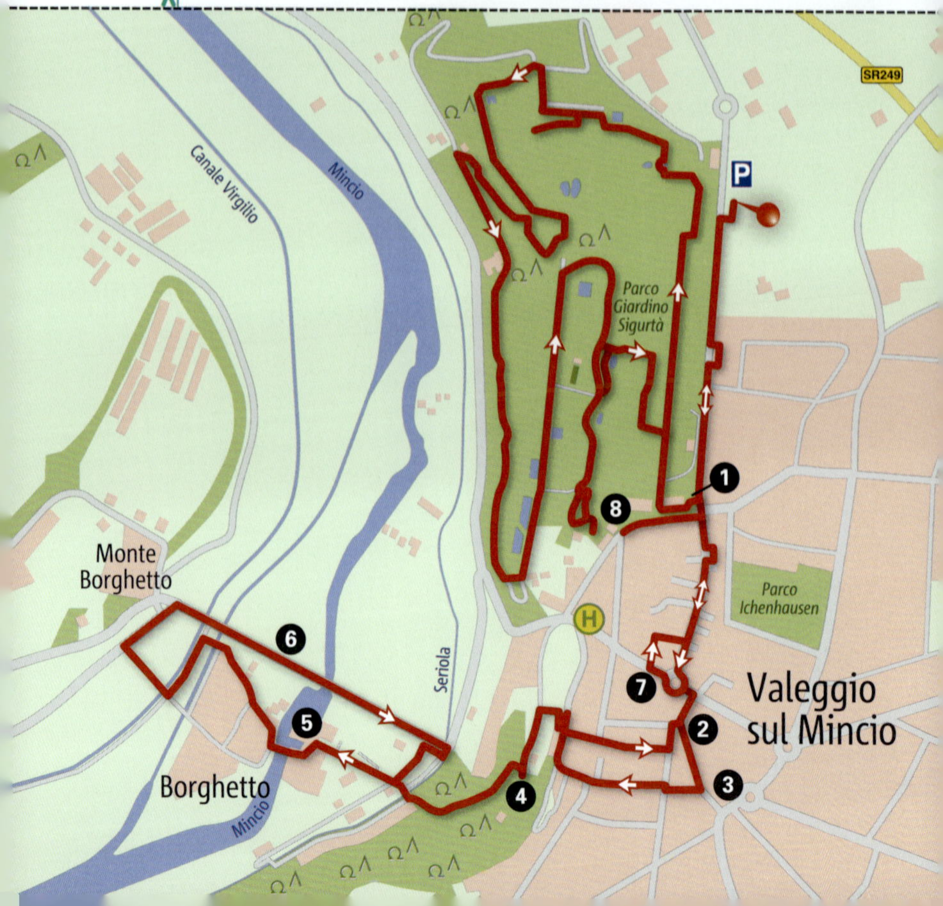

Alles auf einen Blick

WIE & WANN:

Asphaltierte, ebene Wege, kleine Steigung auf dem Hin- und Rückweg bis zur Skaligerburg; ganzjährig geeignet. Der Parco Sigurtà ist von Dezember bis März geschlossen.

HIN & WEG:

Auto: Parkplatz beim Parco Sigurtà, Via Cavour, 37067 Valeggio sul Mincio (VR) (GPS: 45.36316, 10.73573)

ÖPNV: Von Peschiera del Garda Bus 46 APAM bis Via San Rocco 50; Linie ATV 479 im Sommer

ESSEN & ENTSPANNEN:

Al Re del Tortellino – Il Ristorantino ❷ Via Roma 1, Piazza del Municipio, 37067 Valeggio sul Mincio (VR), Tel. +39 (0 45) 7 95 24 15, www.alredeltortellino.it

Entspannung ✱✱✱✱✱

Genuss ✱✱✱✱✱

Romantik ✱✱✱✱

Pastificio Al Re del Tortellino ❼ Via San Rocco 25, 37067 Valeggio sul Mincio (VR), Tel. +39 (0 45) 7 95 05 23, www.alredeltortellino.it

Diverse weitere Einkehrmöglichkeiten in Borghetto

ENTDECKEN & ERLEBEN:

Parco Giardino Sigurtà ❶ www.sigurta.it

Pfarrkirche San Pietro Apostolo ❸

Skaligerburg ❹

Borghetto ❺

Ponte Visconteo ❻

Villa Sigurtà ❽ Tel. +39 (3 35) 5 49 16 62 oder +39 (0 45) 7 95 00 10, www.villasigurta.org

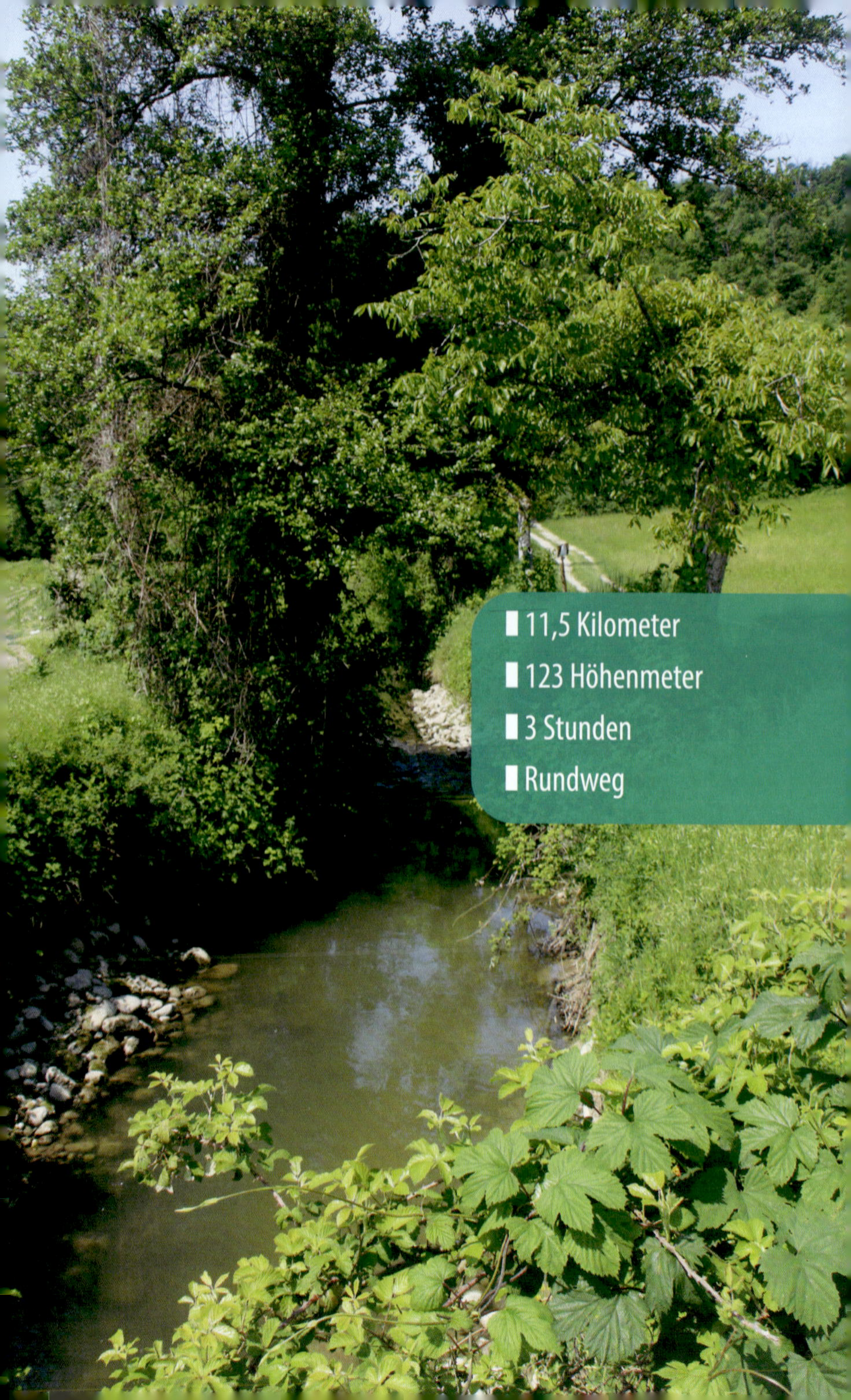

- 11,5 Kilometer
- 123 Höhenmeter
- 3 Stunden
- Rundweg

Unsere Runde führt in das idyllische Hinterland des Gardasees rund um die sanften Hügel, auf denen der Custoza-Wein angebaut wird.

Startpunkt ist der große, kostenfreie Parkplatz im Zentrum des verträumten **Custoza.** Über die Treppen gegenüber der Einfahrt gehen wir auf die Ortskirche, die Chiesa San Pietro Apostolo, mitten im Zentrum zu. Hier spürt man nichts vom Trubel des Gardasees. Eine Bar für eine kleine Einkehr vor der Wanderung finden wir dennoch: das **Caffè Bellavista ①** an der Kreuzung gegenüber dem Parkplatz. Wir freuen uns über die Aussicht von der sonnigen Terrasse auf die Weinberge – bevor wir dorthin losziehen, auf eine herrlich entspannte Runde, bei der der Genuss nicht zu kurz kommt.

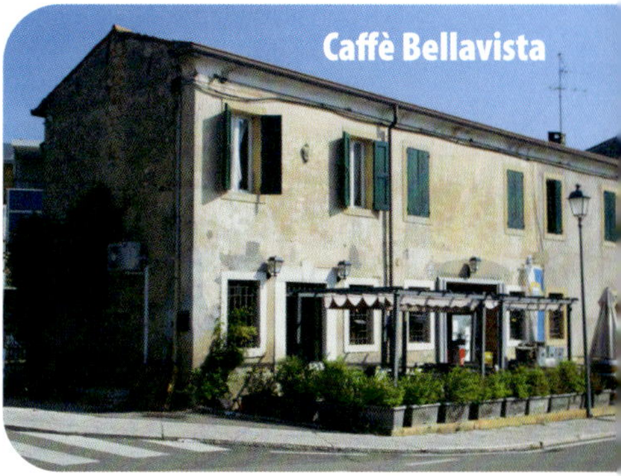
Caffè Bellavista

Landleben

Sanfte Weinhügel bei Custoza

An der Kirche vorbei spazieren wir auf der **Via XXIV Maggio** Richtung **Valbusa,** auch der Straßenname lautet bald passenderweise **Strada Valbusa.** Die für Italien typischen Zypressen säumen den Weg links. Unser Blick streift sattgrüne Weinreben auf beiden Seiten.

Nach dem Ortseingang von **Valbusa** machen wir einen kleinen Abstecher nach links und folgen dabei dem Schild „Aldo Adami Vendita Diretta Vini Doc" zum **Weingut Aldo Adami ②.**

*Das **Weingut des Familienunternehmens** Aldo Adami liegt malerisch im Grünen mitten im Custoza- und Bardolino-DOC-Gebiet mit herrlicher Aussicht auf die umgebenden Weinberge. Es besteht die Möglichkeit, Termine für Führungen und Weinproben zu vereinbaren.*

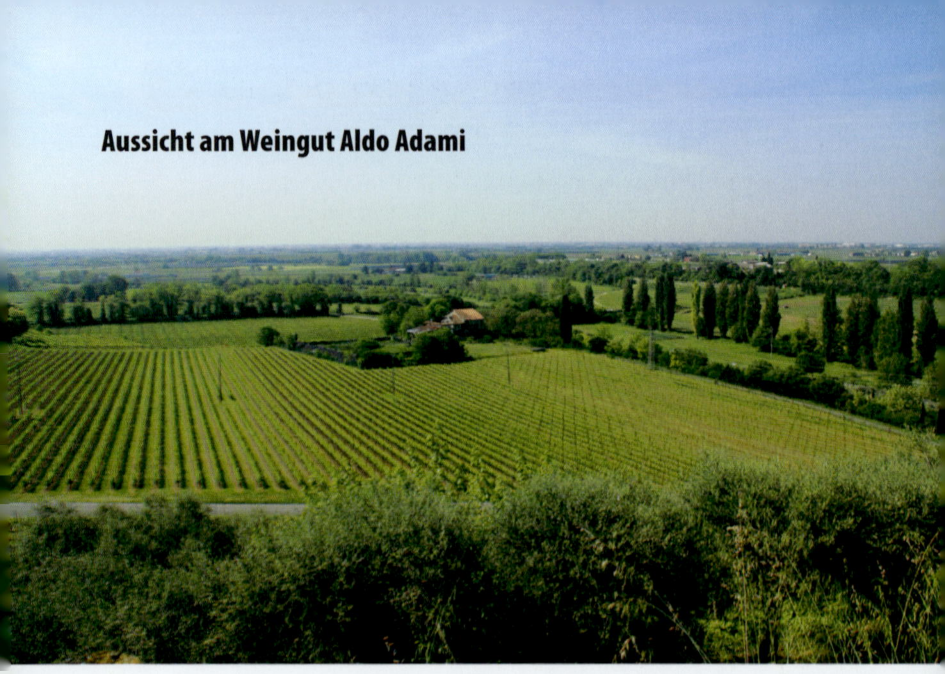

Aussicht am Weingut Aldo Adami

Nach dem Besuch des Weinguts kehren wir auf die **Via Valbusa** zurück. Diese führt uns zu einem schmalen Kiesweg, der **Strada Comunale n. 78 dei Mulini,** die uns aus dem Ort bringt. Eine grün-weiße Markierung an der Mauer ist der Hinweis, dass wir uns auf dem Custoza-Wanderweg **Cammina Custoza** befinden, der durch diese Streifen an Mauern oder auf braunen Straßenbolzen gekennzeichnet ist.

Die blühenden Felder und Weinreben sind eine Wohltat für unsere Sinne. Die ganze Wanderung werden uns herrliche Ausblicke auf sanfte Weinhügel und kleine, noch nicht wach geküsste Ortschaften begleiten. Wir bleiben auf unserem Pfad, bis wir auf die **Via Valle Molini** treffen. Zu unserer Rechten sehen wir eine Wanderkarte mit dem **Percorso Cammina Custoza.**

Wir folgen der asphaltierten Via Valle Molini nach rechts, bis wir zu einem Anwesen zu unserer Linken gelangen. Darin befinden sich das **Ristorante Antico Ristoro** und die **Pizzeria La Macina ❸.** Falls der Hunger noch nicht groß ist, sei an dieser Stelle erwähnt, dass wir am Ende der Tour zu einem weiteren zauberhaften, sehr empfehlenswerten Restaurant kommen.

*Das **Ristorante Antico Ristoro** bietet dem Genießer leckere hausgemachte Pasta und herrliche Fisch- und Grillspezialitäten. Wer es simpler mag, hat in der Pizzeria La Macina die Qual der Wahl zwischen ausgezeichneten Pizzen und den im Veneto beliebten Polenta-Gerichten.*

Vielleicht begnügen wir uns einstweilen mit einem leckeren Eis in der **Latteria Corte Vittoria,** einem kleinen Hofladen mit leckeren Milchprodukten wie Käse und Eis (Letzteres sogar in der Geschmacksrichtung Custoza), aber auch schmackhaften Marmeladen und köstlichen Brotaufstrichen. Um den Abstecher dorthin zu machen, biegen wir wenige Meter nachdem wir das Ristorante Antico Ristoro passiert haben, rechts in die **Strada Comunale n. 80 dei Mulini,** eine breite, geteerte Straße Richtung Località Ca' Vittoria, ab. Hinter einem Weinfeld spazieren wir links weiter und sehen die **Latteria Corte Vittoria** ④ rechts von uns. Vor dem Hofladen laden lauschige Sitzplätze zum Verweilen ein. Kinder können auf dem Spielplatz daneben toben.

Für die Seele

Ruhig und beschaulich führt uns diese genussvolle Wanderung zwischen sattgrünen Weinreben über die sanften Hügel Custozas im Hinterland des Gardasees.

Lauschiges Plätzchen am Hofladen der Latteria Corte Vittoria

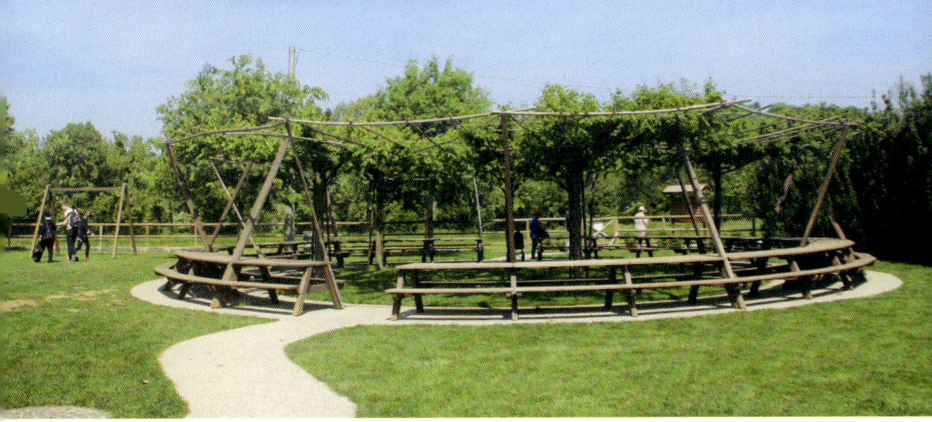

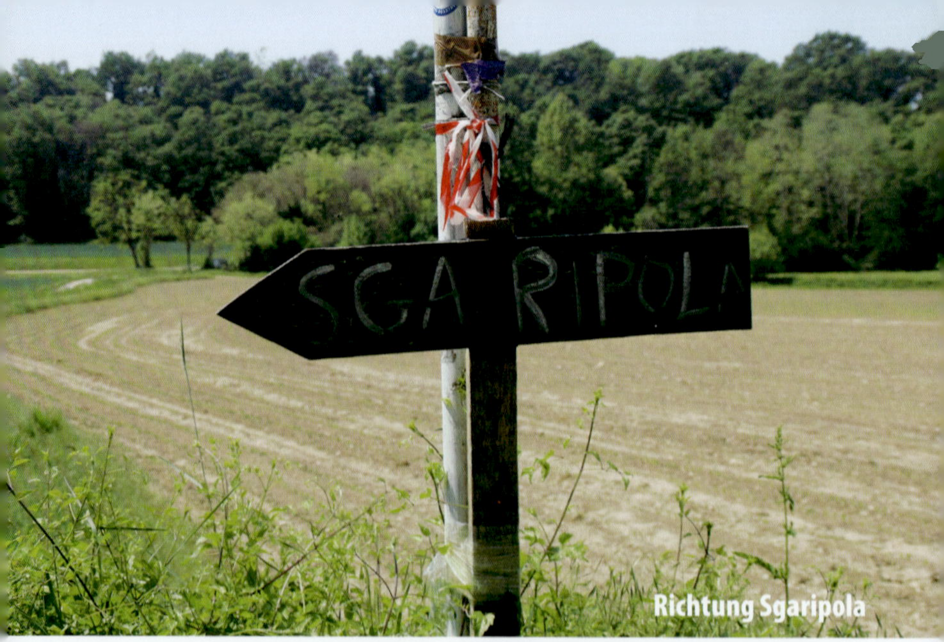

Richtung Sgaripola

Erfrischt kehren wir danach auf unsere Wanderroute zurück. Wir gehen weiter auf der **Strada Comunale n. 79 dei Gazzini** in Richtung **Località Marognalonga.** Auf dieser schmalen Straße kommen wir an einer Picknickstelle vorbei, der **Sosta Molin Vecio** (Rastplatz Alte Mühle). Eine Mühle gibt es nicht mehr, aber einen kleinen Trinkwasserbrunnen.

Weiter geht es zwischen Wiesen, Weinreben und Maisfeldern bis zu einem hübschen Gehöft, der **Località Marognalonga,** um das wir rechts einen Bogen schlagen. Wir gelangen auf einen Feldweg, der uns leicht links auf das Wäldchen **Bosco di Monte Cornone** zuführt.

Der schmale, erdige Waldweg macht einen Rechtsbogen und führt uns bergan. Am Ende halten wir uns links und verlassen den Wald. Auf einem flachen, breiten Weg wandern wir weiter, bis wir auf ein unbewohntes Anwesen stoßen. Vor diesem biegen wir rechts ab und spazieren auf einem sonnigen Feldweg neben Kuhweiden. Der Wald liegt zu unserer Rechten. An einer Kreuzung halten wir uns links, überqueren einen schmalen Bach, den **Tione dei Monti,** und gehen auf einen weiteren Abschnitt des Waldes zu. Dort biegen wir nach rechts und folgen dem handgeschriebe-

*Der **Bosco di Monte Cornone** ist eines der wenigen Waldgebiete, die noch in der Region vorhanden sind. Pflanzenliebhaber finden hier Weißdorn, Heckenrosen, Bluthirse und Wildspargel, im März begrüßen uns Schneeglöckchen, Veilchen und Anemonen als Frühlingsboten.*

nen Wegweiser **„Sgaripola“.** Wir durchqueren den schmalen Waldstreifen und werden auf der anderen Seite von Weinreben begrüßt. Der Pfad führt uns am Wald entlang zum Gehöft **Località Sgaripola.** An den Weinreben des Bauernhofs gehen wir links entlang und biegen am Ende rechts ab. An der nächsten Abzweigung geht es zunächst scharf links und kurz darauf rechts in einen kleinen Waldstreifen. Am handgeschriebenen Wegweiser **„M.te Gode“** geht es im Wald nach links bergauf weiter. Die Straße auf der anderen Seite des schmalen Waldabschnitts, den wir durchquert haben, heißt **Strada Comunale n. 60 Mulinara.** An Weinfeldern vorbei spazieren wir bis zur **Via Ossario.** Uns gegenüber befindet sich das **Wine Resort Casino di Caccia.** Wir halten uns rechts und laufen am Weingut entlang auf der Via Ossario, einer asphaltierten Straße, die in mäßiger Steigung um das Weingut herumführt. An einer kleinen Abzweigung geht es links weiter auf der **Strada Comunale detta Montegoi per Bagolina.** Am Sonntag lohnt sich zuvor ein kurzer Abstecher bei der **Azienda Agricola Antico Corte Bardolino,** die unter der Woche geschlossen ist.

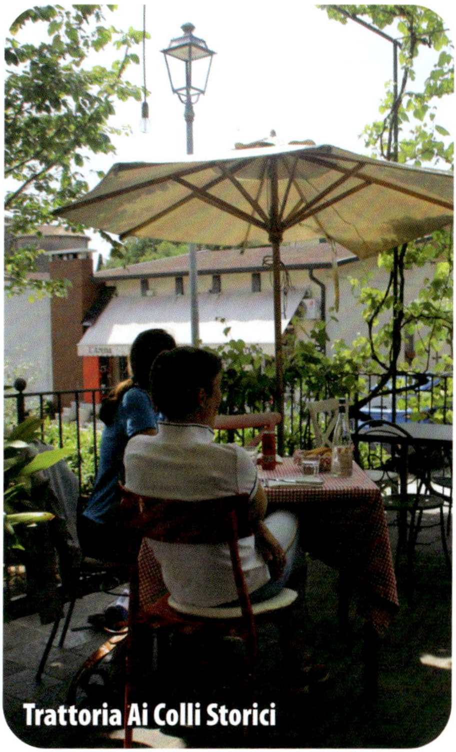
Trattoria Ai Colli Storici

Wir gehen auf der **Strada Comunale detta Montegoi per Bagolina,** bis diese endet, und biegen dann links ab. An einer Abzweigung nach rechts sehen wir einen der grün-weißen Wegweiserpfosten der Cammina Custoza. Die **Strada Comunale n. 62 detta Bagolina** führt uns zwischen Weinfeldern zum Ort **Custoza** zurück. Im Hintergrund sehen wir bereits den Turm des **Ossa-**

Eine Spezialität der ***Trattoria Ai Colli Storici*** *sind die hausgemachten Bigoli alle Sarde, eine Spezialität Venetiens und im Übrigen das wohl einzige Nudelgericht, bei dem die strikten italienischen Essensregeln Parmesan auf Fisch gestatten.*

rio ❺, des Beinhauses von Custoza, in den Himmel ragen. Es beherbergt die sterblichen Überreste der Gefallenen des Ersten und Dritten Italienischen Unabhängigkeitskrieges (1848 und 1866).

Im Ort angekommen, halten wir uns geradeaus und biegen dann nach links in die **Via Ossario** ab, die uns zum Parkplatz bringen wird. Am Ende der Via Ossario kommen wir, wie zuvor versprochen, an einem empfehlenswerten Restaurant vorbei: der **Trattoria Ai Colli Storici** ❻. Mit ihren rot-weiß karierten Tischdeckchen hat sie sich für ihre Gäste herausgeputzt. Eine Speisekarte gibt es nicht, der Wirt erklärt das Menü jedoch auf Italienisch, Englisch und ein wenig Deutsch.

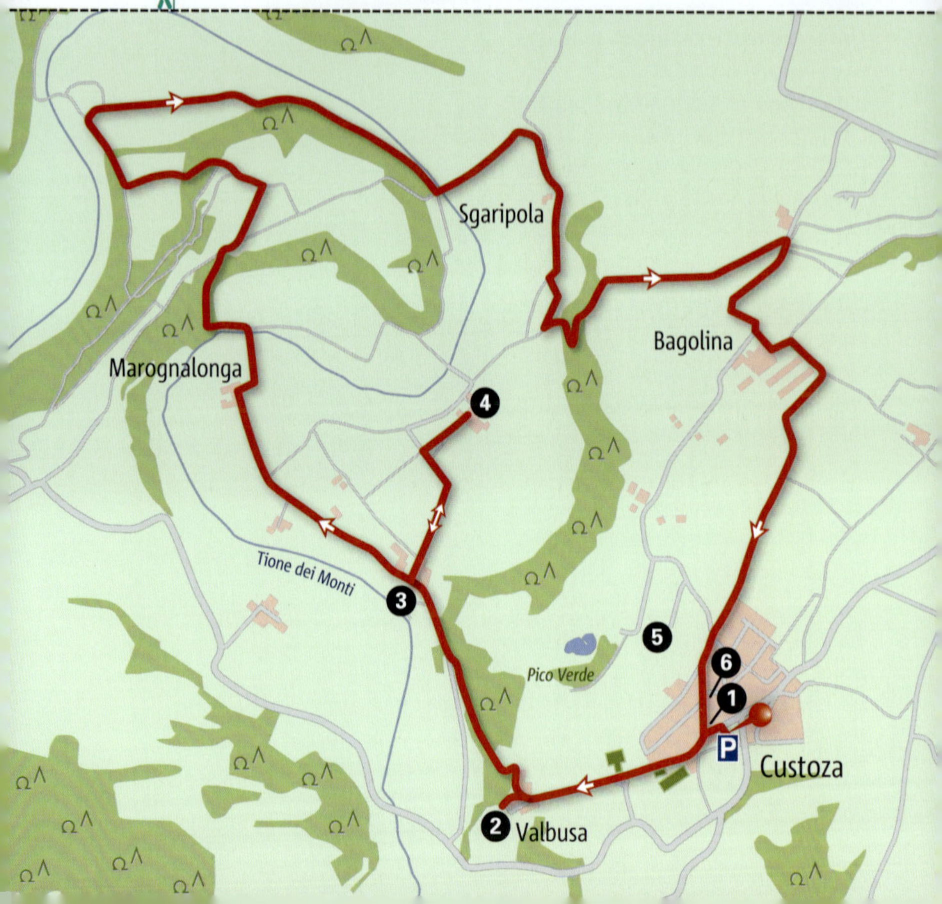

Alles auf einen Blick

WIE & WANN:
Feldwege und asphaltierte Wege, kaum nennenswerte Steigungen; ganzjährig möglich, besonders schön im Frühjahr und Herbst

HIN & WEG:
Auto: Parkplatz Strada Nuova, 37066 Custoza di Sommacampagna (VR) (GPS: 45.37660, 10.79653)
ÖPNV: Keine geeignete Anbindung

ESSEN & ENTSPANNEN:
Caffè Bellavista ❶ Strada Nuova 3, 37066 Custoza di Sommacampagna (VR), Tel. +39 (3 88) 8 34 05 94

Entspannung ✱✱✱✱✱
Genuss ✱✱✱✱✱
Romantik ✱✱✱✱

Antico Ristoro und Pizzeria La Macina ❸ Via Valle Molini 5, 37066 Sommacampagna (VR), Tel. +39 (0 45) 51 60 08 bzw. +39 (0 45) 51 64 56, www.anticoristoro.com bzw. www.pizzerialamacina.it
Latteria Corte Vittoria ❹ Via Valle Molini 20, 37066 Sommacampagna, Tel. +39 (0 45) 51 61 04, www.cortevittoria.it
Trattoria Ai Colli Storici ❻ Strada Ossario 2, 37066 Custoza di Sommacampagna (VR), Tel. +39 (0 45) 51 60 14

ENTDECKEN & ERLEBEN:
Weingut Aldo Adami Azienda Agricola ❷ Strada Valbusa 29, 37066 Custoza di Sommacampagna (VR), Tel. +39 (0 45) 51 61 05, www.cantinaaldoadami.com
Ossario ❺

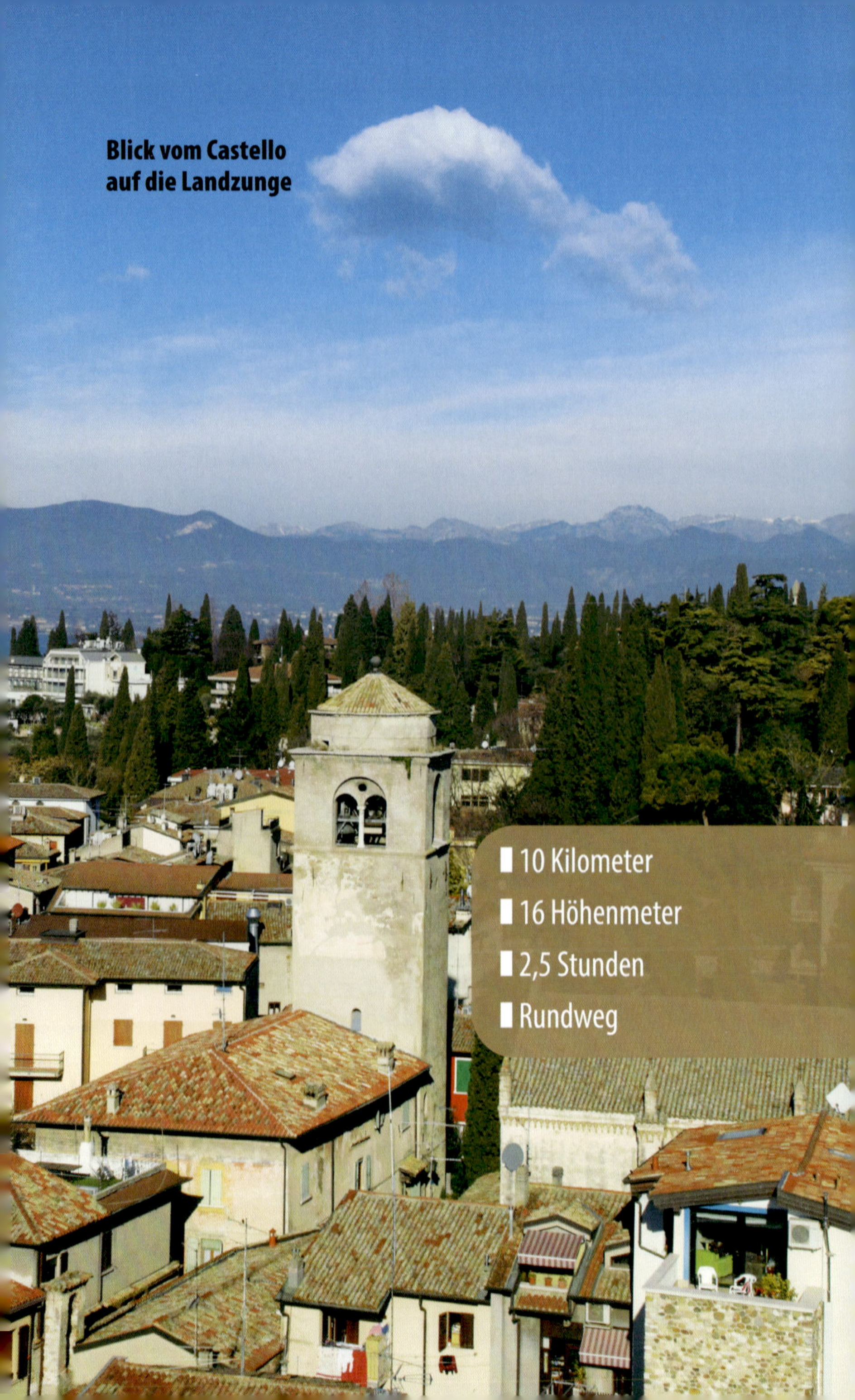
Blick vom Castello
auf die Landzunge
10 Kilometer
16 Höhenmeter
2,5 Stunden
Rundweg

Im Süden des Gardasees liegt das mittelalterliche Sirmione auf einer 4 Kilometer langen Landzunge, die wie eine Nadel, deren Öhr sich an der äußersten Spitze befindet, in den See ragt. Um die entzückende Halbinsel zu erwandern, wählen wir einen der Parkplätze entlang der Via XXV Aprile, etwa rechts am See auf Höhe der Via Benaco. Entlang der Straße gibt es mehrere Parkplätze, die sich im Sommer schnell füllen können.

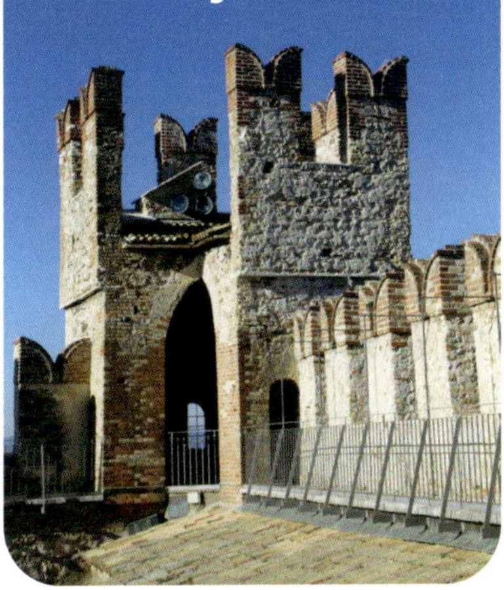
Castello Scaligero

Von unserem Startpunkt sind es knapp 2 Kilometer bis zur Altstadt. Wir schlendern zunächst am Ostufer durch eine kleine Parkanlage am See. Dann führt unser Weg von der Grünanlage zurück auf die **Via XXV Aprile,** an der entlang es auf dem Bürgersteig zwischen gepflegten Villen, Sommerresidenzen und Hotels weitergeht.

Musenküsse

Burgen und Villen in Sirmione

Auf Höhe des großen **Parkplatzes Montebaldo,** der eine gute alternative Parkmöglichkeit ist, biegen wir auf der gegenüberliegenden Straßenseite in die **Via Ulivi.** Diese mündet in den **Lungolago Armando Diaz** auf der anderen Seite der Landzunge, sodass unser Blick bis nach Desenzano am Westufer reicht. Wir spazieren den von

*Das **Castello Scaligero di Sirmione,** die am besten erhaltene Skaligerburg, wurde im 14. Jahrhundert an der schmalsten Stelle der Landzunge errichtet. Der Turm bietet einen ausgezeichneten Blick auf das Dock. Die Neigung der Außenwand soll wohl vor dem Nordwind, dem Pelèr, schützen.*

schimmernden Olivenbäumen gesäumten Lungolago weiter auf die historische Altstadt zu, bis wir am Eingang von Sirmione bereits die eindrucksvolle Wasserburg der Skaliger erblicken, die den einzigen Zugang zu den Gassen des mittelalterlichen Städtchens bewacht.

Am Hafen vorbei gelangen wir über eine Brücke durch einen Torbogen in den Ortskern und stehen sogleich vor dem **Castello Scaligero di Sirmione ➊,** einem eindrucksvollen Beispiel einer mittelalterlichen Seefestung. Bei einem Besuch der imposanten Burg haben wir vom *mastio,* dem Bergfried, einen herrlichen Blick über den See und auf die Altstadt.

Beim Verlassen der Burg halten wir uns rechts. Die Geschäfte und Bars, die wir vor uns auf der Piazza Castello sehen, müssen noch auf unseren Besuch warten. Wir wollen zuerst auf der Uferpromenade die **Passeggiata delle Muse,** den Spaziergang der Musen, machen. Dazu biegen wir dem braunen Wegweiser Passeggiata Panoramica folgend rechts in die Via Dante. Immer geradeaus am Burggraben und am Dock des Castello entlang erreichen wir einen kleinen kiesigen Strand, der auf der rechten Seite von den trutzigen Mauern der *darsena* – so heißt das Dock auf Italienisch – begrenzt wird.

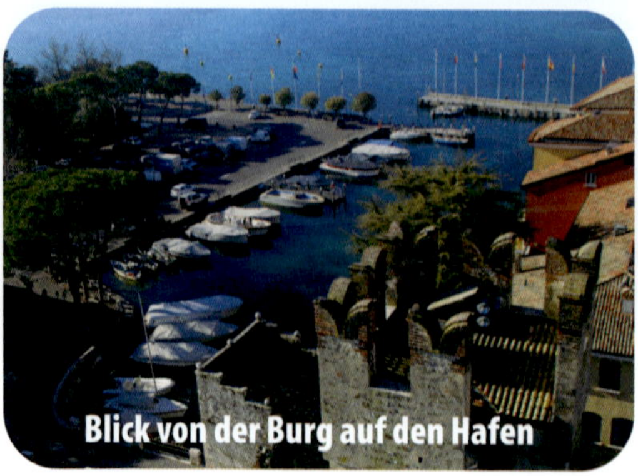

Blick von der Burg auf den Hafen

Wir gehen die kleine Steintreppe links hoch. Dort bringt uns eine schmale Gasse, die Via Gaetano Bocchio, wieder zur Via Dante. Wir folgen dieser nach rechts, bis wir an ihrem Ende erneut den Wegweiser Passeggiata Panoramica entdecken, der uns auf einem gepflasterten Weg durch einen Torbogen leitet. Dahinter eine Aussichtsplattform, auf der uns rechts das Schild „Kiss … please“ dazu auffordert, unsere Liebsten vor der traumhaften Kulisse des Lago zu küssen.

Sollte uns niemand küssen, so bleibt uns die Hoffnung, dass dies die Muse tut. Von der Plattform führen ein paar Stufen zuerst zu einem kleinen Kiesstrand, der Spiaggia del Prete (Strand des Priesters), und dann scharf links zur Uferpromenade der Musen. Wer fände hier keine Inspiration, umgeben von Pinien, Zypressen und dem tiefblauen Wasser unseres Herzenssees?

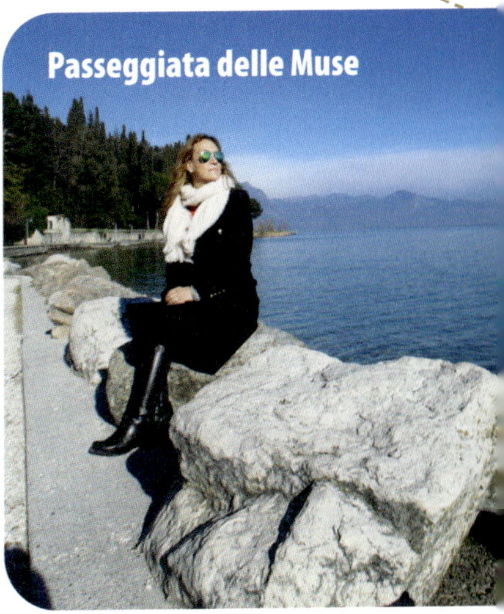

Passeggiata delle Muse

Auf Höhe eines gelben Gebäudes sehen wir Dampf über dem Wasser schweben, und selbst eisige Wintertemperaturen scheinen hier mutige Mitmenschen nicht von einem Bad im See abzuhalten. Dies sind jedoch keine Anhänger nordischen Eisbadens. Das Wasser ist hier dank heißer **Thermalquellen ❷** zu jeder Jahreszeit angenehm warm.

Wir gehen geradeaus an der **Spiaggia Lido delle Bionde** entlang und biegen dann hinter dem Gebäude der Strandbar in den Weg nach links oben. Über wenige Treppen gelangen wir in einen öffentlichen Park, den

Für die Seele

Mediterrane Vegetation und das leuchtende Blau des im Sonnenlicht glitzernden Sees verwöhnen unsere Sinne beim Bummeln zwischen Burgmauern und antiken Ruinen.

Parco Pubblico Tomelleri. Dort führt uns ein schmaler Pfad im Schatten der am Gardasee allgegenwärtigen Olivenbäume bis zur **Via Caio Valerio Catullo.** In diese biegen wir rechts ab und folgen dem gepflegten Weg. An dessen Ende sehen wir rechts den Eingang zu einem der wichtigsten archäologischen Komplexe der Gegend, den sogenannten **Grotten des Catull ❸**. Hinter diesem

*Bei Sirmione hat die Verwerfung San Vigilio–Sirmione–Rivoltella das Aufsteigen von **Thermalwasser** ermöglicht. Eine Quelle namens Bojola entspringt etwa 200 Meter vom Ufer entfernt in 18 Metern Tiefe mit einer Temperatur von etwa 69 Grad Celsius.*

Namen verbergen sich die Ruinen einer ehemaligen römischen Villa, die zwischen dem 1. Jahrhundert vor und dem 1. Jahrhundert nach Christus erbaut wurde, in der der berühmte Dichter jedoch nie gelebt hat. Vielmehr soll der in Verona geborene Poet damit für seine Liebe zum südlichsten Ort des Lago geehrt werden, besang er Sirmione doch in Nummer 31 seiner „Carmina" als „Perle der Halbinseln und Inseln".

Den Park und die Überreste der antiken Villa mit zahlreichen Laubengängen und einer Thermenanlage besichtigen wir auf einem Rundgang durch das weitläufige Gelände. Wer dem Rundweg folgt, kann die Ruinen inspizieren und hat gleichzeitig den See stets im Blick. Es ist auch reizvoll, Nebenwege zu erkunden und sich in der Anlage zu verlieren. Ein Flyer mit zusätzlichen Informationen zu den Grotten des Catull lässt sich im Eingangsbereich des Freilichtmuseums via QR-Code aufs Handy laden. Es sind nicht nur die archäologischen Fundstücke, die begeistern. Die unglaubliche Lage an der äußersten Spitze der Halbinsel bietet uns einen sagenhaften Blick über den See. Am südlich des Golfs von Salò eher hügelig geprägten Westufer erhebt sich auffällig der Felsen Rocca di Manerba. Richtung Nordosten thront erhaben der Monte Baldo. An der nordöstlichen Spitze der Halbinsel liegt Sirmiones legendärer Jamaica-Beach vor unserer Nase.

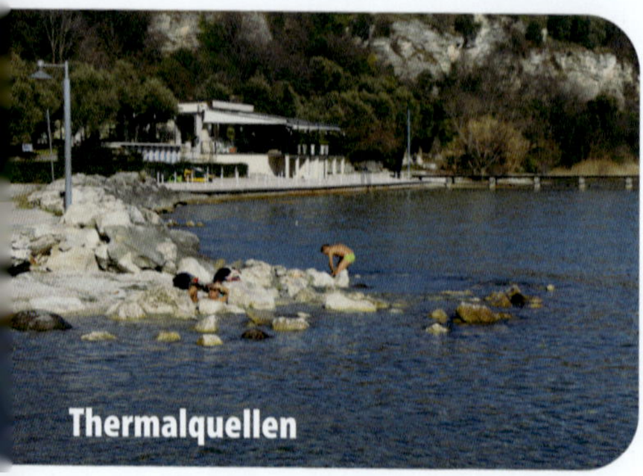
Thermalquellen

Nach der Besichtigung der Grotten des Catull machen wir uns auf den Weg in die malerischen Gassen des mittelalterlichen Ortskerns, aber nicht ohne vorher die zauberhafte kleine Steinkirche **San Pietro in Mavinas** ❹ zu besuchen. Hierzu schlagen wir hinter dem Gebäude des **Hotel Ideal** den schmaleren Weg nach rechts ein. Eingebettet in Oliven- und Zypressenhaine,

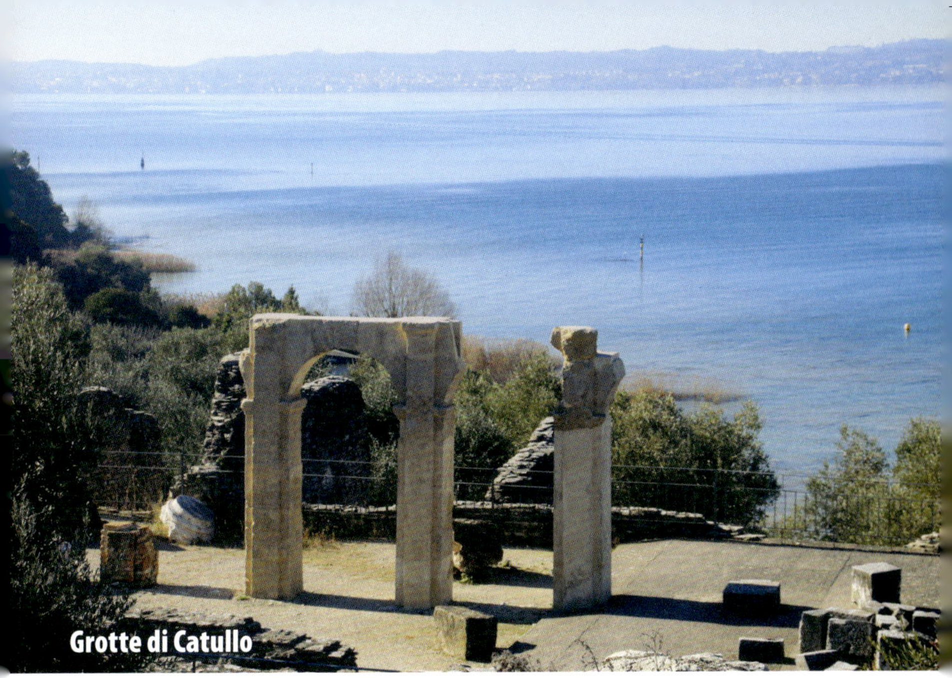

Grotte di Catullo

wird dieses Kleinod von vielen Besuchern Sirmiones häufig übersehen. Ein Jammer, wartet die älteste Kirche des Ortes im Inneren doch mit wunderschönen Fresken auf.

Ein Pfad neben dem Kirchturm bringt uns zur **Via Cesare Arici,** in die wir rechts einbiegen. Bergab gelangen wir zur **Via Caio Valerio Catullo,** die uns an einer auffälligen gelben Villa vorbeiführt, der **Villa Maria Callas ❺.** Die berühmte Sängerin wohnte dort in den 1950er-Jahren, wie man einem Schild an der Gartenmauer entnehmen kann.

Vielleicht verführt uns auf dem Weg in den mittelalterlichen Ortskern auch noch das **Thermalbad Aquaria ❻** dazu, bei einem Besuch Wohlfühlmomente zu erleben, bevor wir uns in den zauberhaften Gässchen der Altstadt verlieren.

Im Sommer ächzen diese unter den Besuchermassen. Wer dem Ort außerhalb der Saison einen Besuch abstattet, wird zwar nicht alle Geschäfte geöffnet vorfinden, dafür geht es beschaulicher zu. Doch selbst in der Nebensaison gibt es genug Möglichkeiten, Souvenirs zu ergattern und den Gaumen zu verwöhnen. Für den kleinen Hunger empfiehlt sich ein Besuch in der **Piadineria** ❼ auf der Piazza Flaminia. Die schmackhaften gefüllten Fladenbrote, die auf einer Platte ohne Fett gebraten werden, stammen ursprünglich aus der Emilia-Romagna, sind aber inzwischen ein sehr beliebter Snack in ganz Italien. Eines der vielen empfehlenswerten Restaurants ist die **Bar Ristorante Scaligeri** ❽ in der Via Vittorio Emanuele. Von der Terrasse des Lokals blickt man über die Piazza Giosuè Carducci bis zum See.

Mit Piadina, Pizza oder Pasta gestärkt, treten wir dann unseren Rückweg zum Auto an. Durch den Torbogen am Castello verlassen wir die Altstadt und spazieren auf der Via XXV Aprile zu unserem Ausgangspunkt zurück.

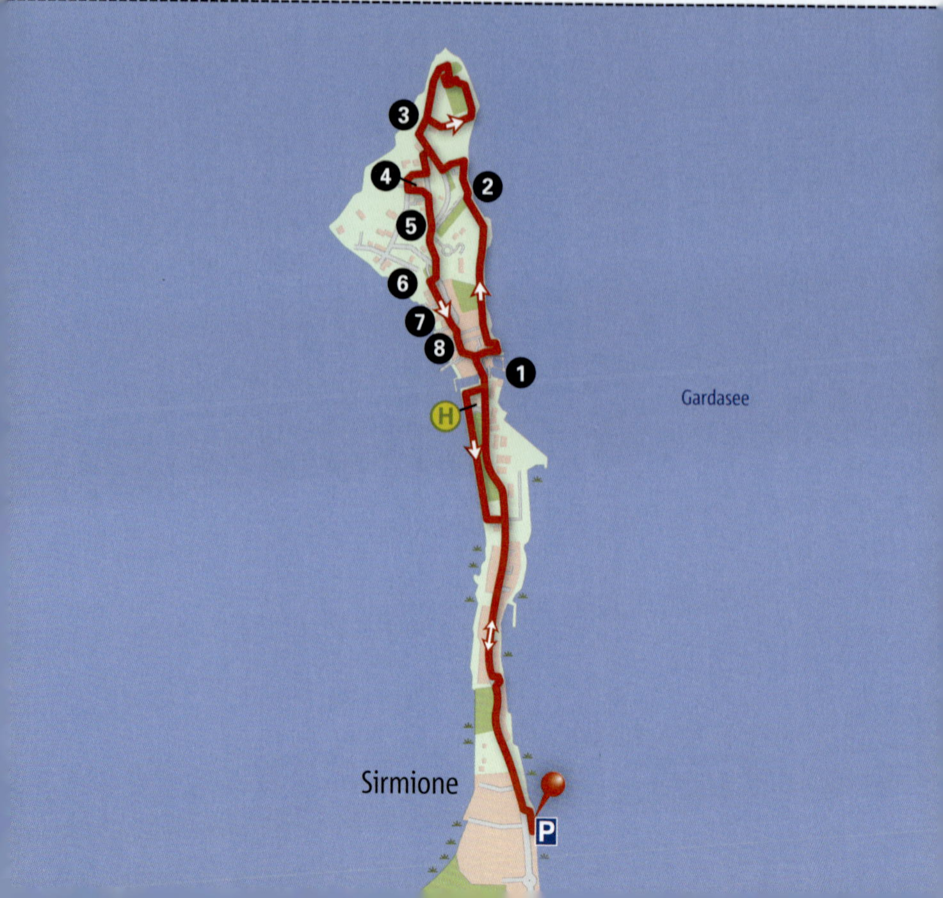

Alles auf einen Blick

WIE & WANN:
Asphaltierte, ebene Wege; ganzjährig möglich, im Sommer wenig Schatten

HIN & WEG:
Auto: Parkplatz Via XXV Aprile auf Höhe der Via Benaco, 25019 Sirmione (BS)
(GPS: 45.47704, 10.61074)
ÖPNV: Von Verona Bus LN026 bis Sirmione, Largo Faselo,
Centro (Platz am Hafen vor der Altstadt)

ESSEN & ENTSPANNEN:
Piadineria ❼ Piazza Flaminia 16, 25019 Sirmione (BS),
Tel. +39 (3 47) 7 56 18 78, www.piadineriasirmione.it
Bar Ristorante Scaligeri ❽ Via Vittorio Emanuele 19,
25019 Sirmione (BS), Tel. +39 (0 30) 91 63 01

ENTDECKEN & ERLEBEN:
Wasserburg Castello Scaligero di Sirmione ❶ Piazza Castello 34,
25019 Sirmione (BS), Tel. +39 (0 30) 91 64 68, museilombardia.cultura.gov.it
→ Suchen nach „Castello Scaligero"
Thermalquellen ❷

Entspannung ✱✱✱✱✱
Genuss ✱✱✱✱
Romantik ✱✱✱✱✱

Grotten des Catull ❸ Piazzale Orti Manara 4, 25019 Sirmione (BS),
Tel. +39 (0 30) 91 61 57, www.grottedicatullo.beniculturali.it
Kirche San Pietro in Mavinas ❹
Villa Maria Callas ❺
Thermalbad Aquaria ❻ Piazza Don A. Piatti 1, 25019 Sirmione (BS),
Tel. +39 (0 30) 91 60 44, www.termedisirmione.com

Madonna della Corona

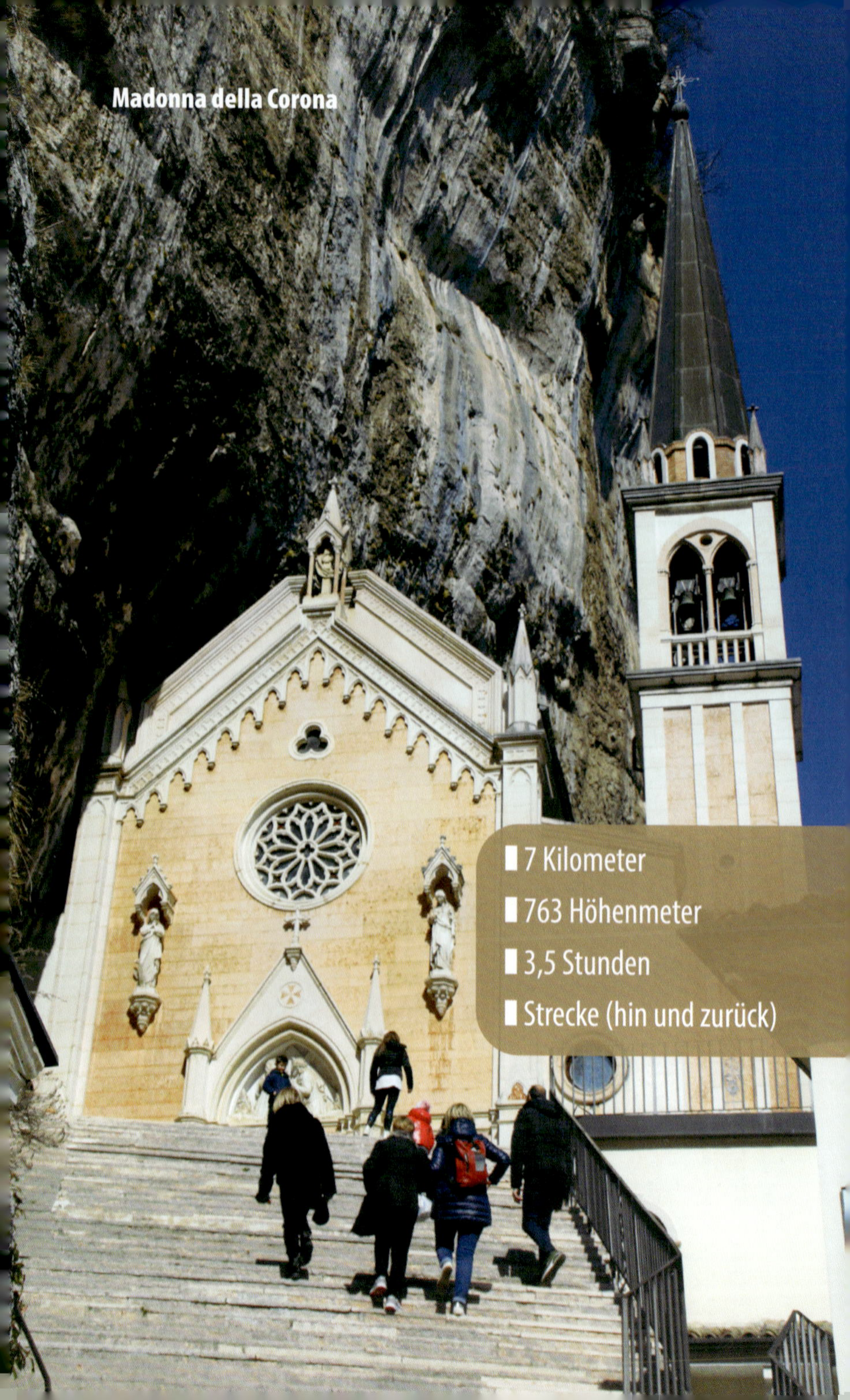

- 7 Kilometer
- 763 Höhenmeter
- 3,5 Stunden
- Strecke (hin und zurück)

Achtsam bergauf

Pilgern zur Madonna della Corona

Unsere Wanderung führt uns zu einem der beliebtesten Wallfahrtsorte Italiens, dem Santuario Madonna della Corona. Früher war der knapp zweistündige Pilgerweg am Kamm des Monte Cimo entlang der einzige Zugang zu dieser spektakulär in einen Felsen des Monte Baldo gebauten Kapelle.

Im 13. Jahrhundert soll am Monte Cimo ein ***Kloster der heiligen Maria von Monte Baldo*** *gestanden haben, das nur über einen schmalen Weg im Felsen zugänglich war. Von 1625 bis 1685 wurde eine größere Kirche erbaut, die 1974 unter Erhaltung der bedeutenden Teile erneuert wurde.*

Vom Parkplatz am Ortseingang des kleinen Dorfs **Brentino Belluno** folgen wir der **Via Santuario** ins Zentrum. Nach wenigen Schritten stehen wir vor der einzigen Bar des Orts, der **Malù Bar ①,** unserer letzten Möglichkeit, uns vor dem Aufstieg zur Madonna della Corona zu stärken. In der Nähe befindet sich die Bushaltestelle, von der Benutzer öffentlicher Verkehrsmittel die Tour starten.

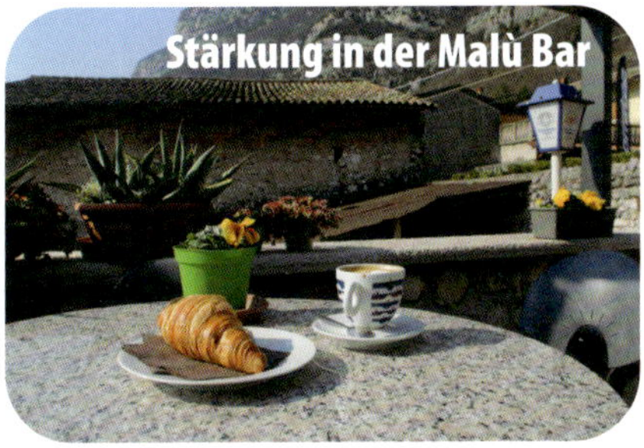
Stärkung in der Malù Bar

Schräg gegenüber der Bar weist uns das braune Hinweisschild **„Madonna della Corona"** auf eine kopfsteingepflasterte Straße, die links leicht bergauf zu zwei ausladenden Kastanienbäumen führt. Auf der Holzbank neben einem Brunnen werden wir auf dem Rückweg nach vollbrachter Wanderung gerne eine kleine Erholungspause einlegen.

Für uns geht es jetzt erst einmal die Treppe links hoch. Sie ist der Beginn des **Sentiero dei Pellegrini** Nummer **73,** der den wunderschönen Namen **Sentiero della Speranza,** Weg der Hoffnung, trägt und ein beliebter

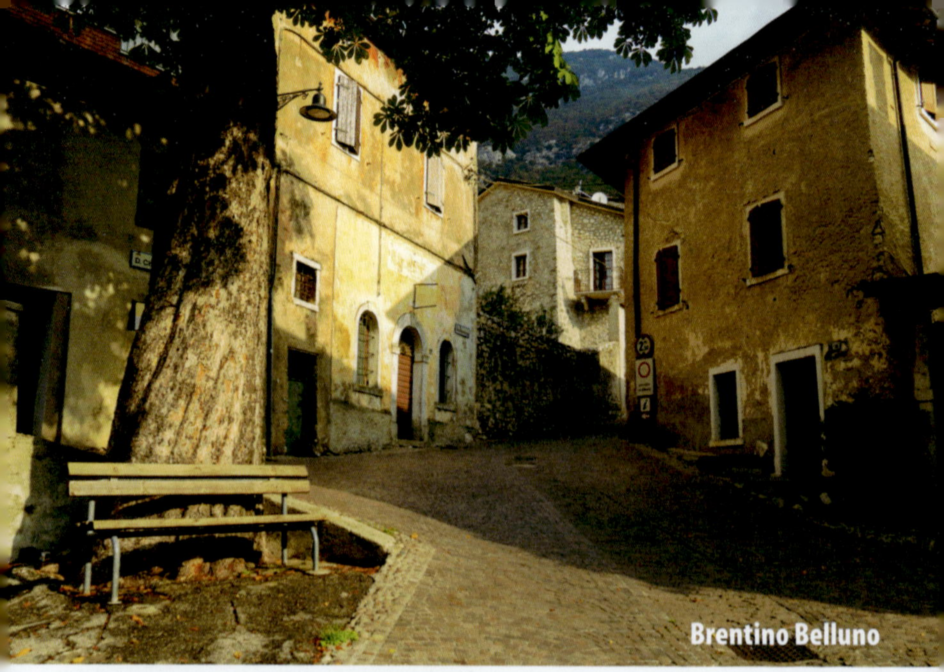

Entlang des Pilgerwegs laden uns immer wieder ***Besinnungs- und Gebetspunkte*** *zur Andacht ein. Christliche Darstellungen verweisen auf Rosenkranzgebete, etwa Il mistero della luce oder Il mistero doloroso (Lichtreicher oder Schmerzhafter Rosenkranz).*

Pilgerweg ist. Ein bisschen Kondition ist für die mehr als 1500 Stufen, die uns stetig und bisweilen steil nach oben führen, notwendig. Doch wir haben es nicht eilig und nutzen kleine Pausen, um die wundervolle Landschaft zu genießen.

Am Ende der Treppe erreichen wir einen Naturpfad. Die Stufen werden unregelmäßig, bleiben jedoch unsere treuen Wegbegleiter. Wir gelangen zum ersten großen hölzernen Kreuz. Während des Aufstiegs werden wir immer wieder christlichen Darstellungen begegnen.

Eine erste längere Pause legen wir bei einer **Aussichtsterrasse** ❷ mit imposantem weißen Betonkreuz ein. Ein Holzschild mit der Aufschrift **„Alla croce"** (Zum Kreuz) weist uns den Weg. Auf einer von der Sonne geküssten Bank genießen wir den herrlichen Ausblick auf das Etschtal.

Nach kurzer Rast geht es weiter. Das Betonkreuz im Rücken, sehen wir einen schmalen Weg mit Naturstufen, der uns den Berg hinaufführt. Die Steigung bleibt beträchtlich. Die Neugier, wo wir die in den Felsen zwischen Himmel und Erde schwebende Wallfahrtskapelle erspähen werden, treibt uns voran. Nicht nur Ausdauer, sondern auch Geduld ist hier gefragt.

Der Pfad wird flacher, jedoch auch schmaler. Am Felsen ist ein Drahtseil als Handlauf angebracht. Kein Grund zur Sorge! Wir befinden uns auf keinem gefährlichen Streckenabschnitt, sind wir doch auf einem Pilgerweg, der auch von weniger erfahrenen und konditionsstarken Wanderern begangen wird. Der Handlauf ist jedoch ideal für alle, die nicht gerne an exponierten Stellen laufen.

Nach dieser schmaleren Passage bleibt es noch eine Weile eben. Und bald schon werden unsere Mühen und unsere Ausdauer belohnt. Wir erspähen die Wallfahrtskirche Madonna della Corona, die wie ein Schwalbennest in der Felswand sitzt. Noch sind wir nicht am Ziel, und besonders die nächste Etappe hat es in sich. Mehrere steile, in den Felsen gehauene Steintreppen bringen uns im Zickzack nach oben. Die Aussicht ins Tal, das inzwischen ein gutes Stück hinter uns liegt, ist phänomenal.

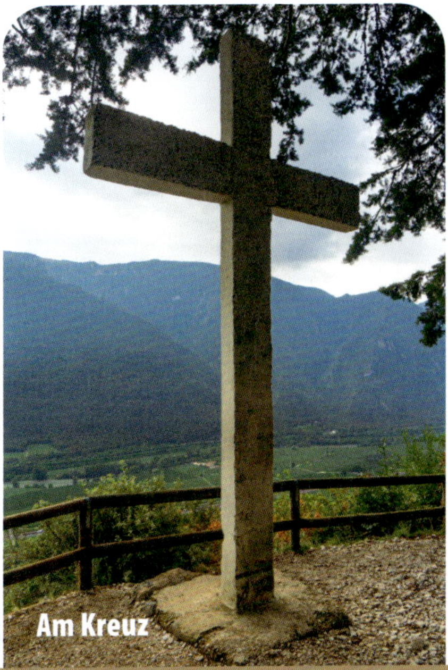

Am Kreuz

Für die Seele

Der besinnliche Pilgerweg der Hoffnung führt uns über viele Stufen zum höchstgelegenen Pilgerort Italiens, die stetige Steigung entschleunigt unsere Seele.

Nach diesen steilen Treppen spazieren wir auf gemütlichem Pfad weiter und gelangen zur ersten Gabelung unserer Wanderung. Nach rechts führt ein schmaler, naturbelassener Pfad, ein **Sentiero Naturalistico.** Dieser verläuft durch das Vaje de Orsa, das Tal der Bärin, bis zu einer tibetischen Hängebrücke, ist aber ausdrücklich als Strecke für Geübte gekennzeichnet. Wir bleiben auf dem Weg **73** zur **Madonna della Corona,** der uns zur nächsten und letzten Abzweigung auf unserer Wanderung bringt. Auch hier folgen wir der 73. Unser Ziel, die Wallfahrtskapelle im Fels, haben wir immer deutlicher vor Augen.

Weit kann es nicht mehr sein. Und tatsächlich gelangen wir bald zu einem Torbogen, der uns über die **Via Matris,** die letzten Stufen an sieben Heiligenhäuschen vorbei, bis zum Santuario **Madonna della Corona** ❸ bringt. Beim Anblick der Kirche sind die Müdigkeit und der Schweiß des stufenreichen Aufstiegs vergessen. Die Atmosphäre der Kapelle, deren Kirchenschiff sich an den Felsen schmiegt, ist mystisch. Im Inneren können wir Skulpturen von Ugo Zannoni, Werke von Raffaele Bonente und 167 Votivtafeln, die älteste von 1547, bewundern. Besonders beeindruckt die linke Wand der Kirche, die schlicht der Fels ist, in den sie gebaut wurde.

Mit mehr als 1500 achtsam beschrittenen Stufen haben wir ausreichend für geistige und spirituelle Nah-

*Im **Santuario Madonna della Corona** ist täglich mittags um 12 Uhr ein prächtiges Glockenspiel zu hören. Wer dies nicht verpassen möchte, sollte planen, spätestens um 10 Uhr von Brentino Belluno loszuwandern, um das wunderschöne Klangerlebnis in vollen Zügen genießen zu können.*

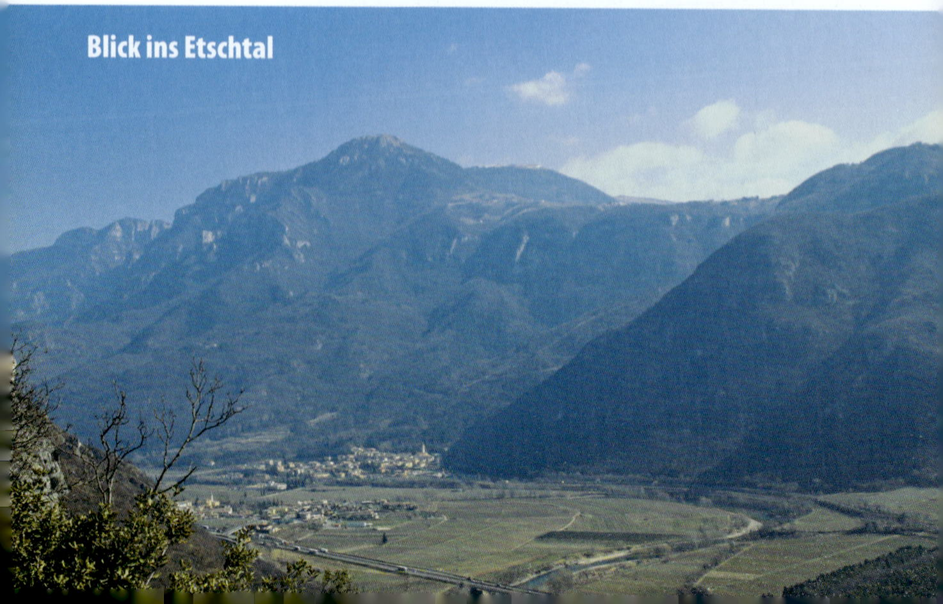

Blick ins Etschtal

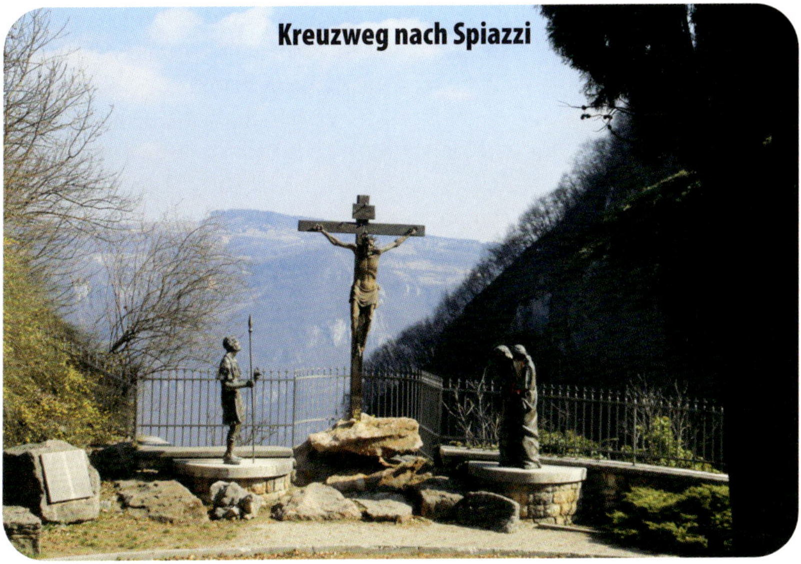

Kreuzweg nach Spiazzi

rung gesorgt. Nach dem stetigen Anstieg müssen wir jedoch auch unsere Energiereserven wieder auffüllen. Während der Sommermonate können wir der **Bar al Santuario** ❹ einen Besuch abstatten. Von deren wunderbarer Dachterrasse haben wir einen Panoramablick auf das Etschtal. Außerhalb der Saison laufen wir an der Bar al Santuario vorbei durch einen Tunnel und über eine schmale Serpentinenstraße etwa 10 Minuten weiter Richtung **Spiazzi,** wo einige Bars und Restaurants das ganze Jahr über geöffnet haben. Bei Tagestouristen ist dieser wenig anstrengende und schnelle Zugang zur Madonna della Corona beliebt. Für Spiritualität und Andacht ist auch auf diesem Weg gesorgt, ist er doch Teil einer **Via Crucis,** eines Kreuzwegs entlang der Straße. Ein für Italien ungewöhnlicher Anblick sind die Alpakas der **Azienda Agricola Elalpaca** ❺**,** die uns von ihrer Weide am Wegesrand aus beobachten.

Am Ende der Straße erreichen wir den gut besuchten Ort **Spiazzi.** Nachdem wir den Sentiero della Speranza gepilgert sind, fällt unsere Wahl auf die **Trattoria**

*Seit Kurzem hat die Alpakafarm **Azienda Agricola Elalpaca** einen Standort zwischen Spiazzi und dem Santuario Madonna della Corona. Sie bietet Spaziergänge mit Alpakas an, die man allerdings im Vorfeld buchen sollte.*

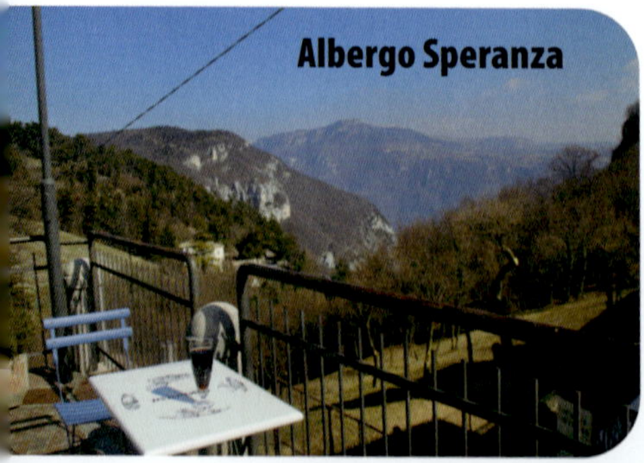

Speranza ❻, besonders wegen der einladenden Sonnenterrasse.

Nach einer gemütlichen und sonnigen Pause kehren wir auf demselben Weg zurück nach Brentino Belluno. Wir kommen wieder an der Madonna della Corona vorbei, die auf dem kurzen Spaziergang von Spiazzi nicht annähernd so spektakulär im Felsen auftaucht wie bei unserem Aufstieg von Brentino Belluno. Dennoch ist es eine Freude, das Gotteshaus ein zweites Mal zu bewundern, bevor wir achtsam den Abstieg über die Treppen zurück ins Etschtal antreten.

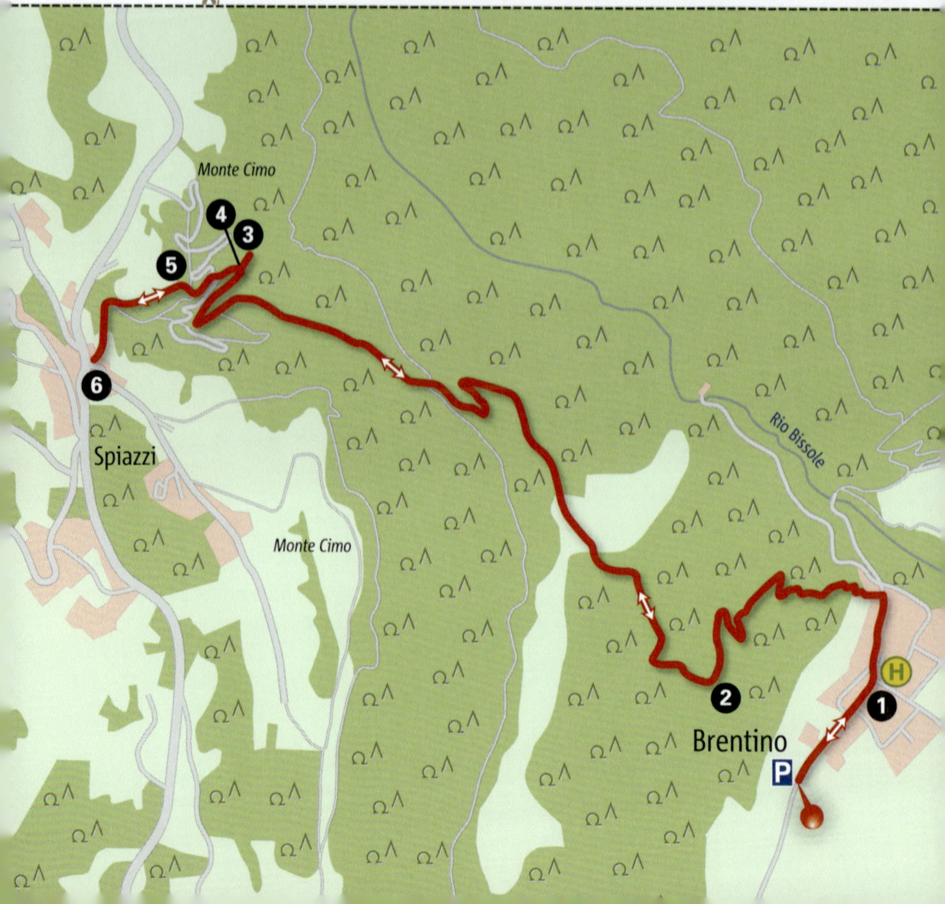

Alles auf einen Blick

WIE & WANN:
Meist stufiger Wanderweg, stellenweise etwas schmal; empfohlen von März bis Oktober, kann im Juli und August sehr voll werden

HIN & WEG:
Auto: Parkplatz am Ortseingang von Brentino Belluno, Via Santuario 1, 37020 Brentino (VR) (GPS: 45.64095, 10.87037)
ÖPNV: Von Borghetto sull'Adige Bus 472 bis Brentino, Haltestelle Nähe Malù Bar (So. kein Verkehr)

ESSEN & ENTSPANNEN:
Malù Bar ❶ Via Santuario 14, 37020 Brentino Belluno (VR), Tel. +39 (3 47) 9 78 45 19
Bar al Santuario ❹ Località Gabbiola, 37020 Ferrara di Monte Baldo (VR), Tel. +39 (0 45) 7 22 00 14, www.madonnadellacorona.it
Albergo Trattoria Speranza ❻ Via Centro 32, 37013 Spiazzi (VR), Tel. +39 (0 45) 7 22 00 87, www.albergo-speranza.it

ENTDECKEN & ERLEBEN:
Aussichtsterrasse „Alla Croce" ❷
Wallfahrtsstätte Santuario Madonna della Corona ❸ Località Santuario 1, 37020 Spiazzi di Ferrara di Monte Baldo (VR), Tel. +39 (0 45) 7 22 00 14, www.madonnadellacorona.it

Entspannung ✱✱✱✱✱
Genuss ✱✱
Romantik ✱✱✱✱

Azienda Agricola Elalpaca ❺ Località Gabbiola 3, 37020 Ferrara di Monte Baldo (VR), www.elalpaca.it

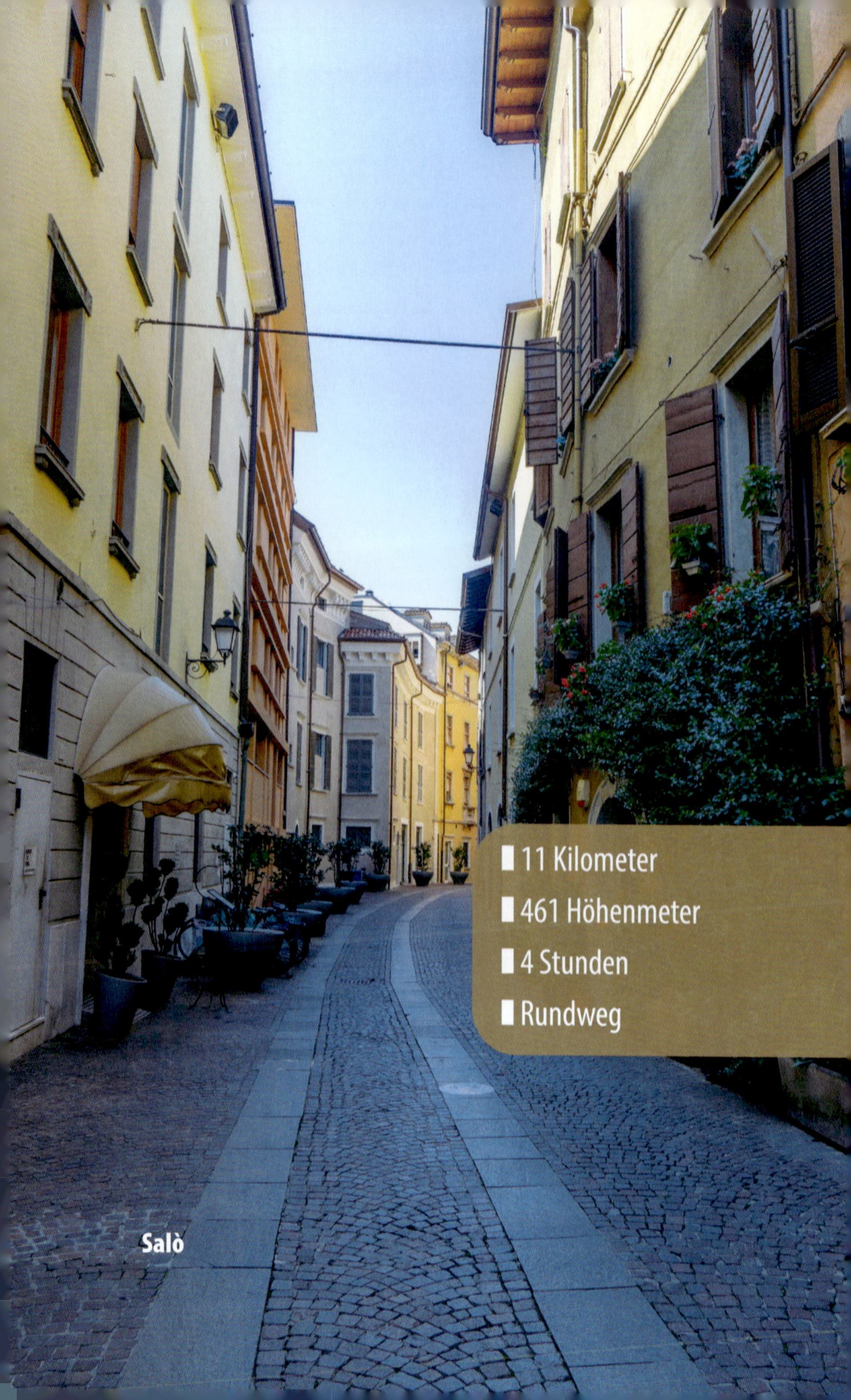

- 11 Kilometer
- 461 Höhenmeter
- 4 Stunden
- Rundweg

Salò

Wir beginnen die Wanderung in der **Via Montessori** auf einem der beiden gebührenfreien Parkplätze. Sollten beide belegt sein, fahren wir bis zum Kreisverkehr und biegen links in die Via Atleti Azzurri d'Italia ab. Dort finden wir auf der Piazza Mario Pedrazzi einen weiteren großen, gebührenfreien Parkplatz.

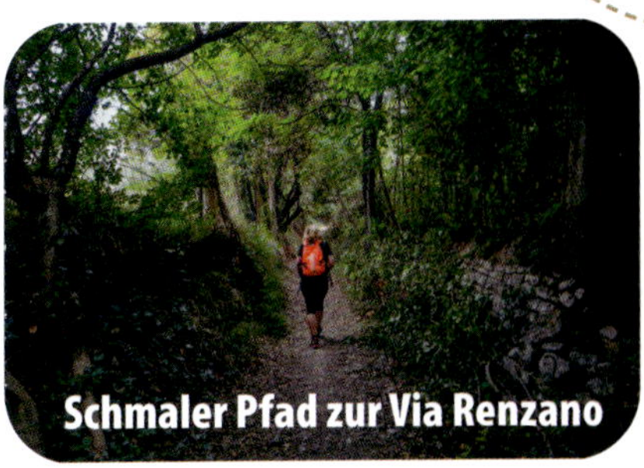
Schmaler Pfad zur Via Renzano

Auf der **Via Atleti Azzurri d'Italia** halten wir uns Richtung des Monte San Bartolomeo, der sich nordwestlich von Salò erhebt, und gelangen über einen kleinen Kreisverkehr erst auf die **Via Alcide de Gasperi** und am folgenden Kreisel auf den **Viale Papa Paolo VI** (SP 572). An der SS 45 bis halten wir uns rechts. Schräg gegenüber einer Tankstelle sehen wir auf der anderen Seite das Straßenschild der **Via dei Colli,** an dessen Stange eine **rot-weiße** Markierung den Beginn unseres Wanderwegs verkündet.

*An Samstagen in Salò einen Parkplatz zu finden ist etwas schwieriger. Dann verwandelt sich die **Piazza Mario Pedrazzi** in den beliebten Wochenmarkt des Städtchens, auf dem man nicht nur frisches Obst und Gemüse besorgen, sondern auch die neuesten Trends aufstöbern kann.*

Die asphaltierte, wenig steile Straße macht eine Linkskurve und bringt uns bis zu einer Gabelung. Hier nehmen wir den rechten, schmalen Pfad, der im Schat-

Andächtige Blicke

Salò: Auf den Berg und an den See

ten der Bäume und Sträucher sanft bergauf führt. Am Ende des Wegs treffen wir auf die **Via Renzano,** in die wir links einbiegen. Wir folgen der mit Natursteinen hübsch gepflasterten Straße durch ein kleines Wohngebiet und entdecken alsbald zu unserer Rechten ein paar Stufen, die uns zur **Kirche Santi Nazario e Celso** ❶ hoch-

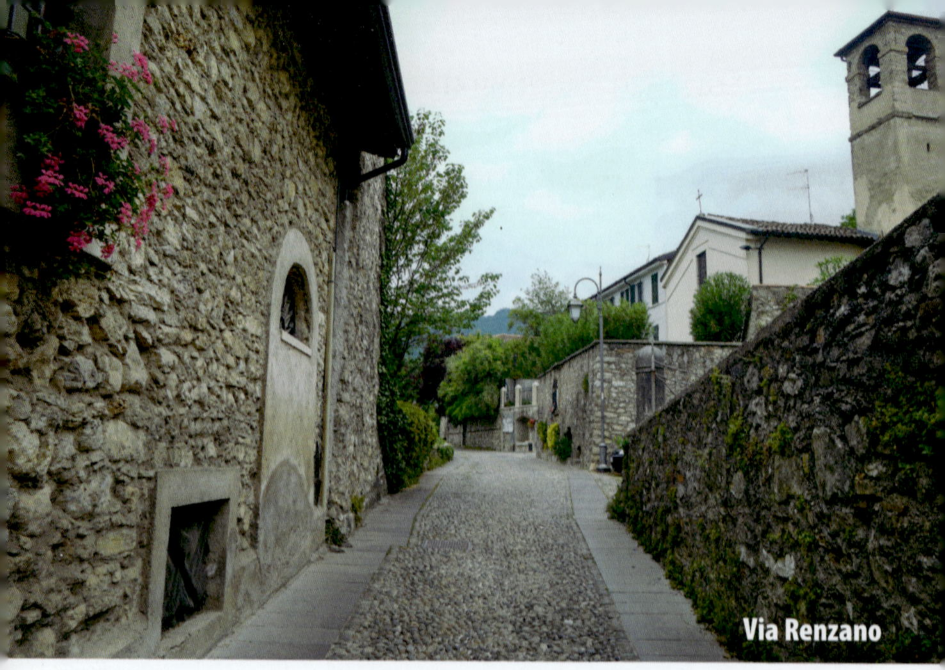

führen. Vom Vorhof blicken wir auf die liebliche sattgrüne Tal- und Hügellandschaft. Kurz nach dem idyllisch gelegenen Gotteshaus beginnt der unbefestigte Wanderweg **216.**

An der ersten Gabelung halten wir uns links Richtung **Santuario Madonna del Rio ❷.** Der kurze Weg dorthin ist breit, eben und gemütlich. Die Steintische und -bänke vor der Kapelle sehen äußerst einladend aus, doch müde sind wir noch lange nicht. So überqueren wir einen kleinen Bach, um die kleine Kirche zu betrachten. Ein handgeschriebenes Schild, das an einem knorrigen Baum vor der Brücke befestigt ist, macht uns so auf eine weitere Attraktion aufmerksam: die **Cascata.** Über drei Stufen gelangen wir auf einen schmalen Pfad und sind im Nu bei dem kleinen Wasserfall hinter der Wallfahrtskapelle angekommen.

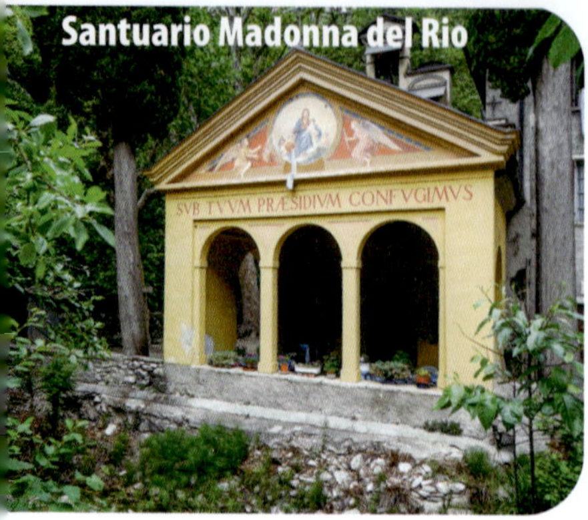

Im Anschluss gehen wir wieder zurück zur ersten Gabelung und nehmen nun den rechten Weg **S04** Richtung **S. Bartolomeo.**

Wir wandern stetig bergauf. Knapp 300 Meter Höhenunterschied haben wir auf der etwa 1,5 Kilometer langen Strecke zu bewältigen.

Meist steil, mit wenigen ebenen Abschnitten, pilgern wir bergauf zur Kapelle am Hang. Von Zeit zu Zeit genehmigen wir uns eine Pause, holen Atem und genießen die herrliche Waldluft. Gefahr, uns zu verlaufen, besteht zu keiner Zeit. Es gibt nahezu keine Abzweigungen, dafür aber in regelmäßigen Abständen Schilder Richtung **S. Bartolomeo.**

Wer den Aufstieg zur Kirche San Bartolomeo vermeiden möchte, kann nach dem Besuch der Madonna del Rio zum Auto zurückgehen und San Bartolomeo etwas weiter östlich auf der Straße Località S. Bartolomeo auf vier Rädern ansteuern.

Nachdem wir die beschwerlichen Höhenmeter geschafft haben, ist der anstrengendste Teil unserer Wanderung absolviert. Wir befinden uns auf einem gemütlichen flachen Forstweg und erreichen die im 17. Jahrhundert erbaute **Kirche San Bartolomeo ③.** Vom zugehörigen Garten aus genießen wir einen herrlichen Blick über Salò. Die Holzbank neben dem Eingang ist eine willkommene Einladung zu einer Rast, bevor wir uns erfrischt auf die letzte Etappe der Runde begeben.

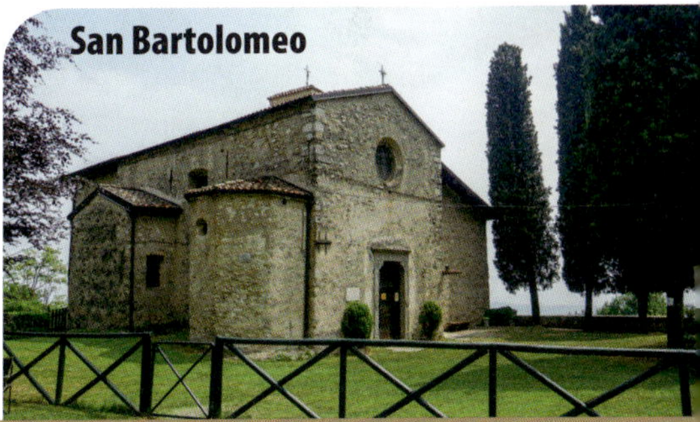

Für die Seele

Entspannt schlendern wir zur ersten Kirche, steigen voller Demut bergauf zur nächsten und lassen zum Ausklang dieser Tour unsere Seele am See baumeln.

Die asphaltierte Straße, die von dem Gotteshaus wegführt, verlassen wir nach wenigen Metern, um kurz hinter der Kirche steil rechts in den Wanderweg Richtung **Salò** und **La Corna** einzusteigen. Über den schma-

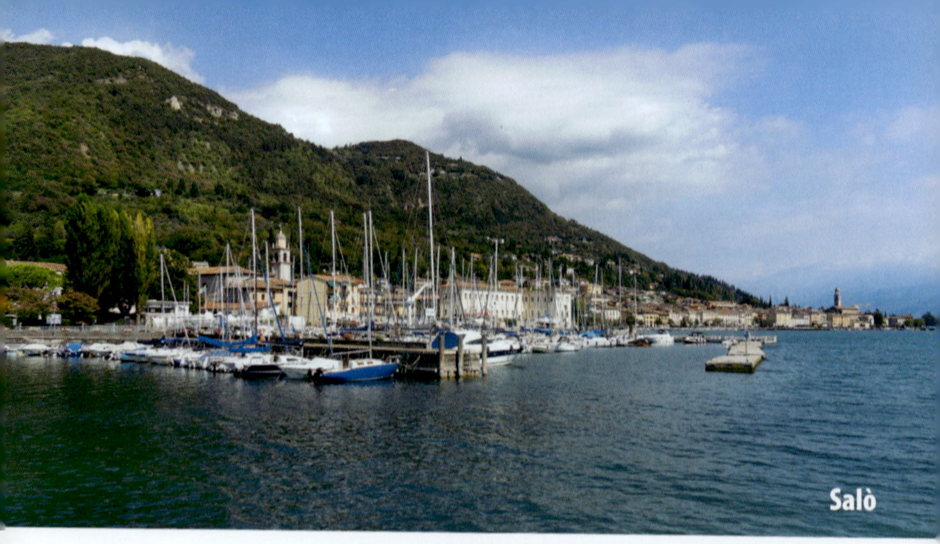

Salò

len Pfad gelangen wir rechts auf einen breiteren Feldweg, sodass sich die Kirche San Bartolomeo nun rechts oberhalb von uns befindet. An einem Gatter, das unseren Weg versperrt, lesen wir den Hinweis: **Chiudere il cancello. Animali al pascolo.** Eine Aufforderung, das Tor der Tiere wegen geschlossen zu halten.

Gemütlich spazieren wir bergab, bis wir ein handgeschriebenes Schild mit der Nummer **17** Richtung Salò entdecken. Wir folgen ihm nach rechts bis zu einer Abzweigung. Wer vom Aufstieg zur Kirche San Bartolomeo noch nicht müde ist, kann zum **Kreuz Belvedere Isabella** **4** hinaufsteigen, dem weißen Kreuz, das man von Salò aus deutlich auf dem Hügel erkennen kann. Dort wird man mit einem weiteren herrlichen Blick auf den Golf von Salò belohnt.

Blick von San Bartolomeo auf Salò

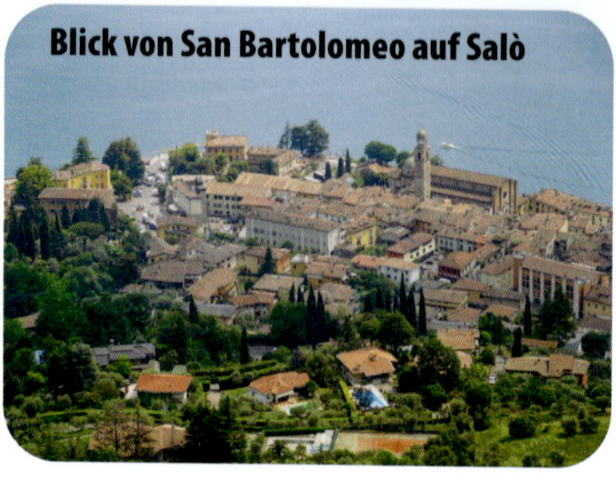

Wir kommen Salò nun immer näher. Bergab geht es stetig Richtung Lago. Der Untergrund ist meist angenehm erdig, bisweilen etwas steinig. An steileren Passagen wird uns der Abstieg durch Naturstufen erleichtert.

Bevor wir an den See gelangen, erreichen wir dem Wegweiser **16** folgend noch einen

Felsvorsprung mit wunderbarer Aussicht. Dazu folgen wir an einem Rastplatz mit Holzbänken einem auf einen Stein gemalten Pfeil auf das Felsplateau, das sich wie ein Horn an den Hügel schmiegt und daher **La Corna** ❺ heißt. Unser Blick schweift von Salò über die Landzunge von San Felice bis zur Rocca di Manerba.

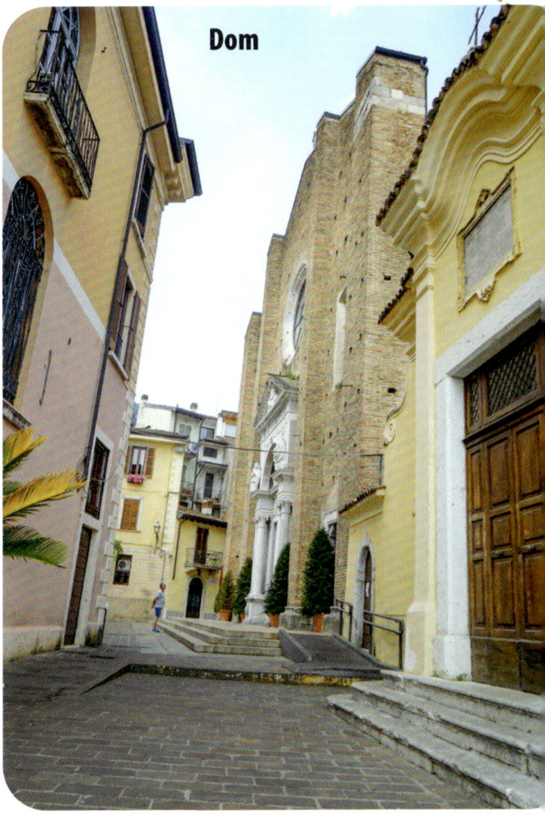

Dom

Weiter geht es auf unserer Runde, die sich bald dem Ende nähert. Wir folgen dem Wegweiser **217** nach links und steigen einige Stufen hinab. Ein manchmal steiler Weg führt uns bergab bis zu einer asphaltierten Straße, der **Via del Seminario,** in die wir links abbiegen. An einer Linkskurve halten wir uns geradeaus und entdecken einen kleinen Fußweg, der rechts bergab Richtung See führt. Zwischen Natursteinmauern gehen wir die schmale Gasse hinab. Wir folgen ihrem Bogen nach links, erreichen die stark befahrene Straße SS 45 bis und überqueren sie vorsichtig. Dann spazieren wir weiter bergab bis zur **Via Landi.** Dort halten wir uns rechts auf die **Piazza Carmine** und biegen am Kreisverkehr in den **Lungolago Zanardelli** ab. Diese breite, prächtige Uferpromenade führt uns am eindrucksvollen **Dom,** noblen Gebäuden und einladenden Bars und Restaurants vorbei.

Zu Beginn des Lungolago können wir im **Mamacita Café** ❻ den Blick entspannt über den See gleiten lassen, während wir in der Sweet-&-salty-Auswahl des Cafés schwelgen. Gehobene Küche genießen wir im **Ristorante**

*Der breite **Lungolago Zanardelli** lässt uns noch den Glanz eines mondänen Gardasee-Urlaubs Anfang des 20. Jahrhunderts erahnen. Ihr heutiges Aussehen verdankt die Uferpromenade jedoch einem großen Unglück, dem Erdbeben von 1901, nach dem sie prachtvoll wiederaufgebaut wurde.*

Lepanto ❼. Oder wir lassen uns bei einem Bummel durch die Altstadt treiben und entscheiden uns spontan für eine der zahlreichen Einkehrmöglichkeiten. Die Altstadt mit den vielen hübschen Geschäften und die Uferpromenade mit ihren herrlichen Ausblicken bieten viele Möglichkeiten, den Besuch im Ort auszudehnen.

Es trifft sich gut, dass unser Parkplatz nicht weit ist. Wir brauchen nur den Lungolago entlangzuspazieren, bis wir hinter dem Hafen zu einem kleinen Holzsteg gelangen. Hier biegen wir in die gegenüberliegende Gasse rechts ab, überqueren eine Querstraße und gehen auf der **Via Brezzo** weiter. Am **Italmark** vorbei halten wir uns links und sehen den Supermarkt Conad, der an der **Via Montessori** liegt.

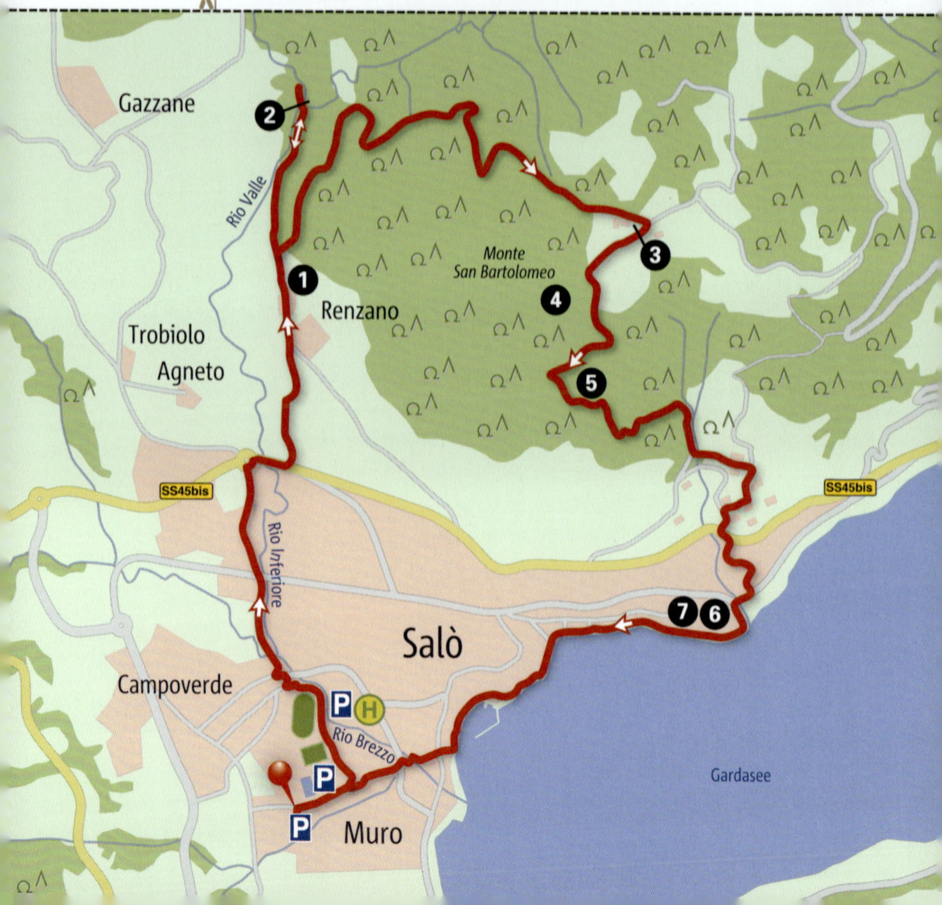

Alles auf einen Blick

WIE & WANN:
Schattige Wanderwege, asphaltierte Straßen und sonnige Uferpromenade; der Abschnitt bis zur Chiesa San Bartolomeo beinhaltet ein längeres Stück bergauf; empfehlenswert von Februar bis Oktober

HIN & WEG:
Auto: Drei gebührenfreie Parkmöglichkeiten in unmittelbarer Nähe: Parkplatz Via Maria Montessori 33, 25087 Salò (BS) (GPS: 45.600986, 10.512624); Parkplatz Via Maria Montessori 2, 25087 Salò (BS) (GPS: 45.601586, 10.514465); Parkplatz Piazza Mario Pedrazzi/ Piazzale Enzo Ferrari, Via Atleti Azzuri d'Italia, 25087 Salò (BS) (GPS: 45.602696, 10.514420)
ÖPNV: Von Desenanzo Bus N006 bis Salò, Via Zane (So. kein Verkehr), zu Fuß nördlich bis zum Kreisel und dann links in die Via Alcide de Gasperi, Einstieg in die Tour dort; oder Bus N007 bis Salò, Piazza San Bernardino (So. kein Verkehr), zu Fuß auf der Via San Bernardino nördlich bis zur Via Gasparo da Salò, dort links bis zur Via Zane, dann wie beschrieben

ESSEN & ENTSPANNEN:
Mamacita Café ❻ Lungolago Zanardelli 72, 25087 Salò (BS), Tel. +39 (3 48) 9 11 67 71
Hotel Ristorante Lepanto ❼ Lungolago Zanardelli 67, 25087 Salò (BS), Tel. + 39 (03 65) 2 04 28, www.hotelristorantelepanto.it

Entspannung ★★★★☆
Genuss ★★★☆☆
Romantik ★★★★☆

ENTDECKEN & ERLEBEN:
Kirche Santi Nazario e Celso ❶
Kirche Santuario Madonna del Rio ❷
Kirche San Bartolomeo ❸
Kreuz Belvedere Isabella ❹
Aussichtspunkt La Corna ❺

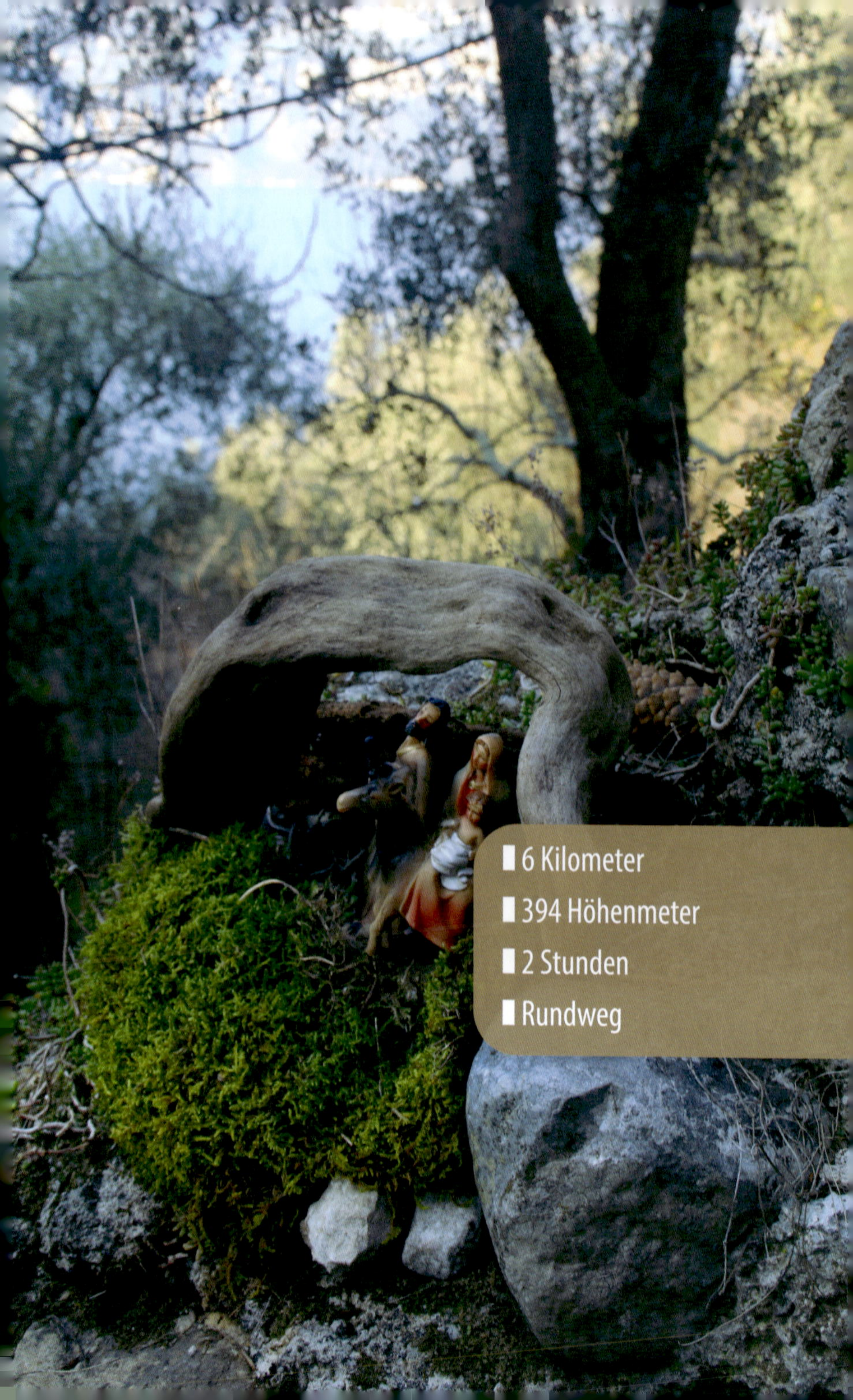

- 6 Kilometer
- 394 Höhenmeter
- 2 Stunden
- Rundweg

Auf ehemaligen Maultierpfaden geht es heute in das Geisterdorf Campo, in dem dank einer aktiven Künstlerkolonie wenigstens im Sommer wieder reges Leben herrscht. Im Dezember dagegen ist der kleine Ort verschlafener. Doch es lockt die jährlich stattfindende Krippenausstellung.

Unsere Wanderung beginnt im Ortsteil Castello di Brenzone. Gegenüber dem Lokal **Ristorante Pizzeria Charly** 1 gibt es eine kleine Parkbucht für gerade einmal sieben Autos. Der frühe Vogel fängt hier den Wurm. Parkplätze sind an der Deutschen liebstem See nicht immer leicht zu finden. Wenn wir zu den Glücklichen gehören, die hierbei Erfolg haben, werden wir zusätzlich mit einem wunderbaren Ausblick auf den See und die schroffe Bergwelt am Westufer belohnt.

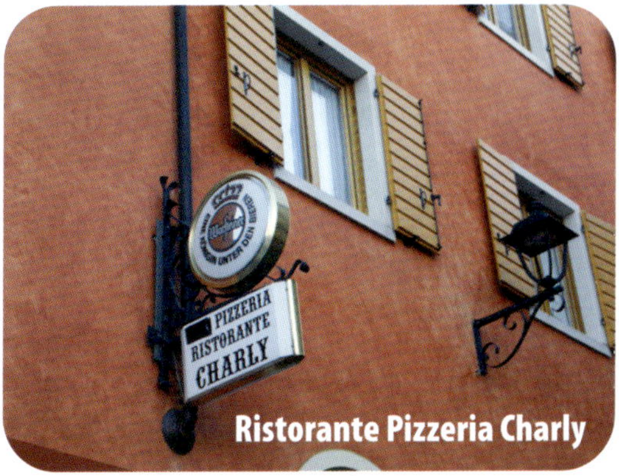

Ristorante Pizzeria Charly

Verlassene Orte

Auf Maultierpfaden nach Campo

Am Restaurant vorbei gehen wir, den See zu unserer Rechten, auf die Gemeindekirche **Santa Maria Assunta** zu. Vor dem Kirchplatz führt links die Via Prada, ein schmaler, gepflasterter Weg, nach oben. An einem Mäuerchen sehen wir den hellblauen Wegweiser Nummer **4** Richtung **Antonio delle Pontare/Campo** beziehungsweise den dunkelblauen Rundweg **Anello Madonna della Pace,** dem wir folgen werden.

Auf der Via Prada schlendern wir durch den romantischen kleinen Ortsteil **Castello** mit seinen engen, verwinkelten Gassen und gelangen zu einem weiteren kleinen Parkplatz. Auf dem schmalen Weg dahinter wandern wir links bergauf und lassen die letzten Häuser des schmucken Dorfs hinter uns. Wir erreichen eine von Olivenbäumen gesäumte Weggabelung, an der wir uns bergan geradeaus halten. Wenn wir eine rot-weiße Markierung rechts an einer kleinen Trockenmauer finden, wissen wir, dass wir den richtigen Weg eingeschlagen haben.

Die erste Etappe unserer Tour wird uns zur Kapelle Antonio delle Pontare bringen. Der mit runden Natursteinen gepflasterte Pfad ist der beschwerlichste Teil dieser Wanderung. Ein normales Fitnesslevel ist aber völlig ausreichend. Diese Runde ist wahrlich für die ganze Familie geeignet.

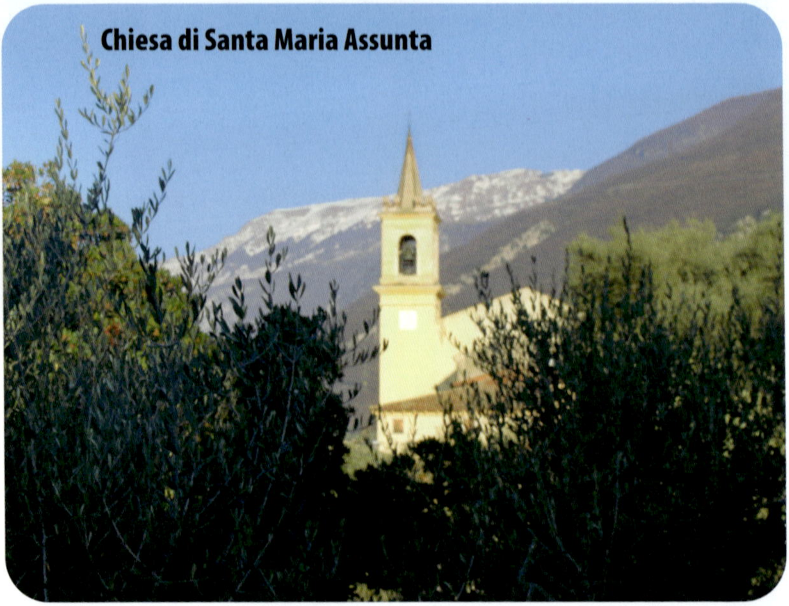

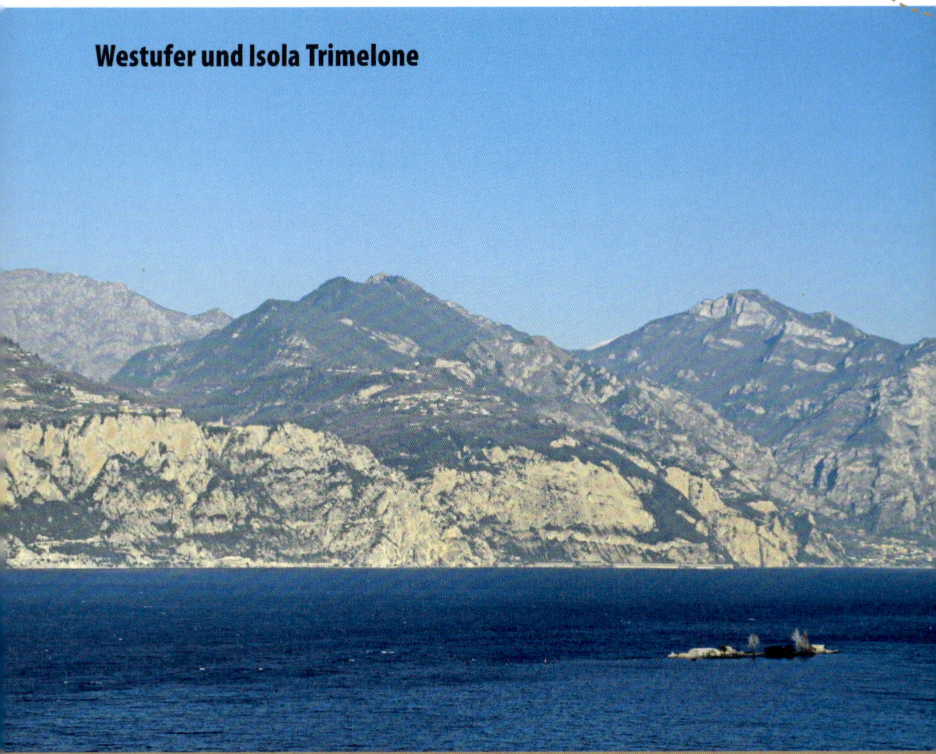

Westufer und Isola Trimelone

Für die Seele

Verzaubert von den romantischen Gemäuern eines abgeschiedenen Geisterdorfs an den Hängen des Monte Baldo genießen wir die Stille oberhalb des Sees.

Während wir uns also auf den Weg zur Kapelle machen, schweift unser Blick nach rechts und zurück. Wir lassen den wunderbaren Lago und die beeindruckende Bergwelt auf der westlichen Seite auf uns wirken. Unweit vom Ufer Brenzones entdecken wir eine kleine, unbewohnte Insel im See, die **Isola Trimelone.** Dieses kleine Eiland diente im Ersten und Zweiten Weltkrieg als Waffenlager. Sprengstoff gibt es dort dank diverser Säuberungsaktionen keinen mehr, dennoch kann die Insel nicht besucht werden. Es ist jedoch ein Museumsprojekt im Gespräch.

*Das **Capitello della Madonna della Corona e Santi** befindet sich in Cà Perotti auf dem höchsten Punkt des Gebiets von Brenzone. Solche Heiligenhäuschen wurden ab dem Mittelalter an Kreuzungen aufgestellt, um die Madonna um Schutz vor Krankheiten oder widrigen Wetterverhältnissen zu bitten.*

Wer eine längere Pause einlegen will, um die Schönheit des Sees zu genießen, den laden Holzbänke am Wegesrand dazu ein, die Seele baumeln zu lassen. Wissbegierige Wandernde werden sich über zahlreiche Infotafeln freuen, auf denen in Englisch und Italienisch nicht nur historisch Interessantes zu den Maultierwegen, sondern auch Wissenswertes zur Pflanzenwelt in den unterschiedlichen Höhenlagen des Monte Baldo erläutert wird.

Bei einem verfallenen, von Brombeersträuchern romantisch umwucherten Heiligenhäuschen, dem **Capitello della Madonna della Corona e Santi ❷**, finden wir kunsthistorisch aufschlussreiche Erklärungen zu den Fresken, die wir im Rundbogen des Türmchens entdecken.

Rechts vom Capitello führt der Weg an silbrig grün glitzernden Olivenbäumen und Sträuchern vorbei wei-

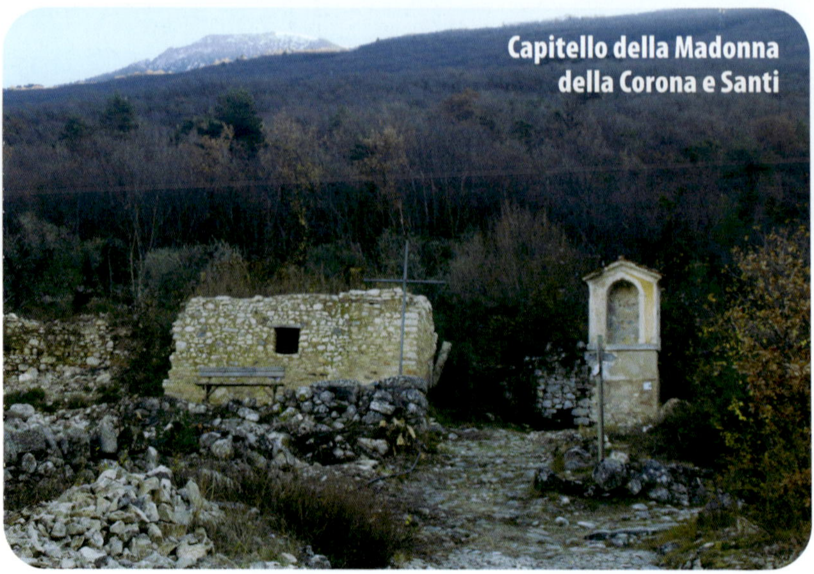
Capitello della Madonna della Corona e Santi

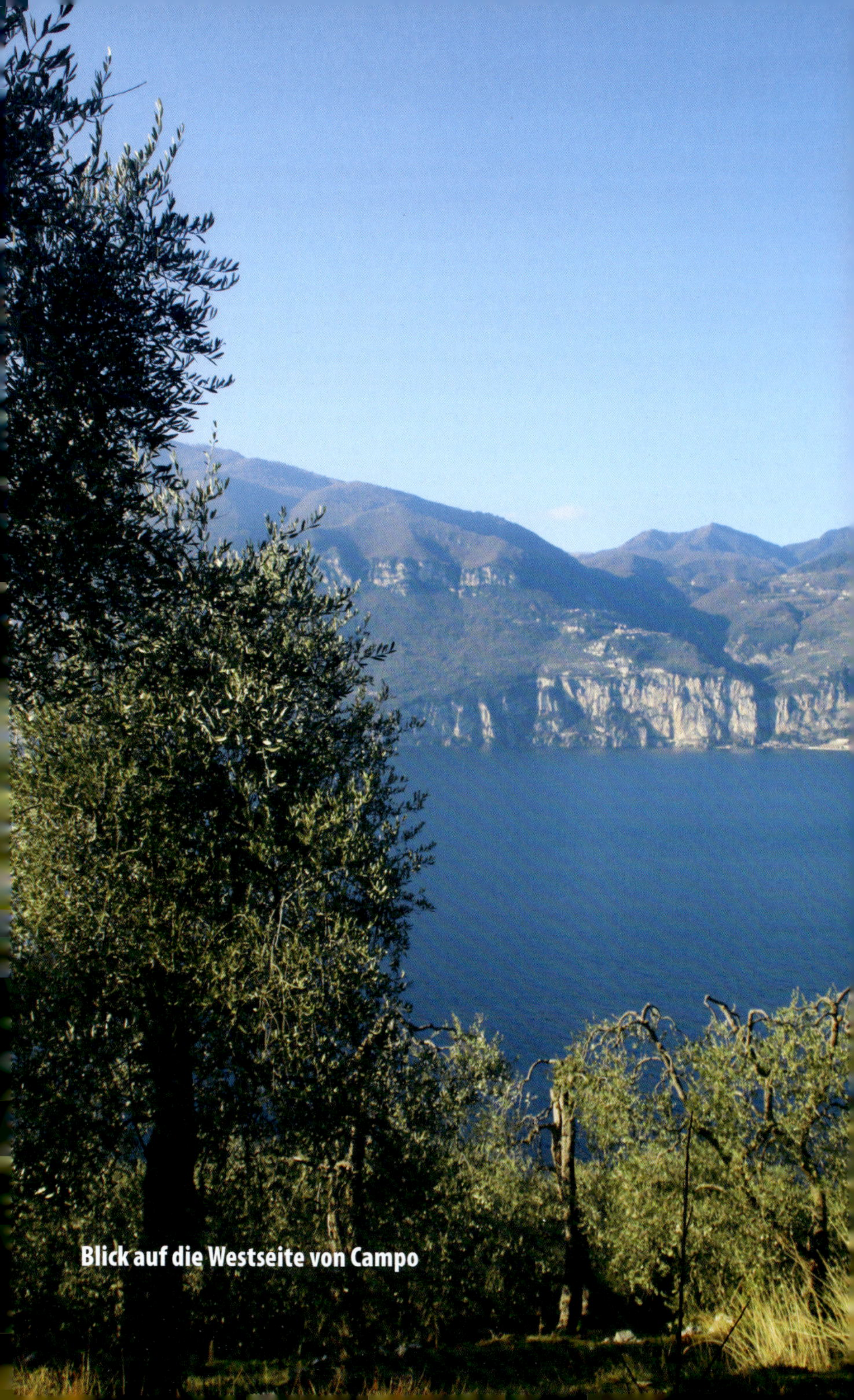

Blick auf die Westseite von Campo

ter bergauf. Am Wegesrand stehen Schilder, die uns den richtigen Weg zum **Sant' Antonio delle Pontare ❸**, der Kapelle des heiligen Antonio Abate, weisen. Dort angelangt, ist es Zeit für eine längere Rast. Wir machen es uns auf einer der zahlreichen Holzbänke im Garten der Kapelle gemütlich und lauschen dem Plätschern des kleinen Trinkwasserbrunnens.

*Die **Kapelle Sant' Antonio delle Pontare** ist Antonio Abate, dem Schutzheiligen der Tiere, geweiht. Pontare bedeutet im venetischen Dialekt „steil", was wohl Bezug auf den Anstieg nimmt. Auf dem Platz bei der Kapelle ruhten sich einst Maultiertreiber und Hirten aus.*

Den anstrengendsten Teil der heutigen Wanderung haben wir geschafft. In das Geisterdorf Campo geht es nun gemütlich bergab oder auf ebenen Wegen. Auch der Pfad kurz vor der Kapelle des heiligen Antonios rechts bergab, der auf den verlassenen Weiler zuführt, ist nicht besonders steil. Es gibt kaum Abzweigungen, und die wenigen, auf die wir stoßen, sind gut ausgeschildert, sodass wir **Campo ❹** entspannt und mühelos erreichen.

Während wir durch das Dörfchen streifen, beginnen wir zu verstehen, weshalb die Einwohner es seinerzeit verlassen haben. Beschwerlich muss das Leben gewesen sein, in einem Ort, zu dem holprige Maultierpfade der einzige Zugang sind und in den man alles zu Fuß oder mithilfe von Lasttieren transportieren musste.

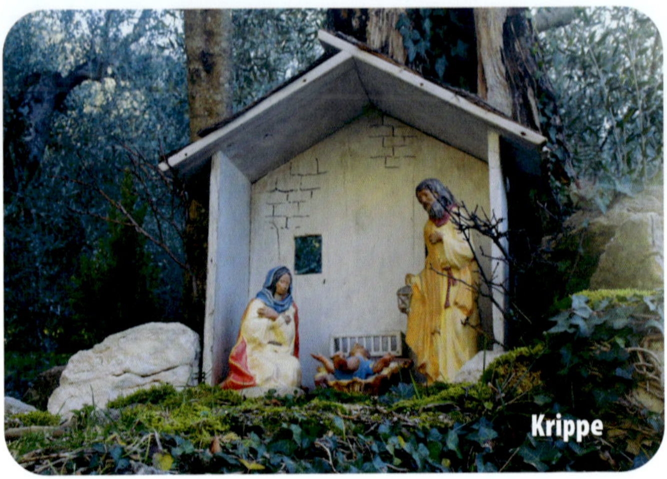

Krippe

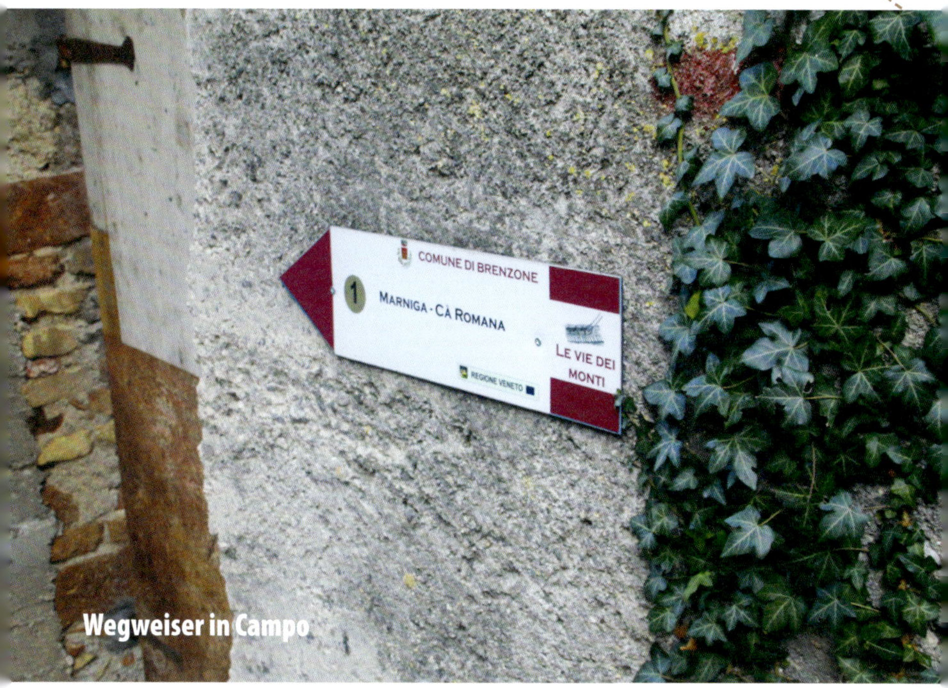

Wegweiser in Campo

Zum Glück haben Künstler den Ort entdeckt, und so erwacht er jedes Jahr im Sommer aus seinem Dornröschenschlaf. Dann öffnen auch einige wenige Bars wie zum Beispiel **Da Olga** ihre Pforten, und Kunstausstellungen locken Touristen und Touristinnen an. Im Winter haben wir dagegen das Gefühl, fast allein hier zu sein. Und doch wartet eine ganz besondere, besuchenswerte Attraktion auf uns: die **Krippenausstellung.** Staunend betrachten wir lebensgroße Figuren in Vorgärten, aber auch zauberhafte Miniaturkrippen in Mauerritzen und auf Fenstersimsen. Es gibt wahrlich viel zu entdecken.

Nachdem wir Campos Krippen ausgiebig bewundert haben, nehmen wir den Wanderweg Nr. **1** Richtung **Marniga**, der von der Ortsmitte bergab Richtung Gardasee führt. Bald erreichen wir die ersten Wohnhäuser von Marniga und ein weiteres Heiligenhäus-

*Für den Transport von Holz, Heu, Kastanien und Waren des täglichen Bedarfs wurde einst die **Caréta** verwendet, ein aus unterschiedlichen Hölzern hergestellter, äußerst stabiler Holzschlitten, der von Maultieren und Eseln die Maultierpfade hochgezogen wurde.*

chen, das **Capitello della Madonna dell'Aiut ❺.** Sein Vordach ist über den Weg gespannt, auf dem wir bis zur **Via Marniga** wandern. Den See zu unserer Linken, nähern wir uns allmählich wieder dem Ausgangspunkt unserer Tour. An einer Weggabelung nehmen wir die mäßig befahrene **Via Disciplina,** die in sanfter Steigung nach rechts oben führt, bis zu einer weiteren Gabelung, an der wir dem obersten Schild **„Località Romana"** in die **Via Cà Romana** folgen. Wir gelangen zur **Via Chiesetta.** Dort sehen wir einen kleinen, romantischen Torbogen, durch den ein gepflasterter Weg verläuft, der uns bis zur **Via San Benedetto** bringen wird. Wenn wir dieser folgen, sehen wir bald die Gemeindekirche von Castello und gelangen so wieder zu unserem Parkplatz.

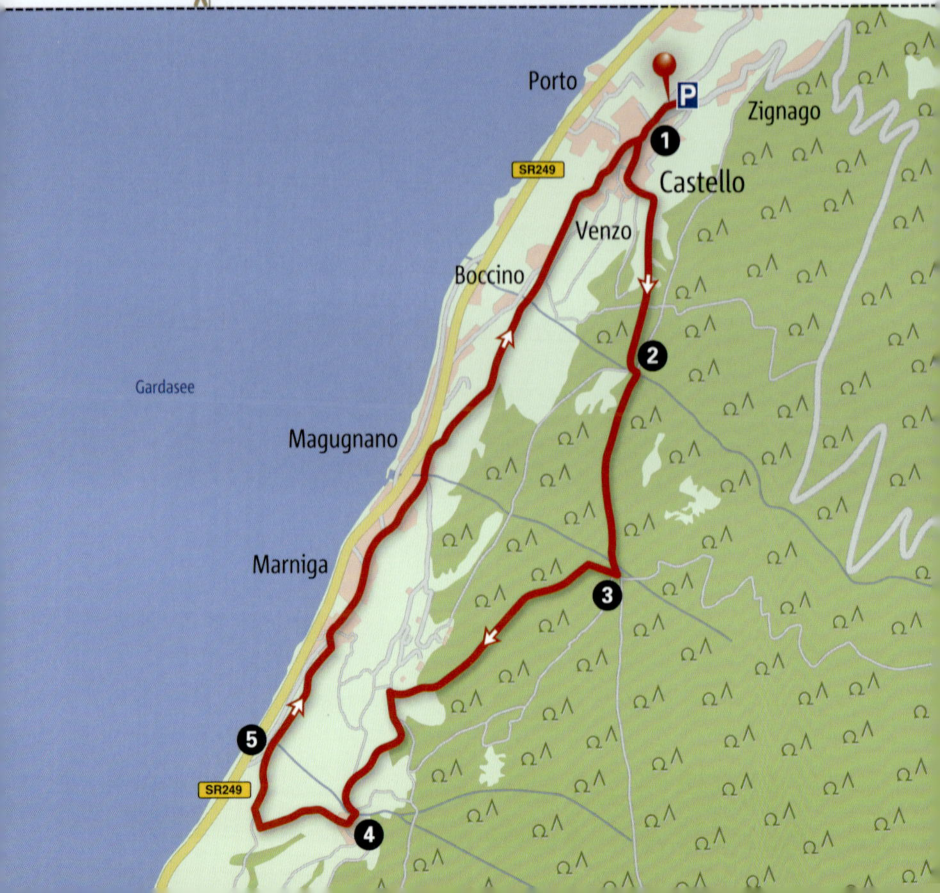

Alles auf einen Blick

WIE & WANN:
Leicht begehbare Pfade; wegen geringer Höhenlage ganzjährig möglich, im Winter keine Einkehrmöglichkeit auf dem Wanderweg

HIN & WEG:
Auto: Parkbucht gegenüber Ristorante Pizzeria Charly, Via Belvedere 1, 37010 Brenzone sul Garda (VR) (GPS: 45.71699, 10.77693)
ÖPNV: Keine direkte Anbindung an die Strecke

ESSEN & ENTSPANNEN:
Ristorante Pizzeria Charly ❶ Via Santa Maria 1, 37010 Brenzone (VR), Tel. +39 (3 89) 4 37 05 46 oder +39 (0 45) 7 42 08 75 (in den Wintermonaten geschlossen)

ENTDECKEN & ERLEBEN:
Heiligenhäuschen Capitello Madonna della Corona e Santi ❷
Kapelle Sant' Antonio delle Pontare ❸
Campo ❹
Heiligenhäuschen Capitello Madonna dell'Aiut ❺

Entspannung ★★★★★
Genuss ★★☆☆☆
Romantik ★★★★☆

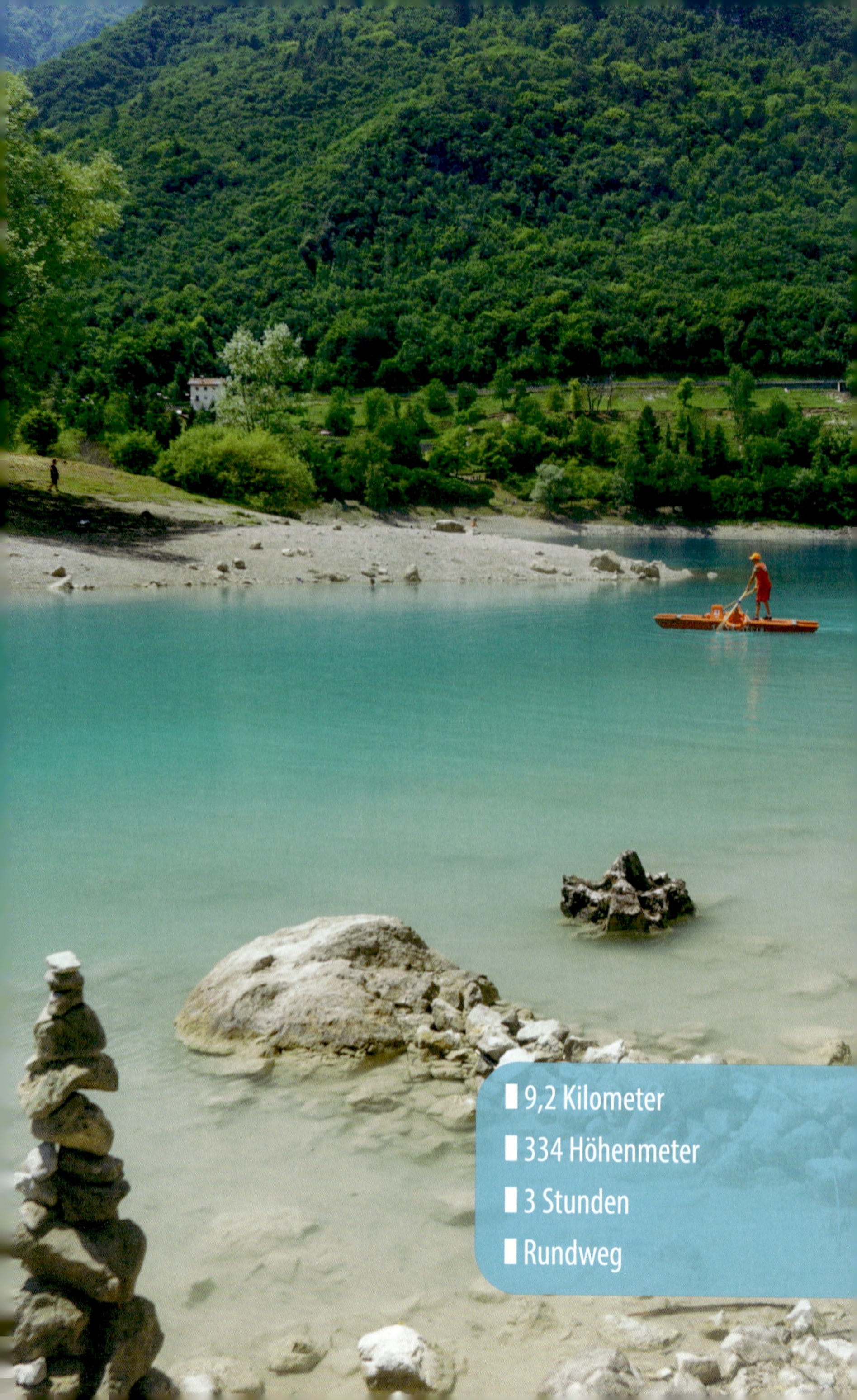
9,2 Kilometer
334 Höhenmeter
3 Stunden
Rundweg

Unsere Tour starten wir in Tenno. Bei der Burg befindet sich der Parkplatz des benachbarten Restaurants. Bei einer Tasse Cappuccino auf der Sonnenterrasse des **Hotel Ristorante Antica Croce** ① können wir die herrliche Aussicht auf das in Privatbesitz befindliche *castello* genießen.

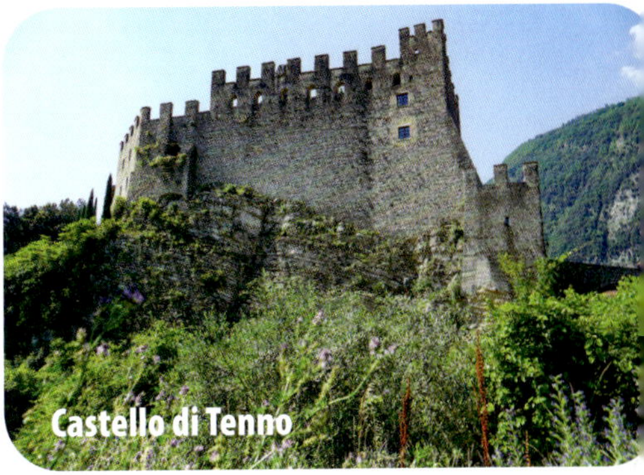
Castello di Tenno

Von dort spazieren wir zunächst die **Via dei Laghi** (SS 421) am Restaurant vorbei bergan. Nach wenigen Metern sehen wir auf der gegenüberliegenden Seite die **Via Giovacchino Prati,** die uns von der belebten Straße in den ruhigeren Ortskern des schmucken Bergdorfs führt. Wir richten uns nach der rot-weißen Beschilderung **Calvola 401,** die wir am Beginn der Via Giovacchino Prati entdecken. Gleich nach der Piazza mit kleinem Brunnen, der Fontana di Tenno, sehen wir sie erneut. Wir folgen dem Schild auf einen schmalen Weg nach rechts oben. An dessen Ende erreichen wir die **Via di Revedù.** Zu unserer Rechten finden wir eine Landkarte, auf der unser *percorso* eingezeichnet ist. Wir überqueren einen **Parkplatz,** ein alternativer Startpunkt für unsere Wanderung. Auf der Straße dahinter halten wir uns links, bis wir fast wieder auf die SS 421 stoßen. Kurz davor biegen wir scharf rechts ab und sehen ein weiteres Schild Richtung **Calvola.** Der mit Natursteinen gepflasterte Weg geht in einen von Gras überwachsenen Pfad über. Bis

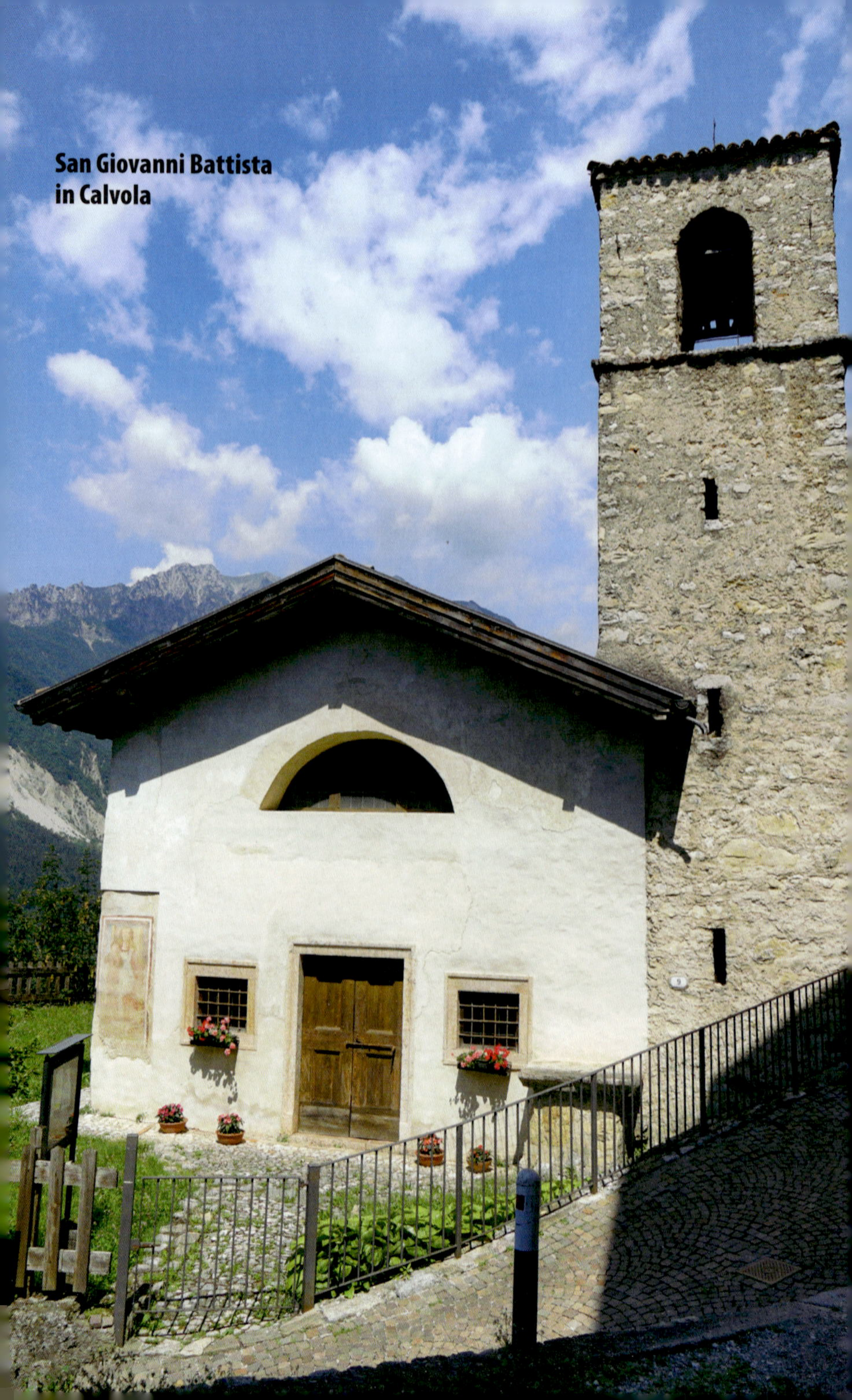

San Giovanni Battista
in Calvola

Calvola geht es stetig bergauf, an Wiesen und Weinreben vorbei. Ein Blick nach hinten lohnt. Dort liegt der Gardasee zu unseren Füßen, das Castello di Tenno schiebt sich malerisch in den Vordergrund dieses Postkartenmotivs. Im pittoresken mittelalterlichen Bergdorf **Calvola ❷** angekommen, schlendern wir gemütlich an der **Kirche San Giovanni Battista** vorbei. Weiter geht es rechts bergauf und dann über eine kleine, befahrene Straße. Auf der anderen Straßenseite halten wir uns weiter bergan. Die Route führt schräg links weiter. Dieser Abschnitt ist sonnig, der Untergrund ist zunächst von Gras überwachsenes Kopfsteinpflaster, danach Asphalt. Am Ende der geteerten Straße nehmen wir den schmaleren Pfad nach rechts oben, der uns wieder auf eine Straße bringt. Wir überqueren sie in einer Haarnadelkurve und gelangen auf einen Pfad, der in das mittelalterliche Bilderbuchdorf **Canale** führt. Dieser Abschnitt liegt gemütlich im Schatten, der Untergrund ist meist weich und erdig, manchmal etwas steinig. An einer Kreuzung mit vielen Wegweisern ignorieren wir den hölzernen zum Lago di Tenno und folgen dem Weg **406** nach **Canale.** An der nächsten Gabelung halten wir uns links und gelangen in das schmucke Mittelalterdorf **Canale ❸** mit seinen engen Gassen, die durch zahlreiche Torbögen verbunden sind. Hübsch ist sie, die verschachtelte kleine Ortschaft, auch wenn wir uns nicht des Eindrucks erwehren können, dass wir eher durch ein Freilichtmuseum als durch einen bewohnten Ort bummeln. Doch immerhin sollen hier inzwischen wie-

*In den 1960er-Jahren entdeckte **Giacomo Vittone,** ein Banker aus Turin, den verlassenen Ort Canale, um abseits des umtriebigen Riva in Ruhe zu malen. Der Ort gefiel ihm gut, und so beschlossen seine Freunde, ihm das Haus, in dem sich heute ein Museum befindet, zu schenken.*

Für die Seele

Mittelalterliches Flair in alpiner Berglandschaft, mediterrane Vegetation in karibischem Ambiente – unseren Sinnen wird bei dieser Runde viel geboten.

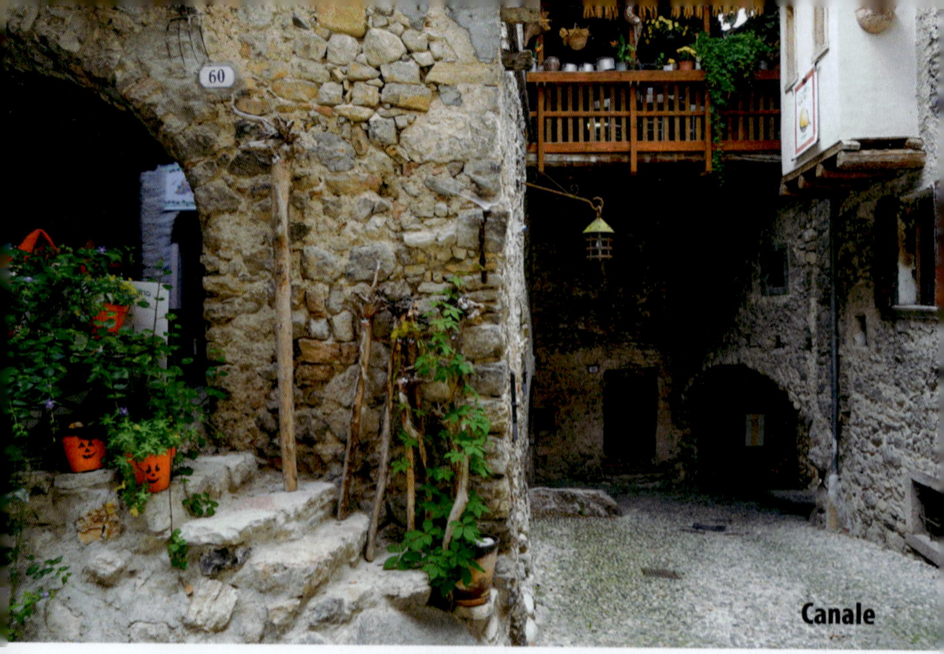

Canale

Im August kann man sich in Canale beim Fest **„Rustico Medievo"** mit Musik und leckerem Essen in vergangene Zeiten zurückversetzen. Einzigartig ist der Weihnachtsmarkt im Dezember. Die Stände sind in Ställen und Kellern der traditionellen Steinhäuser untergebracht.

der 40 Menschen leben, und das nicht zuletzt wegen Künstlern wie Giacomo Vittone, dem die Casa degli Artisti Giacomo Vittone zu verdanken ist.

Im Zentrum Canales liegt, wie es sich für ein italienisches Dorf gehört, die *piazzetta*. Dort können wir in der einzigen Bar des Ortes, der **Locanda del Borgo** ④, zwischen *panini* und Brotzeitplatten – diese heißen hier *taglieri* – wählen.

Auf geht es zum nächsten Stopp unserer Tour. *Andiamo!* Wir verlassen Canale dort, wo wir es betreten haben, genauer gesagt nehmen wir den Weg links davon, der durch einen weiteren mittelalterlichen Torbogen führt. Ein ebener, breiter Weg leitet uns Richtung **Lago di Tenno.** An einer Gabelung halten wir uns rechts und folgen dem Wegweiser, der uns den See ankündigt. Bald erspähen wir auch schon das leuchtende Smaragdgrün des auf 570 Meter Höhe gelegenen **Lago di Tenno** ⑤. Gerade einmal 720 Meter lang und 270 Meter breit ist

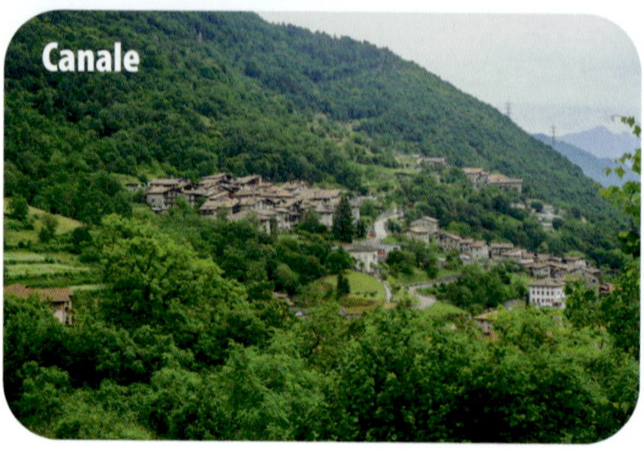

Canale

dieses kleine Stück Karibik am Fuß des Monte Misone mitten in den Trentiner Bergen. Die kleine Insel in der Mitte des Sees wird in regenarmen Zeiten häufig zur Halbinsel, die man trockenen Fußes betreten kann. Das glasklare Wasser des gerade einmal 47,7 Meter tiefen Sees erwärmt sich schnell und ist herrlich zum Baden.

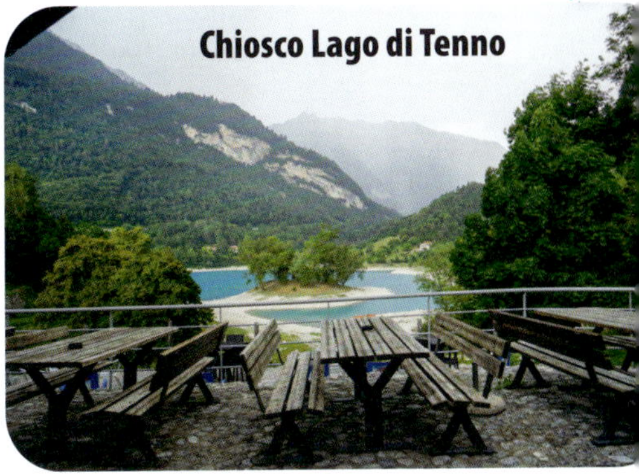

Chiosco Lago di Tenno

Etwas oberhalb des Sees passieren wir zu Beginn eine Art kleine Strandbar: den **Chiosco Lago di Tenno** ❻. Mit seiner Außenbestuhlung stellt er eine weitere Möglichkeit dar, auf dieser Runde unsere Energiereserven aufzutanken. Egal ob wir uns dazu entscheiden, den See zu umrunden, oder es uns auf der Liegewiese gemütlich machen – die Bergkulisse im Hintergrund wird uns beeindrucken. In diesem Ambiente können wir unsere Seele baumeln lassen, sodass der Aufbruch vom karibischen Seeufer schwerfällt.

*Der Pegelstand des **Lago di Tenno** schwankt beträchtlich. Im Herbst, am Ende der Regenzeit, liegt er 15 Meter höher als im Sommer. Im Winter kann es passieren, dass die Insel vollständig im Wasser verschwindet und man nur noch Bäume aus dem See ragen sieht.*

Wenn wir uns endlich von diesem zauberhaften Ort losreißen, nehmen wir für den Rückweg die Treppen rechts vom Kiosk. An deren Ende wenden wir uns nach links und kommen an einem gebührenpflichtigen Parkplatz vorbei – ideal für all jene, die einen entspannten Wellness-Badetag am See ganz ohne Wandern verbringen möchten.

Am Ende der Straße halten wir uns rechts in die **Località Matoni** und dann gleich wieder links. Hinter den Ferienapartments **Terrazze sul Garda** sehen wir links den Beginn eines Wanderwegs. Wir lassen uns nicht davon abhalten, dass dieser nicht begangen aussieht, und machen uns auf den Rückweg Richtung Tenno. An der Straße **Località Lavim** angekommen, halten wir uns links und folgen dieser bis zur SS 421. Bei der Pfarrkirche Sant'Antonio nehmen wir den Weg hinter dem Gotteshaus abseits der befahrenen Straße, die **Via Villa**

Sant'Antonio. An einem Trinkwasserbrunnen vorbei geht es weiter bergab. Die asphaltierte Straße mündet in einen Wanderweg, der uns nach Tenno bringen wird. Der Weg verläuft sanft bergab, ist gemütlich zu laufen. Vor uns sehen wir erneut das Postkartenmotiv mit Gardasee und Riva del Garda im Hintergrund. Davor das trutzige Castello di Tenno, das uns die Richtung weist.

Wenn wir den Ort erreicht haben, überqueren wir eine Straße und spazieren bergab auf der **Via Dante Alighieri** am **Rathaus** vorbei. Wir passieren einen Torbogen und entdecken links die Abzweigung Richtung Calvola, die wir zu Beginn unserer Wanderung genommen haben. Jetzt ist es noch ein kurzes Stück auf bekanntem Weg bis zum Startpunkt.

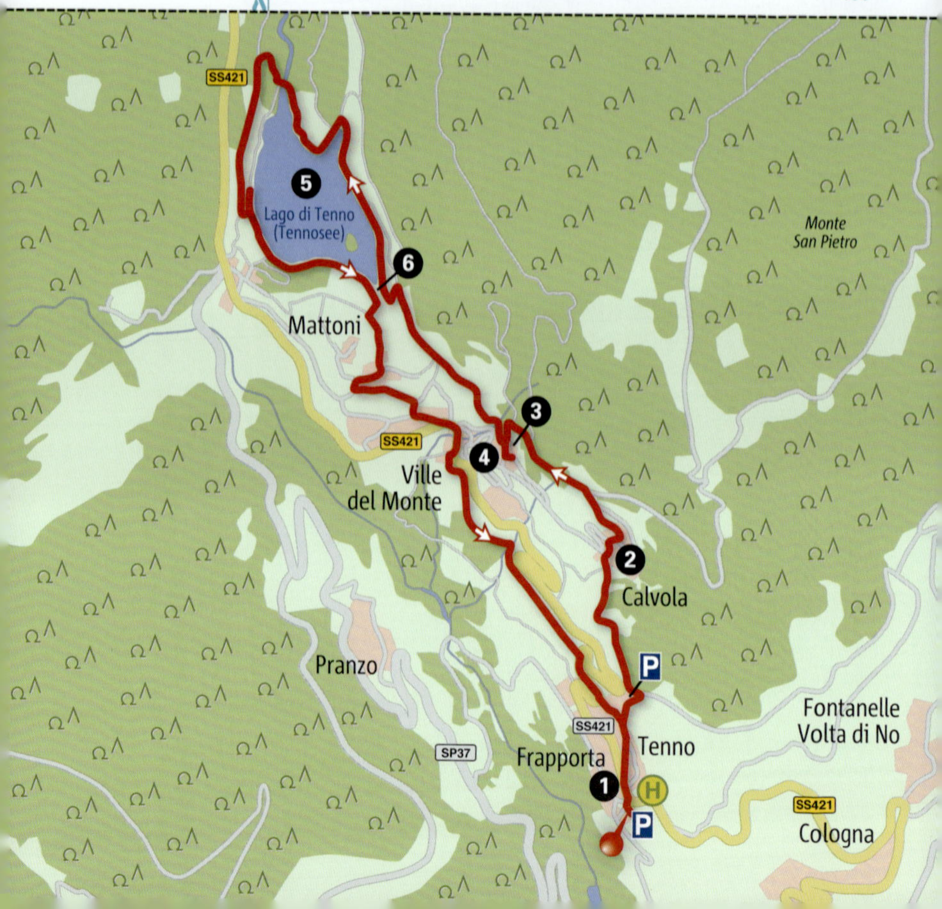

Alles auf einen Blick

WIE & WANN:
Gemütliche Straßen und Wanderwege. Der erste Abschnitt von Tenno bis Calvola ist etwas steiler, wer das vermeiden möchte, geht die Runde in entgegengesetzter Richtung. Empfehlenswert März bis November; in den Sommermonaten lädt der See zum Baden ein, an den Wochenenden von Dezember bis zum 6. Januar lohnt ein Ausflug zum Weihnachtsmarkt in Canale.

HIN & WEG:
Auto: Parkplatz Via Supré, 38060 Tenno (TN) (GPS: 45.91722, 10.83323)
oder Parkplatz Via Revedù, 38060 Tenno (TN) (GPS: 45.92109, 10.83364)
ÖPNV: Von Trento Bus B 204 oder B 205 bis Riva del Garda, von dort Bus B 211 nach Tenno (Haltestelle vor dem Ristorante Antica Croce)

ESSEN & ENTSPANNEN:
Hotel Ristorante Antica Croce ❶ Via dei Laghi 1, 38060 Tenno (TN),
Tel. +39 (04 64) 50 06 20, www.gardaslowemotion.it/de
Locanda del Borgo ❹ Villa Canale 33, 38060 Villa del Monte (TN),
Tel. +39 (3 33) 7 06 11 12
Chiosco Lago di Tenno ❻ 38060 Villa del Monte (TN), Tel. +39 (3 40) 1 51 89 47

ENTDECKEN & ERLEBEN:
Calvola ❷
Canale ❸
Lago di Tenno ❺

Entspannung ✱✱✱✱✱
Genuss ✱✱✱✱✱
Romantik ✱✱✱✱✱

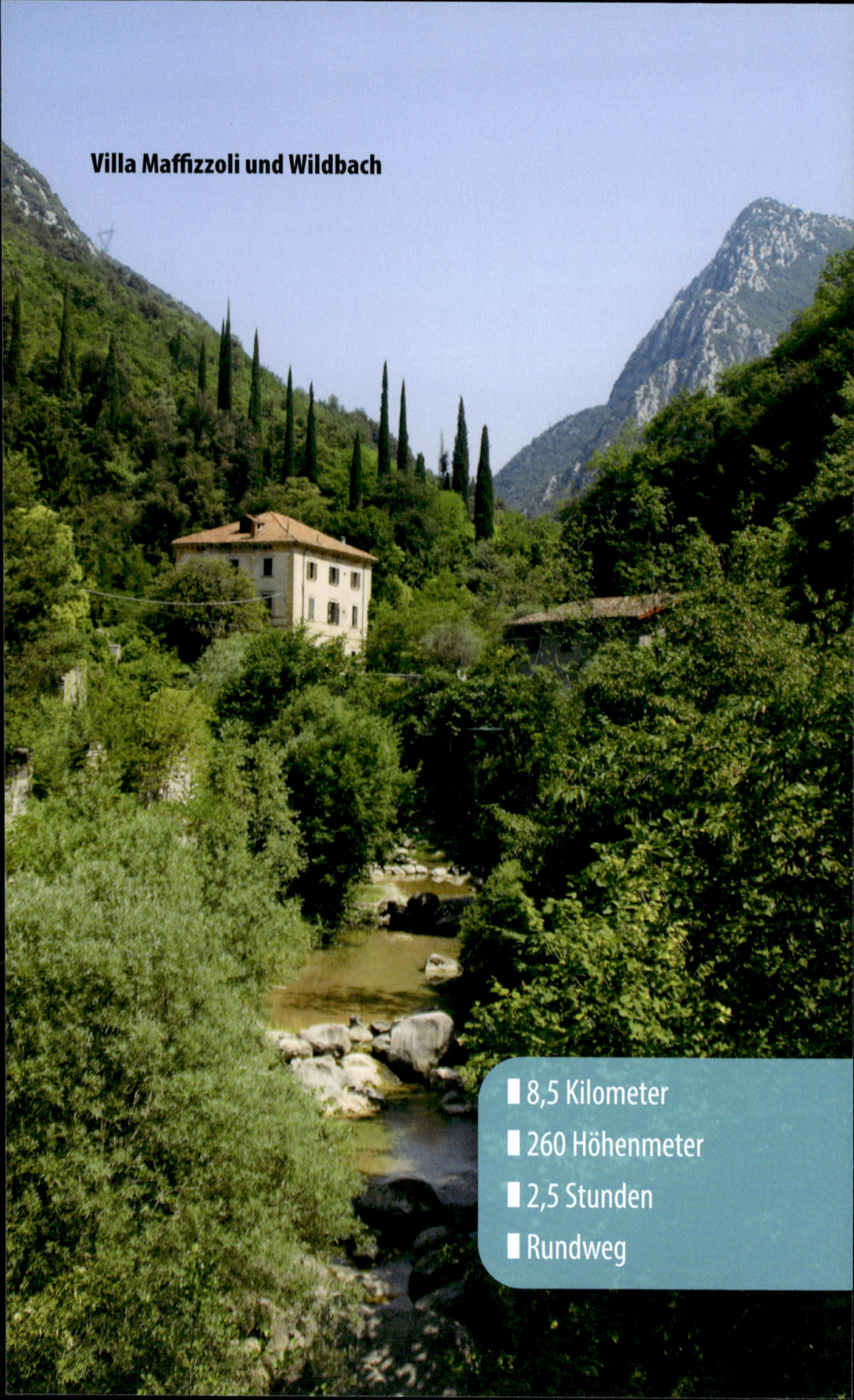

Villa Maffizzoli und Wildbach

- 8,5 Kilometer
- 260 Höhenmeter
- 2,5 Stunden
- Rundweg

Unsere Tour beginnen wir am südlichen Ortseingang von Toscolano Maderno. Eine Alternative wäre der Start auf dem Parkplatz kurz vor dem Papiermuseum. Aber wer vor der Wanderung noch eine Portion „Vitamin See" zu sich nehmen möchte, für den ist der Parkplatz am Ufer – wenn auch gebührenpflichtig – die bessere Wahl.

Nachdem wir die im Süden aufragende Rocca di Manerba gebührend bewundert haben, gehen wir an den im Wasser schaukelnden Booten im Hafen vorbei auf die **Kirche Sant'Andrea Apostolo** ① zu.

Kurz bevor wir sie erreichen, überqueren wir am Zebrastreifen die Straße SS 45 bis, wo uns auf der anderen Straßenseite zahlreiche hübsche kleine Cafés mit Seeblick erwarten, aber auch die bezaubernde Kapelle **Chiesa di Maria Immacolata.** Links davon verläuft eine Gasse, die **Via Benamati,** die wir bis zu einer Kreuzung entlangspazieren. Wir halten uns rechts auf der Via Benamati, die uns durch die Altstadt führt. Vom Stimmengewirr aus den Stuben begleitet, schreiten wir weiter voran in der **Via Cavour.** Zunächst richten wir uns nach den Wegweisern des **Camino di S. Ercolano.** So auch an der **Via Solferino,** in die wir nach links abbiegen. Die schmale Gasse geht in die **Via Solino** über.

An der **Via Montemaderno** angekommen, wenden wir uns nach rechts und gelangen zum Wahrzeichen Toscolano Madernos, einer Fußgängerbrücke aus dem 16. Jahrhundert, dem **Ponte Vecchio** ③. Daneben das hübsche **Caffè Ponte Vecchio** ②. Die schönste Sicht auf

!

In den Sommermonaten verkehrt ein kleiner roter ***Bummelzug*** *von der Seepromenade in Toscolano Maderno (Abfahrt nahe der Kirche Sant'Andrea Apostolo), der auch das Papiermühlental anfährt. Auch der Wochenmarkt (immer am Donnerstag) liegt auf der Route des* trenino.

Rauschender Bach

Papiermühlen am Toscolano

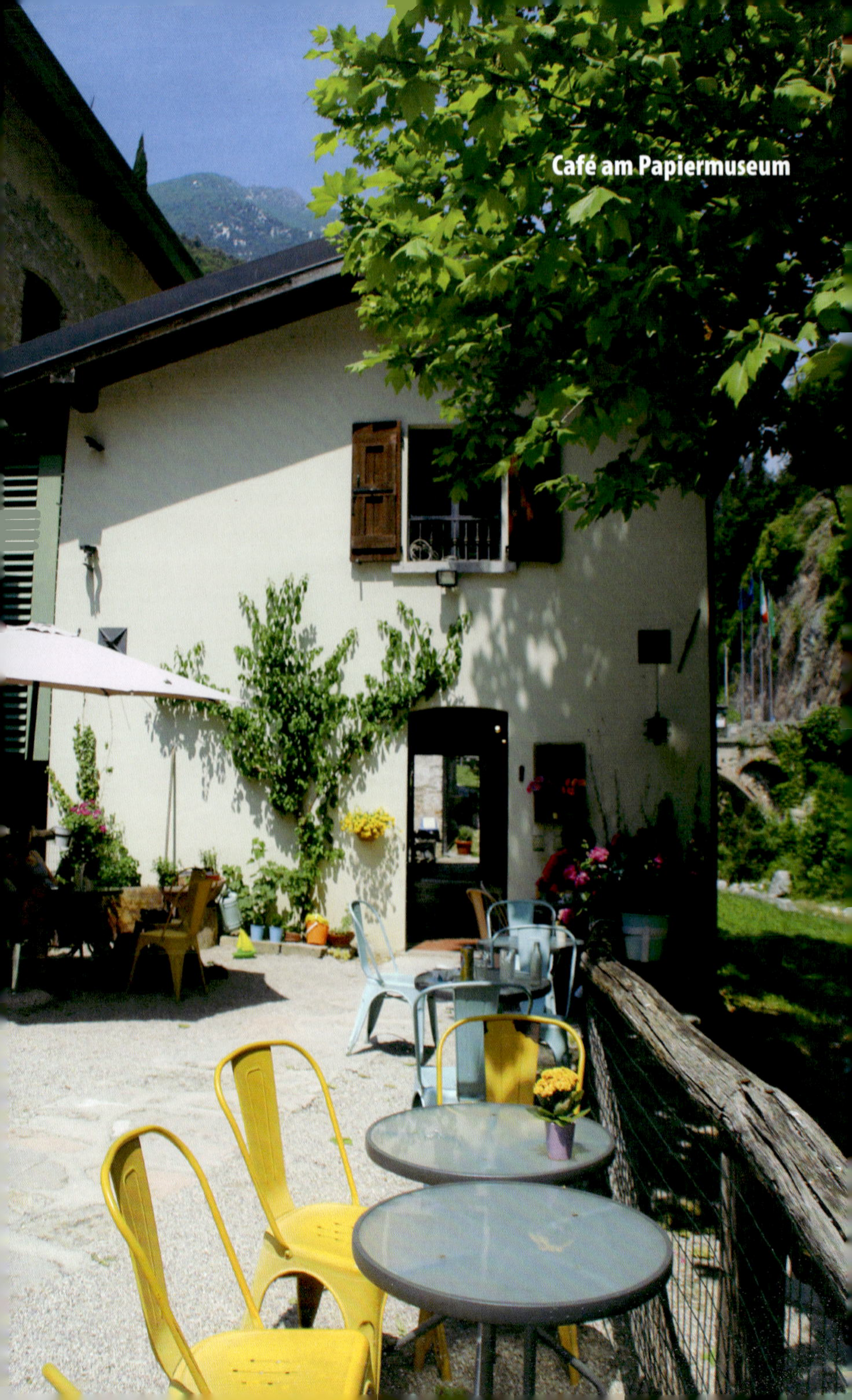

Café am Papiermuseum

die Brücke hat man nicht vom Café aus, sondern von der gegenüberliegenden Brücke an der SS 45 bis (gleich daneben befindet sich die **Bushaltestelle,** wo Benutzer öffentlicher Verkehrsmittel die Tour starten). Das Rauschen des Wildbachs Toscolano, den der Ponte Vecchio überspannt, wird uns auf unserem Weg durch das Valle delle Cartiere, das Papiermühlental, begleiten, gehen wir ihn doch auf unserer Runde zumeist flussaufwärts entlang.

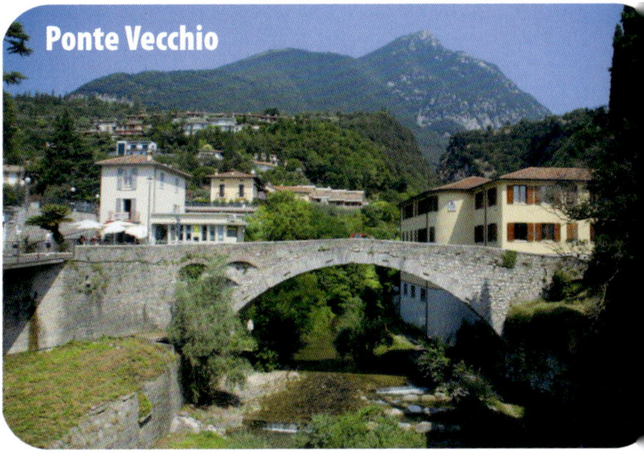
Ponte Vecchio

Wenn wir nach diesem kurzen Abstecher für ein fabelhaftes Fotomotiv wieder auf das Café an der Brücke zugehen, entdecken wir den Wegweiser zum **Museo della Carta,** dem Papiermuseum, zu dem es von hier 15 gemütliche Minuten zu Fuß sind. Wir passieren den Ponte Vecchio und biegen links in die **Via Valle delle Cartiere.**

Die von uns gewählte Straße gabelt sich nach wenigen Metern. Wir folgen dem linken Weg Richtung **Museo della Carta.** Der asphaltierte Abschnitt endet, und die Via delle Cartiere wird herrlich wild und abenteuerlich. In einem sattgrünen Tal durchschreiten wir bis zum Museum mehrere Tunnel und passieren einen kleinen Wasserfall. Dabei gibt es viel zu entdecken.

*Die Ursprünge der **Papierherstellung** im Tal des Toscolano gehen bis ins Jahr 1381 zurück. Aus diesem Jahr stammt ein Schriftstück, das die Wasseraufteilung zwischen den damals noch nicht zusammengehörenden Gemeinden Maderno und Toscolano regelte.*

Für die Seele

Diese entspannte Wanderung an den Ufern des rauschenden Wildbachs Toscolano nimmt uns mit auf eine Reise in die Vergangenheit des idyllischen Papiermühlentals.

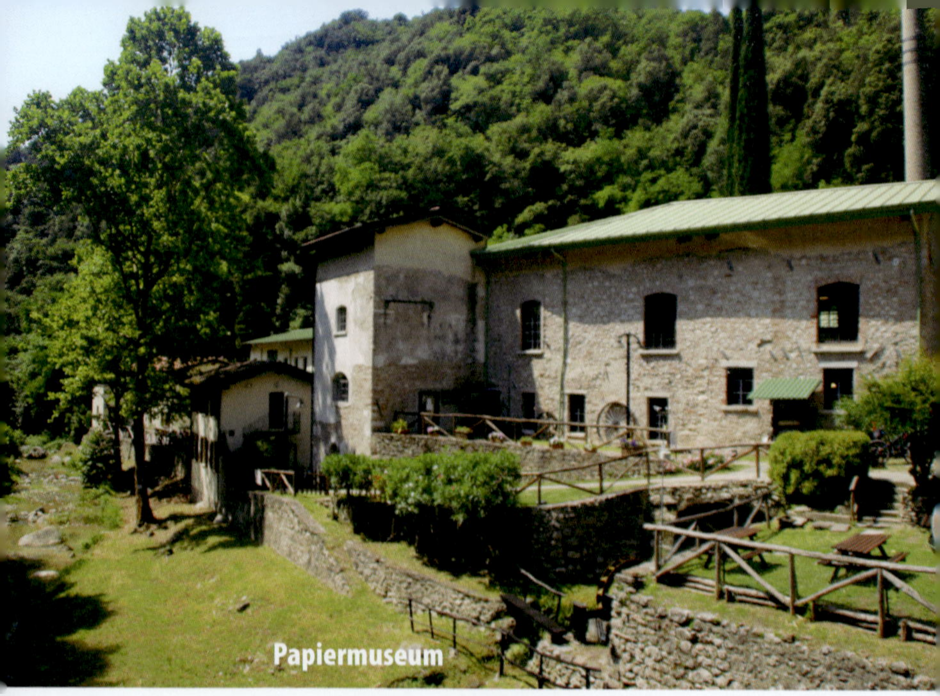

Schilder am Wegesrand informieren über die Papierherstellung in dieser Gegend in der Vergangenheit.

Kurz vor dem Papiermuseum passieren wir den bereits erwähnten **Parkplatz** für all diejenigen, die sich auf dieser Wanderung zuerst oder ausschließlich dem dem Papiermühlental widmen möchten.

Von dort müssen wir noch einen Tunnel durqueren und erreichen das **Papiermuseum – Museo della Carta** ❹, das in einer alten Papiermühle beheimatet ist und die Besucher mit der Entwicklung der Papierherstellung vertraut macht.

*Der zentrale Teil des Papiermühlentals wird als **Maina** bezeichnet und ist in einen unteren, mittleren und oberen Teil (italienisch* inferiore, di mezzo, superiore*) unterteilt. Das Museum befindet sich im Herzen der Maina Inferiore.*

Im Innenhof der lauschigen **Bar Al Museo** ❺ neben dem Museum lassen wir die wohltuende Ruhe des Tals auf uns wirken, lauschen dem Zirpen der Grillen und dem Rauschen des Windes in den Blättern der Bäume.

Vom Museo machen wir uns auf den Weg zur **Maina Superiore** und folgen der Beschilderung **217 d.** Der Schotterweg verläuft herrlich im Grünen. Er weist keine Steigung auf, die wenigen Abzweigungen sind gut beschildert. So können wir der reizenden Umgebung im Tal mit seiner üppigen Vegetation und den Ruinen ehemaliger Papiermühlen unsere ungeteilte Aufmerksamkeit schenken. Während wir gemütlich wandern, begleitet uns stetig das beruhigende Plätschern des kleinen Wildbachs Torrente Toscolano.

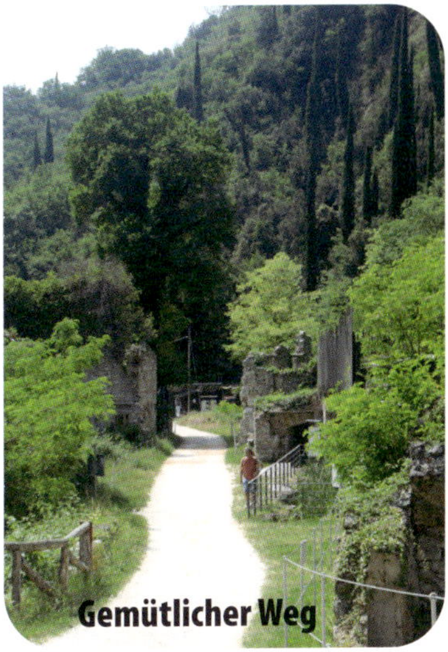
Gemütlicher Weg

Bald führt uns der Weg über eine Brücke und dann rechts. Neben einigen verfallenen Gebäuden dominiert die ehemalige Unternehmervilla Maffizzoli den Eingang der Maina Superiore. Heute ist dieser Teil des Tals ein Fischereireservat.

Hinter der **Villa Maffizzoli** verengt sich der Weg. Wir wandern weiter bis zu den **Caldare 6**. Hier können wir die Überreste dreier Leimkessel sehen, die sich im unteren Teil der Papierfabrik befunden haben. Es handelt sich um große, kreisförmige Herde aus Backsteinen, auf die Tröge mit Überresten von tierischem Material aus Gerbereien gestellt wurden. Daraus gewann man den Leim für die Imprägnierung der Papierbögen. Vielleicht ist der Zugang zu den

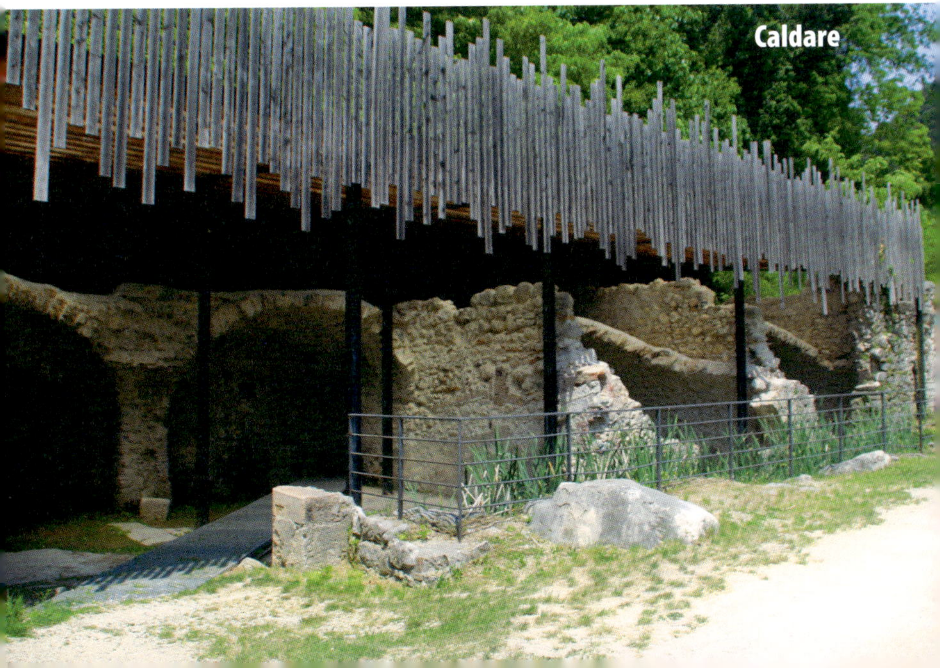
Caldare

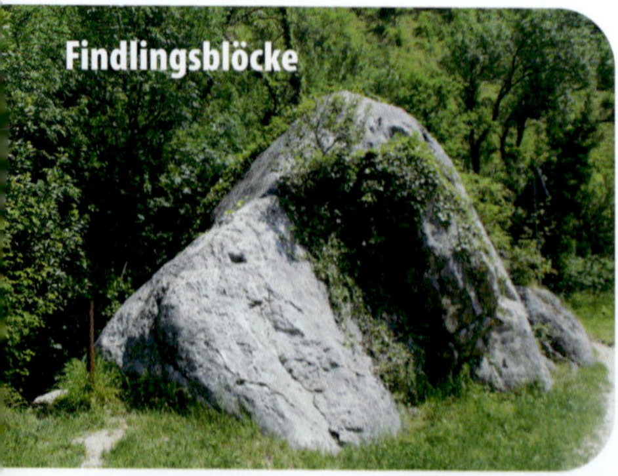
Findlingsblöcke

Caldare geöffnet, sodass wir sie uns genauer ansehen können.

Vorbei an großen Felsblöcken, den **Findlingsblöcken von Vago,** kommen wir zu einer Kreuzung. Wir gehen über die Brücke nach rechts, sodass der Wildbach links von uns plätschert. An einer Abzweigung hätten wir die Möglichkeit, scharf rechts abzubiegen, um in das schmucke Bergdorf Gaino zu gelangen. Der Pfad dorthin beinhaltet jedoch einen mühevollen Aufstieg, und der Weg von Gaino zurück an den See führt uns entlang einer befahrenen Straße. Daher entscheiden wir uns, geradeaus bis **Gatto** weiterzuwandern. Dort treffen wir auf weitere Ruinen einer Papierfabrik, die bei archäologischen Ausgrabungen

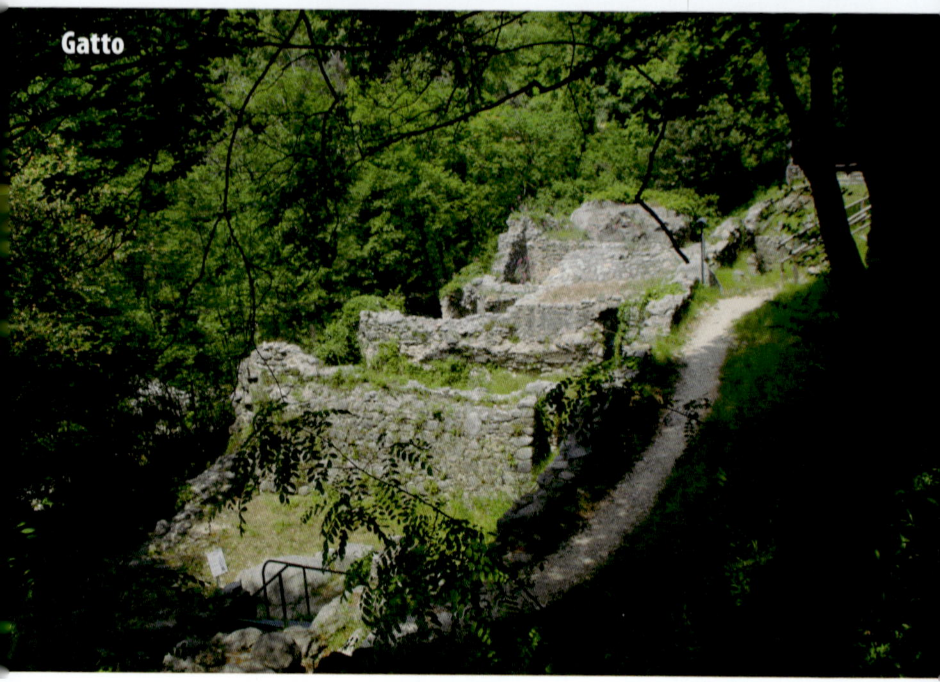
Gatto

zutage kamen. Ein kleines Stück können wir noch weiterwandern, dann ist die Strecke gesperrt, sodass wir auf demselben Weg bis zur **Villa Maffizzoli** zurückwandern. Wer die wunderbare Strecke bisher genossen hat und die Wanderung gemütlich abschließen möchte, der kann von dort auf dem bekannten Weg zurückgehen.

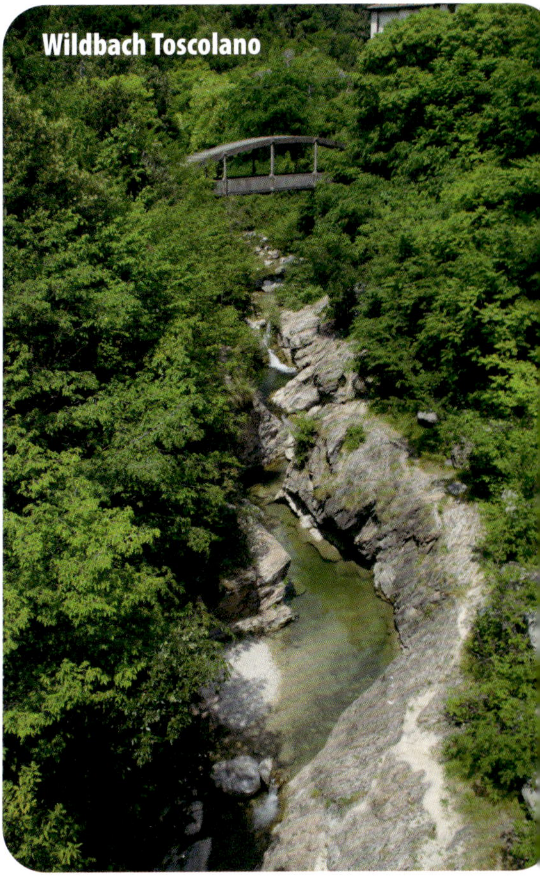

Wildbach Toscolano

Wir wollen jedoch dieser entspannten Wanderung ein paar Höhenmeter hinzufügen und das Papiermühlental noch aus einem anderen Blickwinkel betrachten. Und so gehen wir bei der Villa Maffizzoli nicht links über die Brücke, sondern halten uns geradeaus auf dem als **BVG** ausgezeichneten Weg.

Der Toscolano rauscht zu unserer Linken. Meist im Schatten steigen wir ein wenig steiler bergauf. Bisweilen erleichtern Naturstufen den Aufstieg. Die Mühe wird alsbald belohnt. Zwischen zwei Hügeln blicken wir über das **Museo della Carta** hinweg auf den Gardasee. Nach dieser Aussicht haben wir den Aufstieg absolviert. Hinter einem unbewohnten Gebäude entdecken wir mehrere Wegweiser. Wir nehmen den Weg **216** nach links in Richtung **Maina Calchera.** Gemütlich geht es auf einem erdigen, schattigen Weg bergab. Bei den nächsten Wegweisern folgen wir der Nummer **217 c** nach links in Richtung **Ponte Vecchio,** allerdings nicht dem Weg ganz links an dem handgeschriebenen Schild „Calchera“ vorbei, sondern dem rechts daneben. Ein schmaler, steiniger Pfad führt bergab. Um sicher zu sein, den richtigen Weg eingeschlagen zu haben, halten wir nach **rot-weißen Markierungen** und der Kennzeichnung 217 c an einem Baum Ausschau.

Am Ende gelangen wir links auf einen schmalen Pfad. Danach nehmen wir eine asphaltierte Straße, die weiter nach links unten führt, die **Via Sant'Ambrogio.** Gardasee und Rocca di Manerba zeigen sich am Horizont, während wir der Via Sant'Ambrogio folgen, bis diese in die **Via Montemaderno** übergeht. Wenig später biegen wir rechts in die **Via Solino,** auf der wir die Runde gestartet haben. Auf bekanntem Weg geht es durch die Gassen der Altstadt zurück zum Auto.

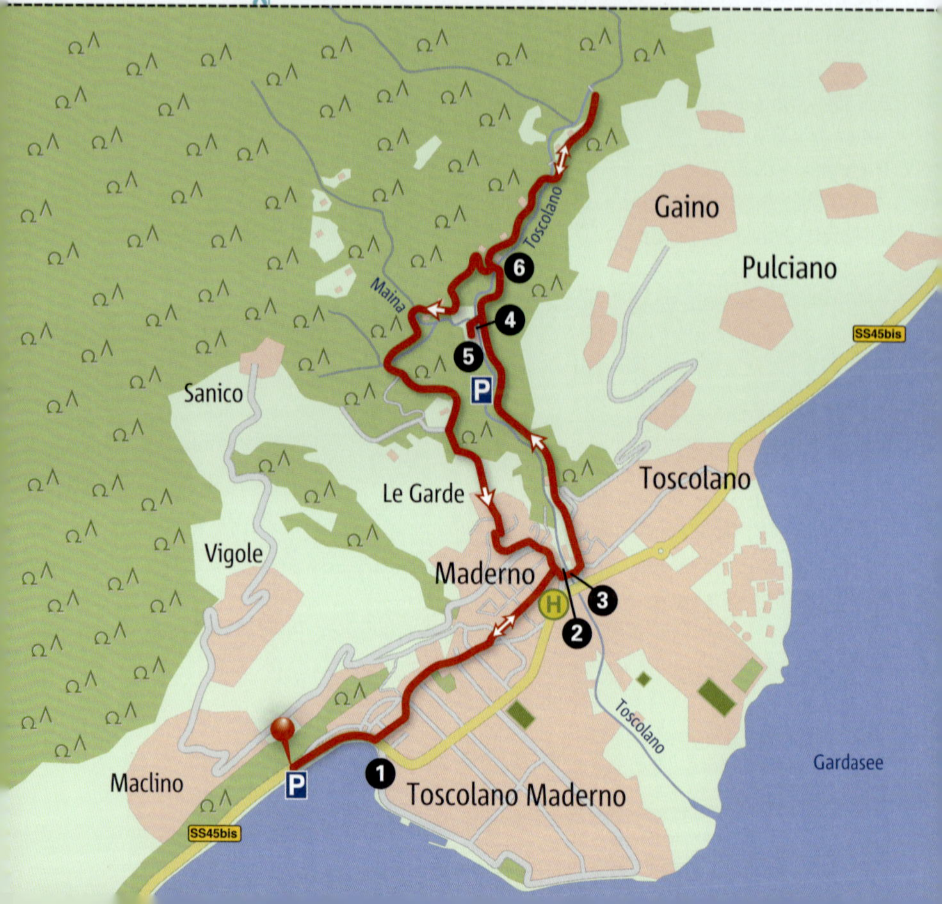

Alles auf einen Blick

WIE & WANN:
Einfacher Museumspfad; ganzjährig bei gutem Wetter begehbar

HIN & WEG:
Auto: Parken am südlichen Ortseingang am See (gebührenpflichtig): Parcheggio Rosa, Piazzale Marinai d'Italia, 25088 Toscolano Maderno (BS) (GPS: 45.6347094, 10.594891) oder beim Papiermuseum (gebührenfrei): Via Valle delle Cartiere, 25088 Toscolano Maderno (BS) (GPS: 45.647183, 10.605111)
ÖPNV: Von Desenzano Stazione Bus LN027 bis Toscolano Ponte, Einstieg in die Tour beim Ponte Vecchio

ESSEN & ENTSPANNEN:
Caffè Ponte Vecchio ❷ Largo Giacomo Matteotti 12, 25088 Toscolano Maderno (BS), Tel. +39 (03 65) 64 36 24
Bar Al Museo ❺ Via Valle delle Cartiere 57/58, 25088 Toscolano Maderno (BS), Tel. +39 (3 38) 5 06 21 73

ENTDECKEN & ERLEBEN:
Kirche Sant'Andrea Apostolo ❶
Ponte Vecchio ❸
Papiermuseum – Museo della Carta ❹ Via Valle delle Cartiere 57/59, 25088 Toscolano Maderno (BS), Tel. +39 (03 65) 64 10 50, www.valledellecartiere.it
Caldare ❻

Entspannung ✸✸✸✸✸
Genuss ✸✸✸✸✸
Romantik ✸✸✸✸✸

Auf dem Ponte di Veja

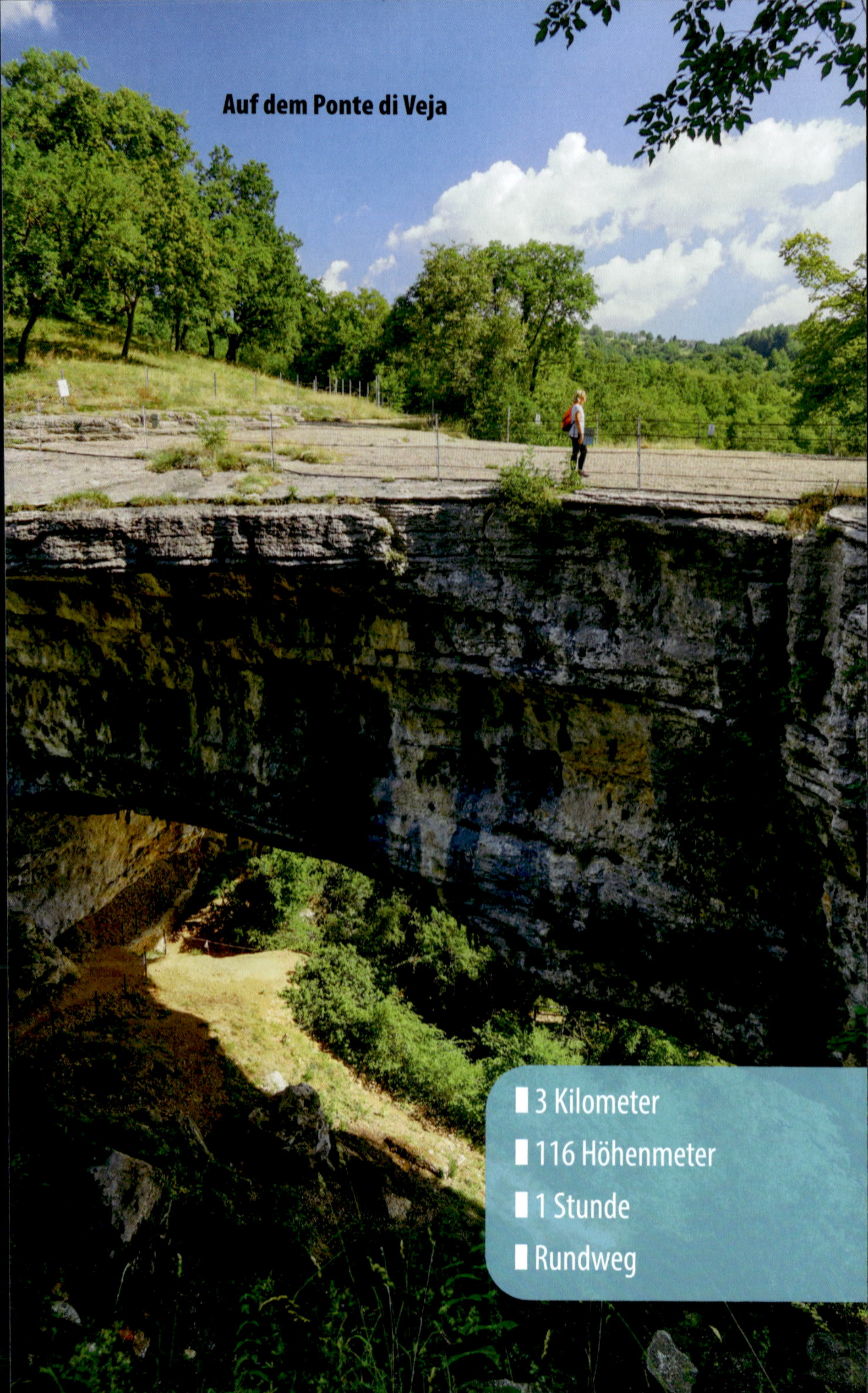

- 3 Kilometer
- 116 Höhenmeter
- 1 Stunde
- Rundweg

Die Gebirgsregion Lessinia östlich des Gardasees mag bei Urlaubern nicht so bekannt sein wie die sanften Weinberge Bardolinos südlich davon, doch wartet sie mit einem einmaligen Naturwunder auf, dem Ponte di Veja, einer der größten natürlichen Brücken Europas. Diese wird auf unserer heutigen kurzen, wohltuenden Runde im Mittelpunkt stehen.

Gerade einmal eine halbe Autostunde von Verona entfernt erreichen wir den großzügigen Parkplatz gegenüber der **Trattoria Ponte di Veja** ①. Vom gemütlichen Gasthaus ist es nur ein Katzensprung bis zum Ponte di Veja. Und so verwundert es nicht, dass dieser von der Natur geformte Felsbogen ein äußerst beliebtes und gern aufgesuchtes Ausflugsziel bei italienischen Ausflüglern ist.

*Die **Lessinia** wird im Norden durch Ronchi-Tal und Carega-Gruppe begrenzt, im Osten durch das Leogra-Tal, im Süden durch die Etsch und die Hochebene von Verona, im Westen durch das Lagarina-Tal. Sie bildet eine fast eigenständige Einheit innerhalb der venetischen Voralpen.*

So starten wir zu unserer eindrucksvollen und gleichzeitig erholsamen Tour, die uns von einem sagenhaften Wunder der Natur in eine märchenhafte Feenlandschaft entführen wird. Die Trattoria im Rücken, sehen wir eine Reihe von Wegweisern vor uns und folgen zunächst dem Wegzeichen **E5** in Richtung **Genderli.** Auf einer schattigen Strecke schlendern wir bergab, vorbei an knorrigen Baumskulpturen.

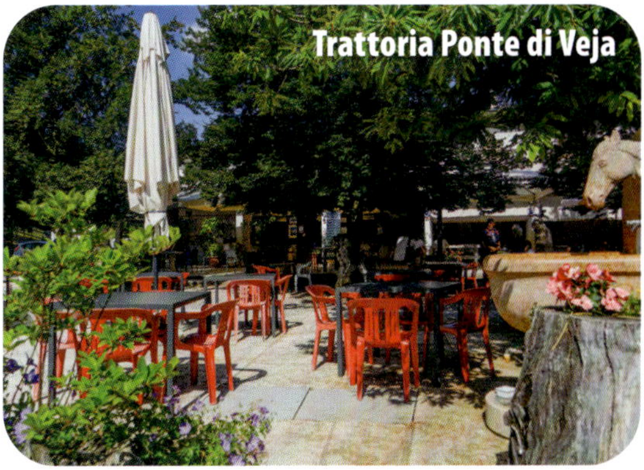
Trattoria Ponte di Veja

Karstriese & Feen

Naturbrücke Ponte di Veja

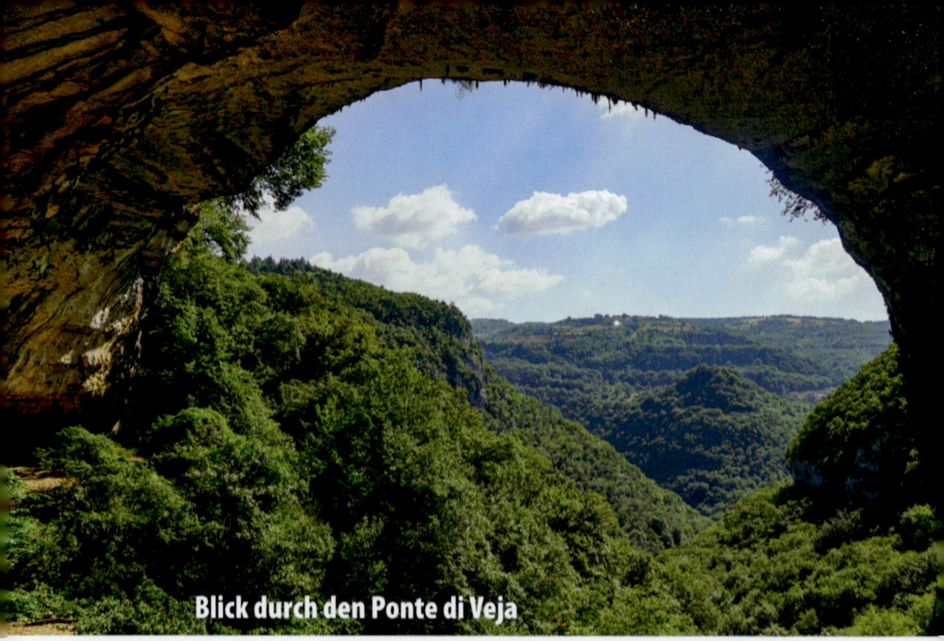

Blick durch den Ponte di Veja

Die Hinweistafel auf die **Miniera di Selce** ❷ weckt nach wenigen Schritten unsere Aufmerksamkeit: Was es wohl mit den seltsamen Ruinen am Hang auf sich hat? Des Rätsels Lösung: Es handelt sich um Überreste von Feuersteinminen. Die Umgebung des **Ponte di Veja** zeichnet sich durch große Vorkommen an Feuerstein aus. Im Neolithikum wurde dieser in dieser Gegend zu Äxten, Spitzhacken, Meißeln und Ähnlichem verarbeitet – wie auch auf dem Gargano, in den Pyrenäen und in vielen Gebieten Osteuropas.

Vermutlich stellt der ***Ponte di Veja*** *den einzig erhaltenen Teil von der Decke einer Karsthöhle dar. Die zahlreichen Schluchten und Höhlen im Tal waren den prähistorischen Menschen seit der ersten Eiszeit Zufluchtsort und Heimat.*

Von der Miniera gehen wir nur wenige Schritte bergab, wo wir den Wegweiser nach links zum Ponte di Veja entdecken. Sollen wir diesem folgen und dieses einzigartige Naturphänomen gleich zu Beginn unserer Wanderung ein erstes Mal bewundern? Schließlich sollte es eigentlich der krönende Abschluss unserer Runde sein.

Doch was spricht dagegen, solch ein Spektakel mehr als einmal zu bestaunen? Wir haben keine Eile und wollen diese äußerst kurze Runde in vollen Zügen genießen.

Und so folgen wir dem Wegweiser und stehen nach wenigen Metern vor dem **Ponte di Veja** ❸. Gut 30 Meter hoch und 50 Meter lang soll dieser gewaltige Torbogen sein, durch den wir wie durch ein Fenster in die lessinische Bergwelt blicken.

Nach diesem ersten Eindruck kehren wir wieder zu den Wegweisern zurück, um unseren eigentlichen Rundweg auf dem **E5** zu beginnen. Geradeaus spazieren wir über die von der Natur erbaute Brücke, die wir soeben noch von unten bestaunt haben. Ein Blick nach rechts wird mit einer herrlichen Sicht auf die Lessinia belohnt.

Hinter der Brücke gelangen wir auf einen gemütlichen, erdigen Weg, der herrlich im Schatten verläuft. Die kurze, erquickende Rundstrecke ist denkbar einfach. Sanft geht es ohne Abzweigungen bergab. In regelmäßigen Abständen entdecken wir die **rot-weißen Wegmarkierungen** des italienischen Alpenvereins CAI.

Dieser erfrischende Spaziergang im Grünen ist eine wahre Wohltat für alle Sinne. Frische erdig-holzige Waldluft weht uns um die Nase, die Stille wird einzig von Vogelgezwitscher und dem Knacksen der Äste durchbrochen.

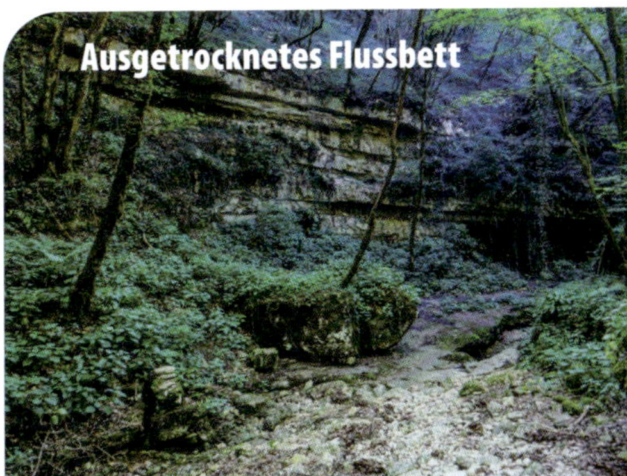
Ausgetrocknetes Flussbett

Am Ende des erholsamen Wegs gelangen wir an ein ausgetrocknetes Flussbett, das wir überqueren. Auf der gegenüberliegenden Seite weist uns die rot-weiße Markierung an einem kleinen Felsen, der in den erdig-steinigen Pfad ragt,

Für die Seele

Wir nehmen eine Auszeit an einem magischen Ort. Im Wald und am Wasserfall haben wir die Muße, die Natur mit allen Sinnen zu erfassen.

den weiteren Weg. Eine Weile wandern wir bergauf. Bald schon gelangen wir an eine Straße, in die wir nach rechts einbiegen. Während es für uns gemütlich sanft bergab geht, kommen uns sportliche Radler entgegen, die beharrlich den Berg erklimmen. Von der Straße erspähen wir hinter den Bäumen den Ponte di Veja aus anderer Perspektive, allerdings wird er durch die dichte Vegetation teilweise verdeckt.

Zum Glück können wir die Straße bald schon wieder verlassen. Wir folgen weiterhin dem Wegweiser **E5** zum **Ponte di Veja** und biegen scharf rechts in einen Waldweg ab. Dort tauchen wir in eine wahrlich märchenhafte, romantische Landschaft ein. Von den Braun- und Grüntönen des Waldwegs umhüllt, folgen wir dem sanften Plätschern des Wassers, wo die beiden Bäche Vaio della Marciora und Vaio Crestena zusammenfließen. Bald gelangen wir nahe an ein Flussbett. Am anderen Ufer sehen wir wieder eine rot-weiße Markierung und folgen ihr. Der behagliche Weg nähert sich einem kleinen **Wasserfall ④,** der gemächlich in Kaskaden den

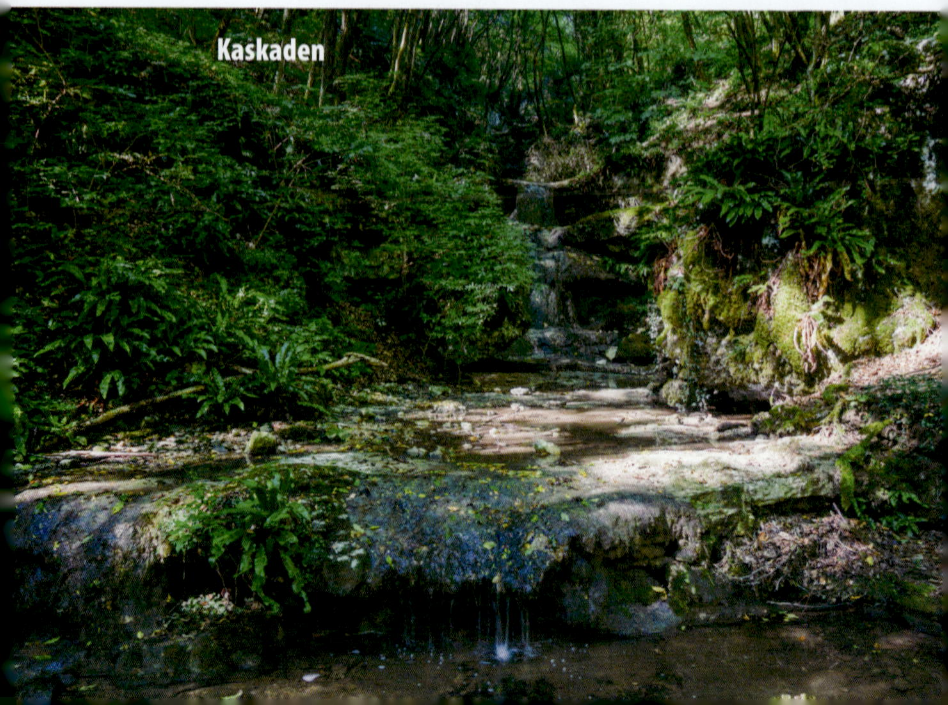
Kaskaden

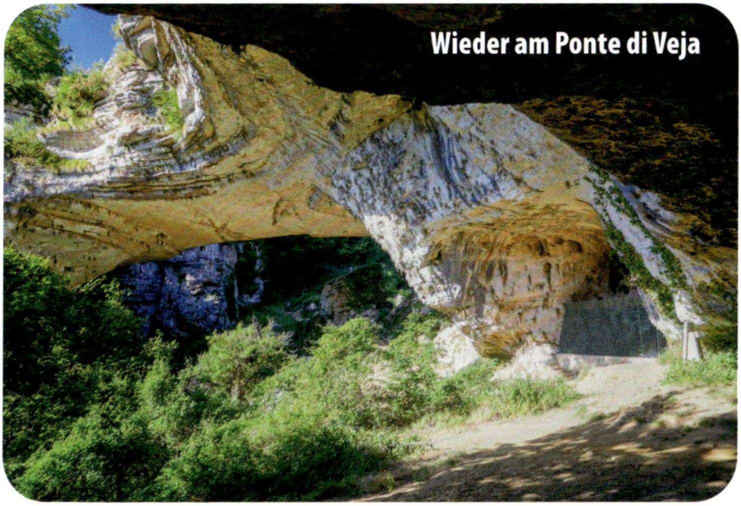

Berg hinabplätschert. Begleitet vom Rauschen des Wassers, genießen wir die wohltuende Einsamkeit und die friedvolle Ruhe in diesem Feengarten, denn nur wenige Brückenbesucher machen sich auf unseren kleinen Rundweg. Während wir den Weg weiter emporsteigen, entfernen wir uns ein wenig vom erfrischenden Plätschern am Wasserfall. Uns fallen neben den rot-weißen Kennzeichnungen des CAI auch immer wieder blaue Markierungen des Parco di Lessinia auf. Beide weisen den einzigen möglichen Weg zum Ponte di Veja.

Der Anstieg wird steiler, und wir wundern uns, dass wir auf der sanft abfallenden Strecke zu Beginn so viel bergab gewandert sein sollen. Dennoch nähern wir uns motiviert dem imposanten Ponte di Veja. Links von uns rieselt ein dünner Wasserstrahl herab. Dieser nährt die feenhaften Wasserkaskaden, an denen wir gerade noch entlangspaziert sind.

Und schon erreichen wir ein zweites Mal den Höhepunkt dieser Wanderung, den **Ponte di Veja.** Wir durchschreiten den Bogen und befinden uns wieder an ebender Stelle, von der aus wir die Brücke zu Beginn

Nicht nur Dante Alighieri, auch den Maler ***Andrea Mantegna*** *hat der Ponte di Veja fasziniert. Sein Fresko aus dem 15. Jahrhundert mit einer Darstellung der Brücke kann man im Castello di San Giorgio in Mantua bewundern.*

der Wanderung bestaunt haben. Wen mag es angesichts dieses imposanten Opus der Natur überraschen, dass bedeutende Künstler bei diesem Anblick zu Großem inspiriert wurden? Denn bevor wir zum Auto zurückkehren, machen wir noch einen abschließenden Stopp beim **Castagno di Dante ⑤,** der Dante-Kastanie, direkt neben der Trattoria Ponte di Veja. Der italienische Dichterfürst soll hier, vom Anblick des Ponte di Veja beseelt, einige Verse des 18. Höllenkreises seiner „Göttlichen Komödie“ geschrieben haben. Wer weiß, vielleicht ist gar mancher von uns so inspiriert, dass er, fast wie Dante, nach dem Besuch des großartigen Naturdenkmals im Schatten eines Kastanienbaums ebenfalls ein paar schöne Zeilen zu Papier bringt?

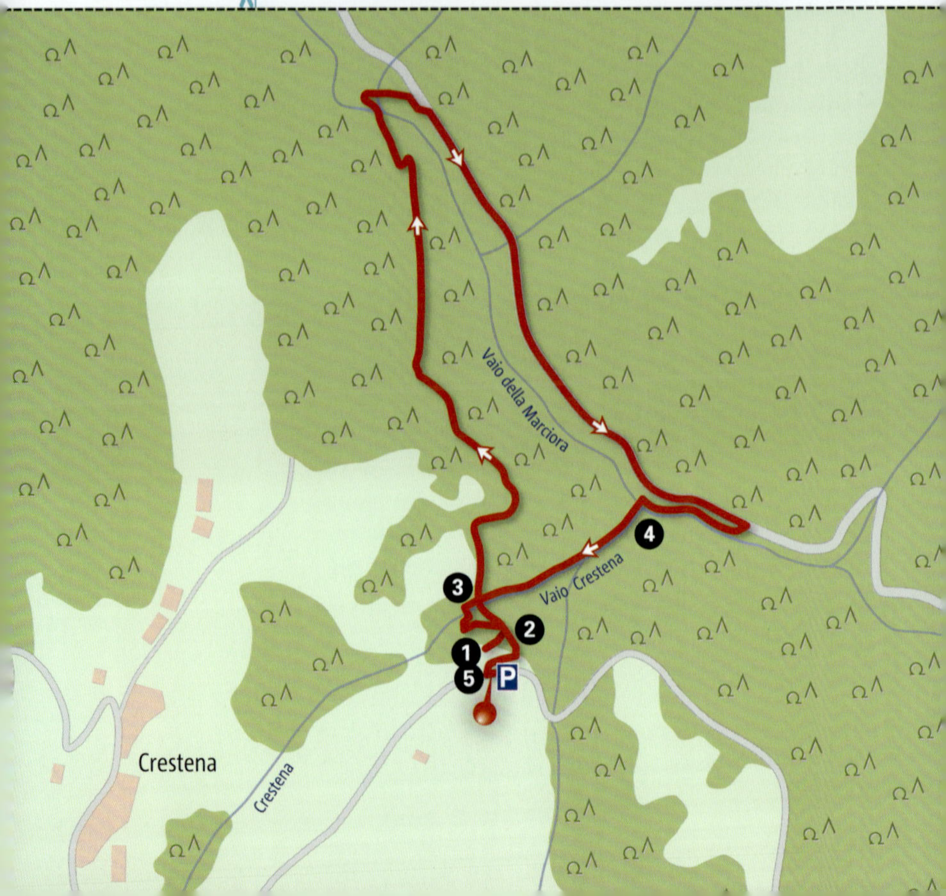

Alles auf einen Blick

WIE & WANN:

Einfacher, gut ausgezeichneter, schattiger Wanderweg; ganzjährig begehbar

HIN & WEG:

Auto: Parkplatz gegenüber der Trattoria Ponte di Veja, Via Ponte di Veja 1, 37020 Sant'Anna d'Alfaedo (VR) (GPS: 45.607354, 10.970396)

ÖPNV: Keine geeignete Anbindung

ESSEN & ENTSPANNEN:

Trattoria Ponte di Veja ❶ Via Ponte di Veja 1, 37020 Sant'Anna d'Alfaedo (VR), Tel. +39 (0 45) 7 54 50 48, www.pontediveja.com

ENTDECKEN & ERLEBEN:

Miniera di Selce ❷
Ponte di Veja ❸
Wasserfall ❹
Castagno di Dante ❺

Entspannung ✱✱✱✱✱
Genuss ✱✱✱✱✱
Romantik ✱✱✱✱✱

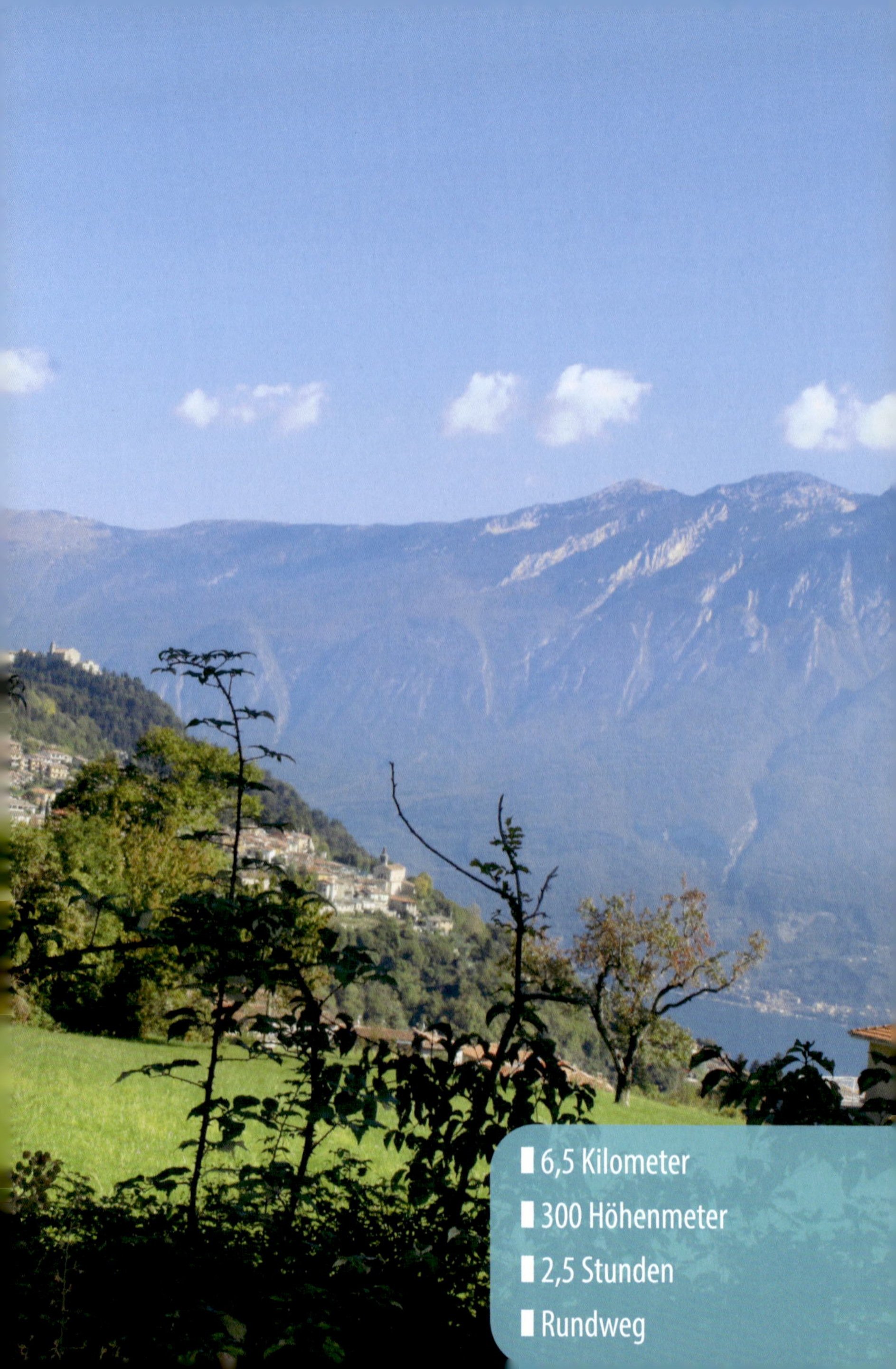

- 6,5 Kilometer
- 300 Höhenmeter
- 2,5 Stunden
- Rundweg

Auf einer Hochebene über dem westlichen Gardasee liegen die sechs malerischen Bergdörfer der Gemeinde Tignale. Wer hier eine der vielen Wanderungen machen will, den begeistern bereits bei der Anfahrt über die kurvenreiche Landstraße SP 38 einzigartige Aussichten auf den Gardasee.

Diese anspruchsvollere Tour überrascht mit einmaligen Panoramen und wunderbarer Erfrischung am Wasserfall inklusive kleiner Kletterpartie. *Forza!* Auf geht's! Das schaffen wir!

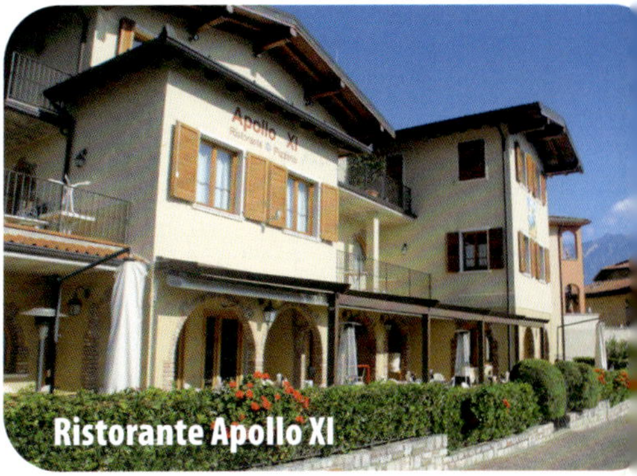

Ristorante Apollo XI

Wir starten in Gardola auf dem gebührenfreien Parkplatz am Parco Arcobaleno am Piazzale Maria Montessori und halten uns auf der **Via Panoramica** Richtung Ortszentrum. Kurz hinter dem Parkplatz erschließt sich uns der Straßenname. Was für ein herrlicher Blick auf den See!

Weiter geht es nach rechts in die **Via Badiale,** die uns auf die Piazza Umberto I im Zentrum bringt. Zu unserer Linken sehen wir das Restaurant **Apollo XI** ❶ für den großen Hunger und rechts die **Pasticceria al Portichetto** ❷ für den kleinen.

Weiter schlendern wir auf Kopfsteinpflaster durch das Ortszentrum, vorbei am Rathaus, an gemütlichen Bars und Dorfläden. An einem ins Pflaster eingelassenen Stern halten wir uns erst links und

Wilde Bäche

Zu den Wasserfällen von Tignale

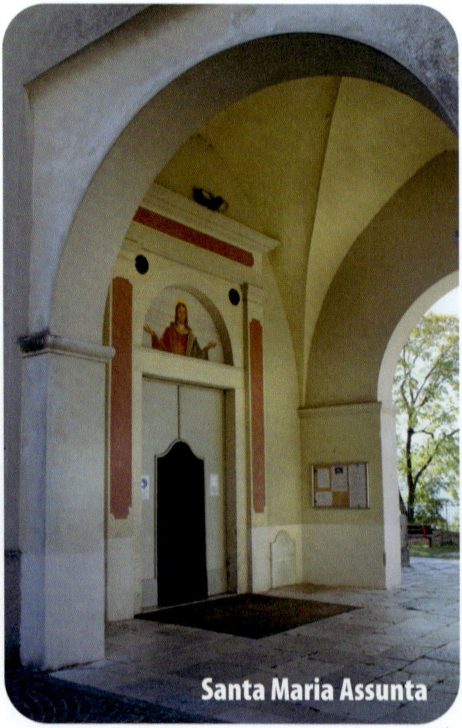

Santa Maria Assunta

dann sofort rechts in die **Via Chiesa Gardola** den Berg hinab. Wir folgen dieser schmalen Gasse vorbei am **Centro Acquisti,** einem kleinen Kaufhaus, bei dessen Warenangebot im Schaufenster sich der Begriff Gemischtwarenladen aufdrängt. Ein paar Schritte weiter sehen wir die Dorfkirche **Santa Maria Assunta ③.**

Auf der **Via Don Enrico Socini** gelangen wir von Gardola in das benachbarte, etwas tiefer gelegene Oldesio. Der schmale, asphaltierte Weg verläuft steil bergab auf den Gardasee zu, zu unserer Rechten ein kleines Mäuerchen, links von uns silbrig grün glitzernde Olivenbäume. Wir richten uns nach den **rot-weißen** Wegweisern **266** des italienischen Alpenvereins. Dann stoßen wir auf die Via Porto und folgen der gepflasterter schmalen Straße nach rechts durch das idyllische, etwas verschlafene **Oldesio.** Dabei passieren wir die kleine Dorfkirche **San Rocco,** neben der ein kleiner Trinkwasserbrunnen plätschert.

Weiter geht es bis zu einem Parkplatz. An dessen anderem Ende zweigt rechts ein kleiner, anfangs noch gepflasterter Feldweg ab, der uns parallel zum Hang meist ohne nennenswerte Steigung zum Ortsteil **Aer** bringen wird. Entspannt spazieren wir auf dem von Bäumen beschatteten Weg und genießen die Stille. Bald hören wir ein Rauschen, das immer intensiver wird. Sein Ursprung ist ein kleiner Bach, der Torrente Val di Baes. Dort, wo er den Weg kreuzt, machen wir einen großen Schritt, damit wir nicht nass werden.

*Die kleine Pfarrkirche **Santa Maria Assunta Gardola** wird im Jahr 1187 erstmals urkundlich erwähnt. Die Apsis und der Säulengang der 1954 wiederaufgebauten Kirche stammen aus dem 17. Jahrhundert. Vom Garten bietet sich ein herrlicher Blick auf den Gardasee.*

Dann erreichen wir eine Gabelung und wandern rechts am Hang bergauf. Die Beschilderung ist etwas spärlich, vereinzelt sehen wir laminierte DIN-A4-Schilder des BVG-Trails, nach denen wir uns richten. Wir ziehen weiter auf schattigen Wegen bis zur nächsten, besser ausgeschilderten Weggabelung und folgen dem linken Weg bergab. Neben einem kleinen Bach namens Torrente Valle di Conseul, der links von uns fließt, führt unser schmaler Pfad bergan. Die zunächst nur leichte Steigung nimmt später zu, doch unsere Mühen werden mit einem herrlichen Blick belohnt, der bis zur Ostküste des Gardasees mit dem imposanten Gebirgsmassiv des Monte Baldo reicht. Auf einem mit Natursteinen gepflasterten Pfad wandern wir bis zur nächsten Gabe-

*Alljährlich am 16. August findet in Oldesio die **Sagra di San Rocco** statt, ein Fest zu Ehren von San Rocco, dem Schutzheiligen des Orts. Dabei können die Besucher lokale Produkte verkosten und neben einer Prozession sogar ein Eselrennen bestaunen.*

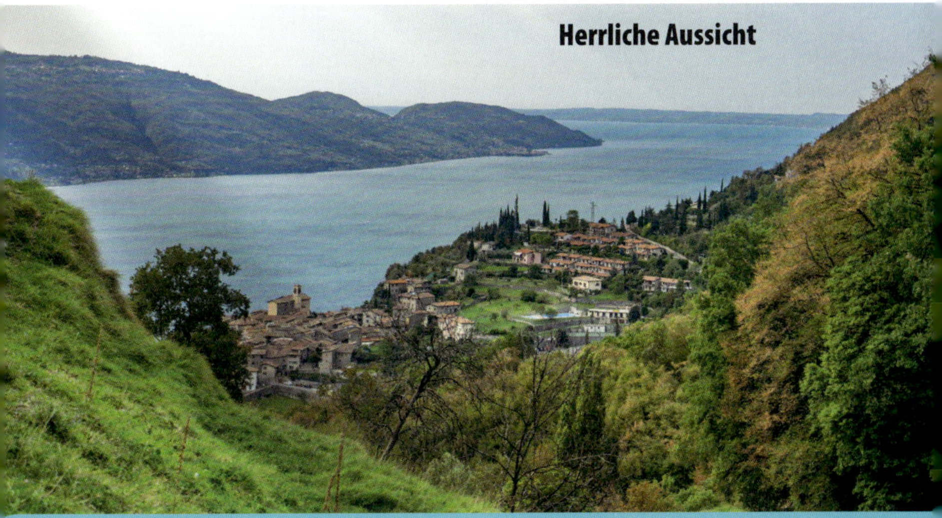

Herrliche Aussicht

Für die Seele

Hoch über dem westlichen Gardasee tanken wir Energie, erleben ein atemberaubendes Naturschauspiel und wachsen auf dem Weg zu den Wasserfällen über uns selbst hinaus.

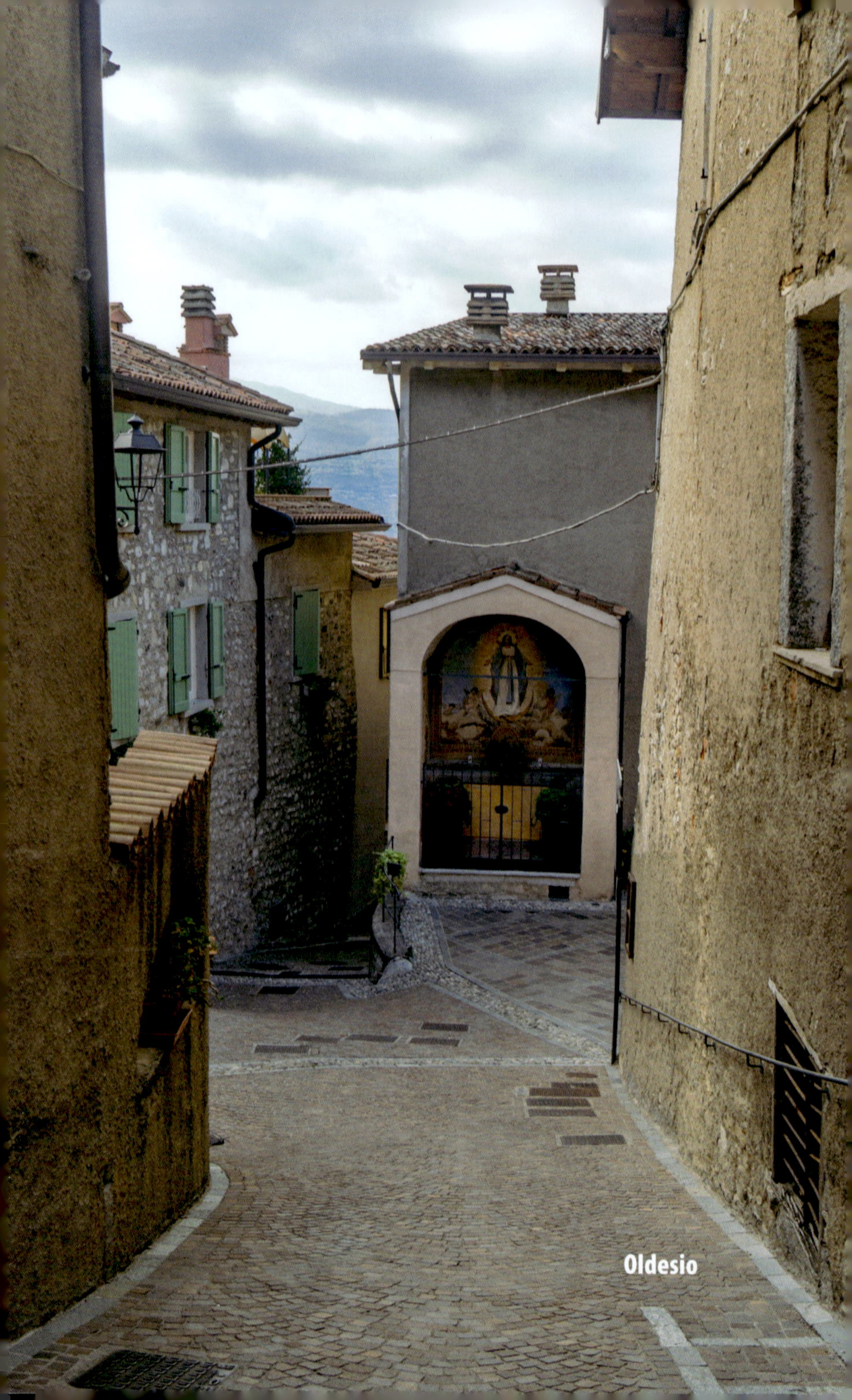
Oldesio

lung, an der wir uns links halten und hinter einer Lichtung **Aer** erreichen. Wir folgen den Schildern des BVG-Trails zuerst nach rechts und dann nach links, in die **Via Marsala.** Dort sehen wir den ersten Wegweiser Nr. **265** zu den Wasserfällen von Tignale oder, wie die Einheimischen sagen, zu den Cascate di Canai.

Bevor wir uns auf diesen teilweise anspruchsvollen Weg machen, stärken wir uns in der **Bar Silvana ④.** Neben der Bar führt ein kleiner Torbogen unter dem Gebäude auf den Weg **265.** Unregelmäßige Stufen von nicht immer komfortabler Länge und Höhe werden von einem schmalen Pfad mit Natursteinen abgelöst, der zwischen Privatgrundstücken weiter bergab auf ein Wäldchen zuläuft. Der erdige, etwas abschüssige Weg ist gerade breit genug für eine Person.

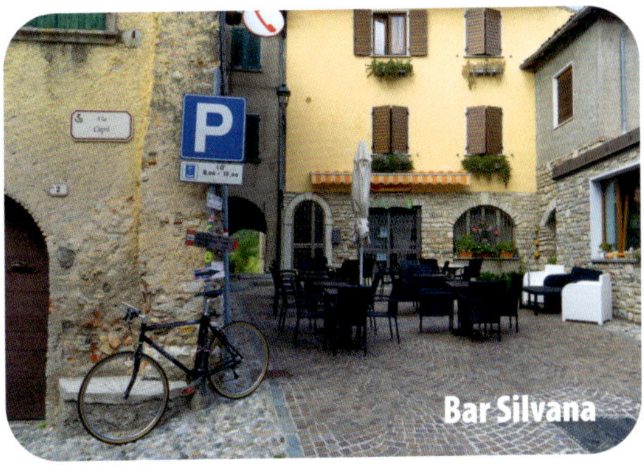

Bar Silvana

An einer gut ausgezeichneten Weggabelung folgen wir dem **rot-weißen** Wegweiser **265** Richtung **Piovere.** Ein freundlicher deutscher Wanderer hat sich sogar die Mühe gemacht und mit einem Stift „Wasserfall" auf das Schild geschrieben.

Bergab wird der schmale Weg etwas felsiger. Noch ist das Gefälle sanft. Achtsam gehen wir Schritt für Schritt durch den Wald. Die rot-weißen Streifen, die an einige Bäume gemalt sind, helfen uns bei der Orientierung.

Auf felsigen Naturstufen geht steil es bergab. Seile geben uns Halt. Die kleine Kletterpartie bedeutet für manche von uns, die eigene Komfortzone zu verlassen. Nur Mut! *Coraggio!* Der Wasserfall ist die Anstrengung wert! Schon hören wir sein Rauschen. Und dann sehen wir ihn von oben, den **Wasserfall Cascate di Piovere ⑤** und das Becken, in das er fließt. Wir wandern stetig weiter bergab und sind schon bald dort angelangt. Welch angenehme Erfrischung bietet das klare, kühle Wasser in der Gumpe im Hochsommer. Wer im Frühjahr oder Herbst kommt, freut sich bei einer kleinen Rast, dass er den wunderschönen Platz mit weniger Wanderern teilen muss.

Nach einer Pause haben wir zwei Möglichkeiten, die Tour fortzuführen. Für wen die letzten Meter vor dem Abstieg eine Herausforderung waren, dem sei geraten, auf derselben Route über Aer und Oldesio zurückzukehren. Wer sich noch ein bisschen mehr zutraut und trittsicher ist, der wandert die Runde weiter, um noch das obere Becken und einen weiteren Wasserfall zu sehen.

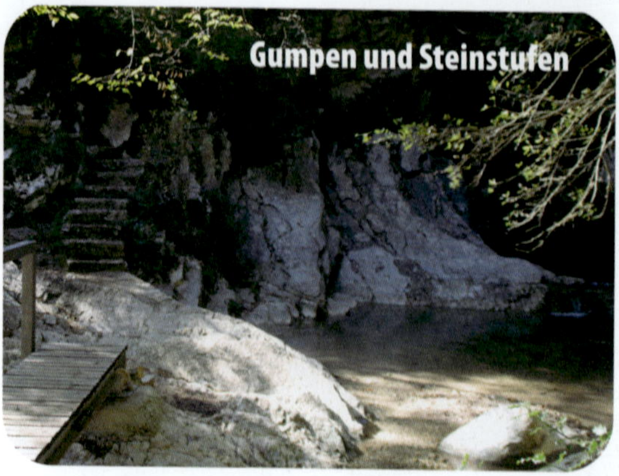

Los geht's! So steil wie es zum Wasserfall hinabging, führt der Weg auf der anderen Seite hoch. Zunächst bringen uns einige Stufen nach oben zum Becken, aus dem sich der Wasserfall speist. Über eine kleine Holzbrücke gelangen wir zu weiteren Stufen. An deren Ende halten wir uns rechts Richtung Aer auf dem Weg **251.** Der schmale Pfad führt uns über eine kleine Brücke zu einem weiteren Wasserfall, den man besser hören als sehen kann.

Jetzt noch einmal alle Kräfte gesammelt, wir nähern uns dem etwas anspruchsvolleren Streckenabschnitt. An einem Seil ziehen wir uns über felsige Naturtreppen steil hoch und wachsen über uns selbst hinaus. Oben angekommen, geht der Weg rechts weiter, er ist nun breiter, nicht mehr felsig. Den anstrengendsten Teil haben wir bewältigt. Wir werden vom sanften Rauschen des **Torrente Valle di Bornico** rechts von uns begleitet. Er speist die Wasserfälle, die wir gerade bestaunt haben.

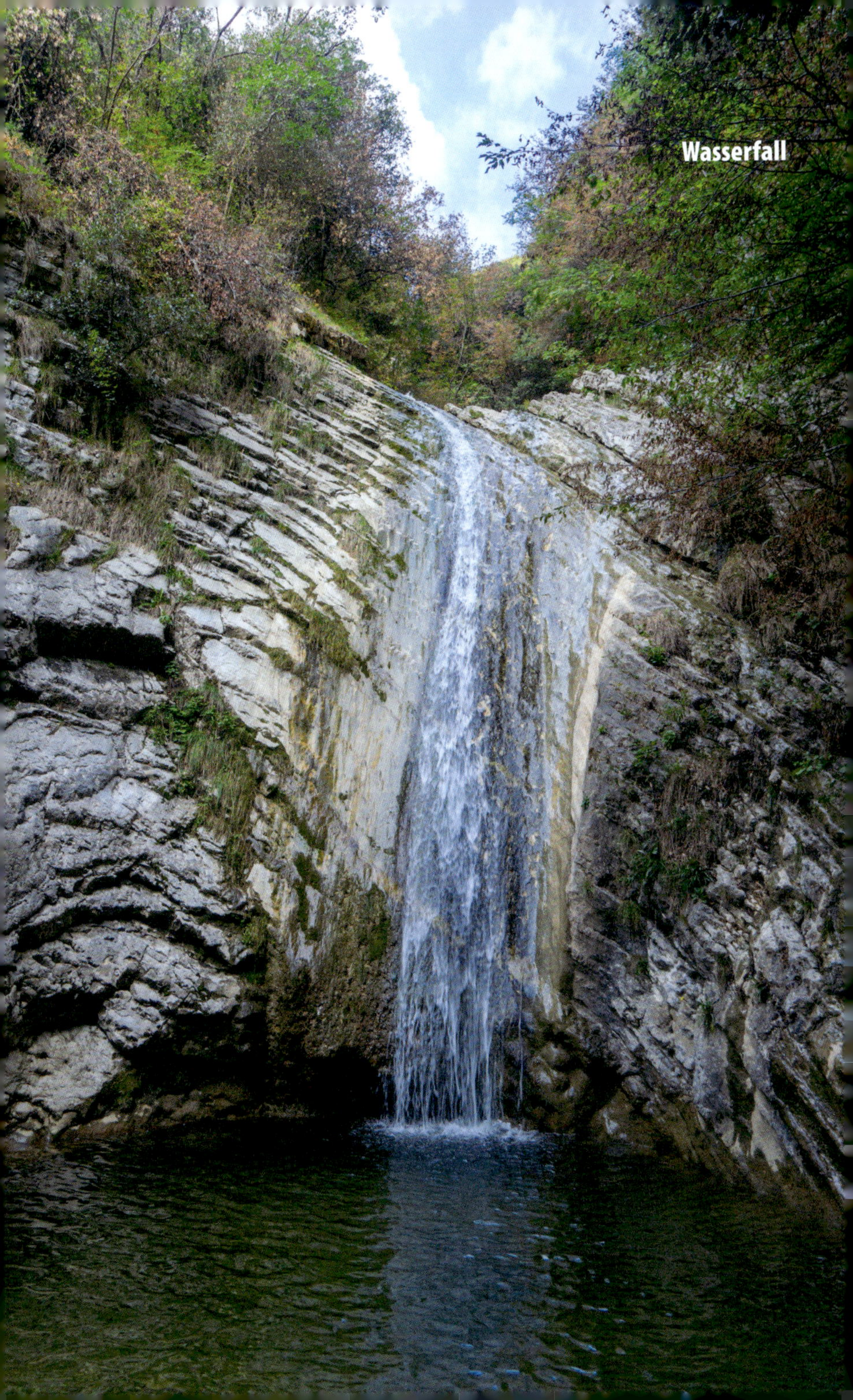
Wasserfall

Nach einer Brücke halten wir uns rechts, der Bach bleibt weiter rechts von uns. Der breite Forstweg, auf dem wir nun bergab wandern, mündet in die **Via Castagneto.** Dort kommen wir an einer kleinen Marienkapelle vorbei. Auf der steinernen Bank daneben können wir die Ruhe genießen, bevor die Wanderung sich dem Ende zuneigt. Über die **Via Pegol** gelangen wir zur **Via Panoramica,** an deren anderem Ende unsere Wanderung begann. Wir genießen noch eine Weile auf gemütlichem Weg die letzten wundervollen Ausblicke auf den Gardasee und den majestätischen Monte Baldo, bevor wir wieder am Ausgangspunkt unserer Reise ankommen.

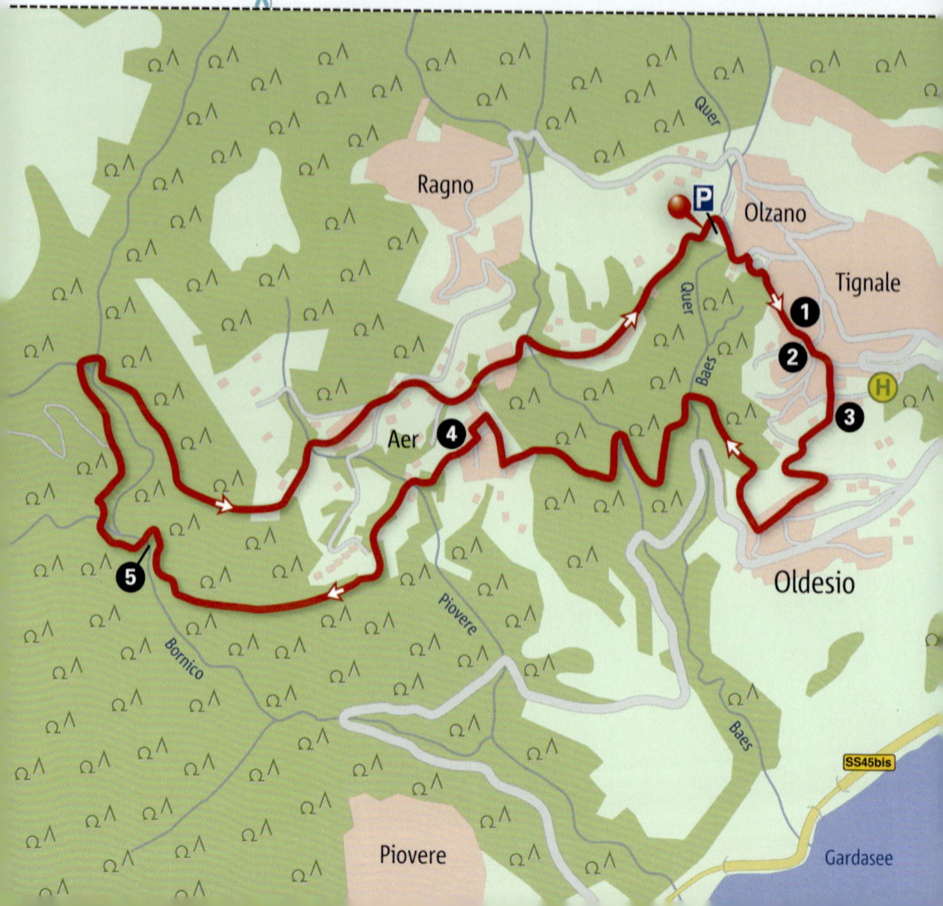

Alles auf einen Blick

WIE & WANN:

Hauptsächlich Wanderweg und asphaltierte Wege; Strecke vor und nach dem Wasserfall anspruchsvoller, Trittsicherheit und etwas Kondition erforderlich; April bis Oktober bei gutem Wetter empfohlen

HIN & WEG:

Auto: Öffentlicher Parkplatz Piazzale Arcobaleno, Via Panoramica 1, 25080 Gardola (BS) (GPS: 45.74124, 10.71721)
ÖPNV: Von Desenzano Bus LN027 Richtung Riva bis Gargnano, von dort Bus LN011 nach Tignale-Gardola (So. kein Verkehr), Einstieg in die Tour im Ortszentrum von Gardola

ESSEN & ENTSPANNEN:

Pizzeria Ristorante Apollo XI ❶ Via Badiale 4, 25080 Gardola (BS), Tel. +39 (03 65) 1 98 04 22, www.gtstignale.it
Pasticceria Al Portichetto ❷ Piazza Umberto I 2, 25080 Gardola (BS), Tel. +39 (03 65) 7 31 36, www.gtstignale.it
Bar Silvana ❹ Via Marsala 11, 25080 Tignale (BS), Tel. +39 (3 66) 4 40 02 07, www.casasilvana.it

ENTDECKEN & ERLEBEN:

Kirche Santa Maria Assunta ❸
Wasserfälle von Tignale – Cascate di Piovere ❺

Entspannung ★★★★☆
Genuss ★★☆☆☆
Romantik ★★★☆☆

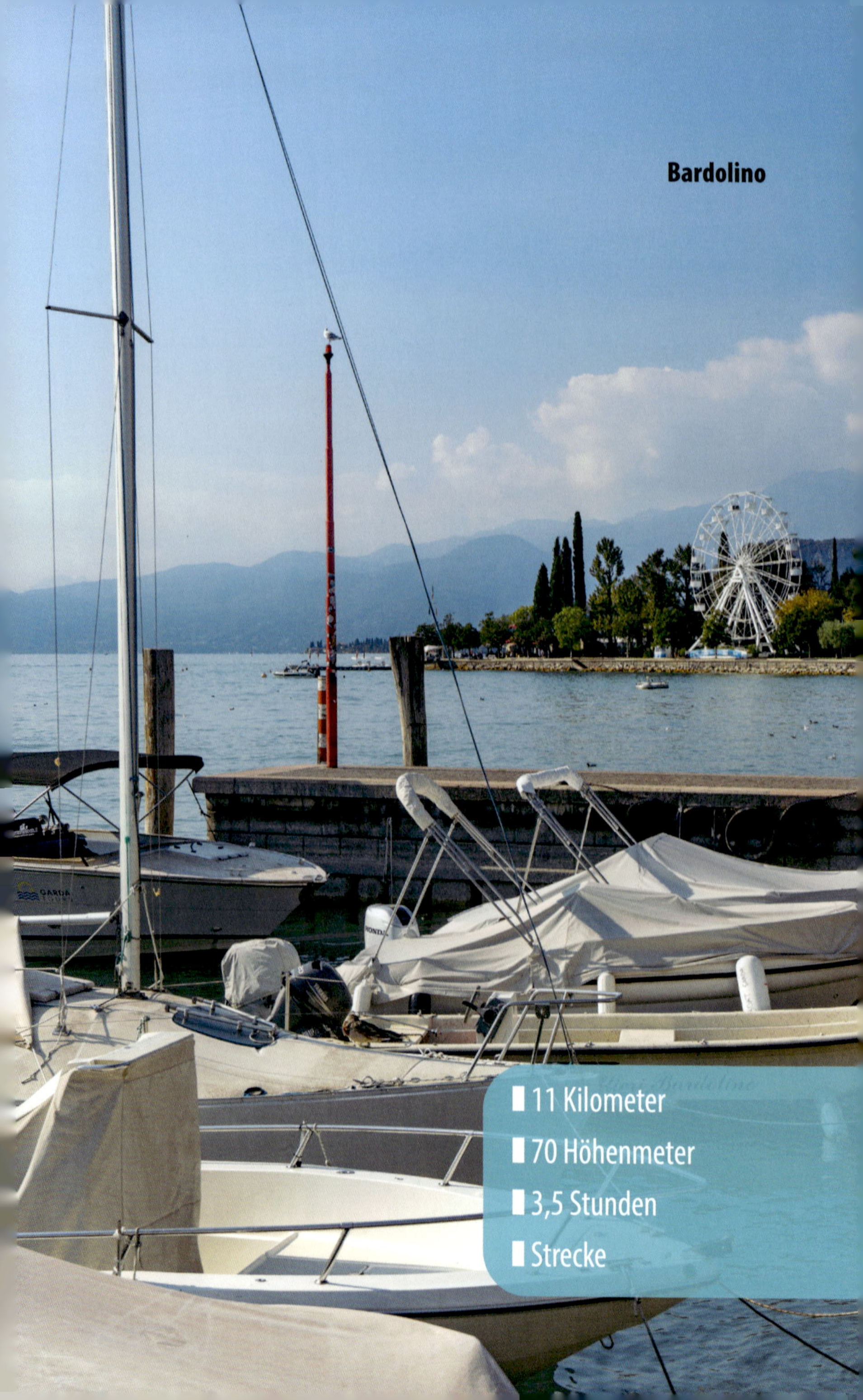

Bardolino

- 11 Kilometer
- 70 Höhenmeter
- 3,5 Stunden
- Strecke

Unsere Tour beginnen wir in Lazise am Parkplatz am Piazzale Marra. Von dort sehen wir das **Castello Scaligero ❶.** Die gut erhaltene mittelalterliche Burg aus dem 10. Jahrhundert mit ihrem malerischen Garten ist eines der Wahrzeichen Lazises. Das veronesische Herrscherhaus der della Scala ließ sie erbauen, samt den Mauern, die den charmanten Ort umgeben, um den Hafen vor Angreifern zu schützen. Die Burg ist in Privatbesitz, die Außenanlagen können wir aber besichtigen.

Auf der **Via Rosenheim** spazieren wir in Richtung Burg, auf das gut erhaltene Stadttor **Porta del Lion** zu. Hinter dem Stadttor sind wir bereits mitten im pittoresken Zentrum von Lazise. Der malerische Ort war im Mittelalter die erste freie Gemeinde des Gardasees und im 10. Jahrhundert das wohlhabendste Handelszentrum der Gegend.

Wir schlendern weiter geradeaus – die Straße nennt sich nun **Via Porta del Lion** –, bis wir an die **Piazza Vittorio Emanuele** gelangen. Auf dem Platz herrscht reges Treiben. Eine Menge kleiner Geschäfte und Restaurants bietet für jeden Besucher etwas, hier findet auch der quirlige Wochenmarkt statt.

Wenn wir uns nun nach links wenden, sehen wir am Ende der Piazza Vittorio Emanuele den **Porto Vecchio,** den hübschen kleinen **Hafen von Lazise ❷.** Ein kleiner Abstecher nach links am Hafen vorbei bringt uns zur **Kirche San Nicolò,** einer romanischen Kirche mit Fresken aus dem 14. Jahrhundert, sowie zur **Dogana**

*Die Familie della Scala, oft auch als **Skaliger** bezeichnet, war eine Adelsfamilie, die von 1262 bis 1387 großen Einfluss in Verona und Oberitalien hatte. Ihre Burgen fallen besonders wegen der auffälligen Schwalbenschwanzzinnen ins Auge.*

*Italienische **Wochenmärkte** sind ein Fest für die Sinne: Von duftenden Kräutern über saftiges Obst bis hin zu bunten Kleidern gibt es ein breites Angebot. In Lazise findet der Markt mittwochs, in Bardolino donnerstags statt, jeweils von 8 bis 13 Uhr.*

Auszeit am See

Uferweg von Lazise bis Garda

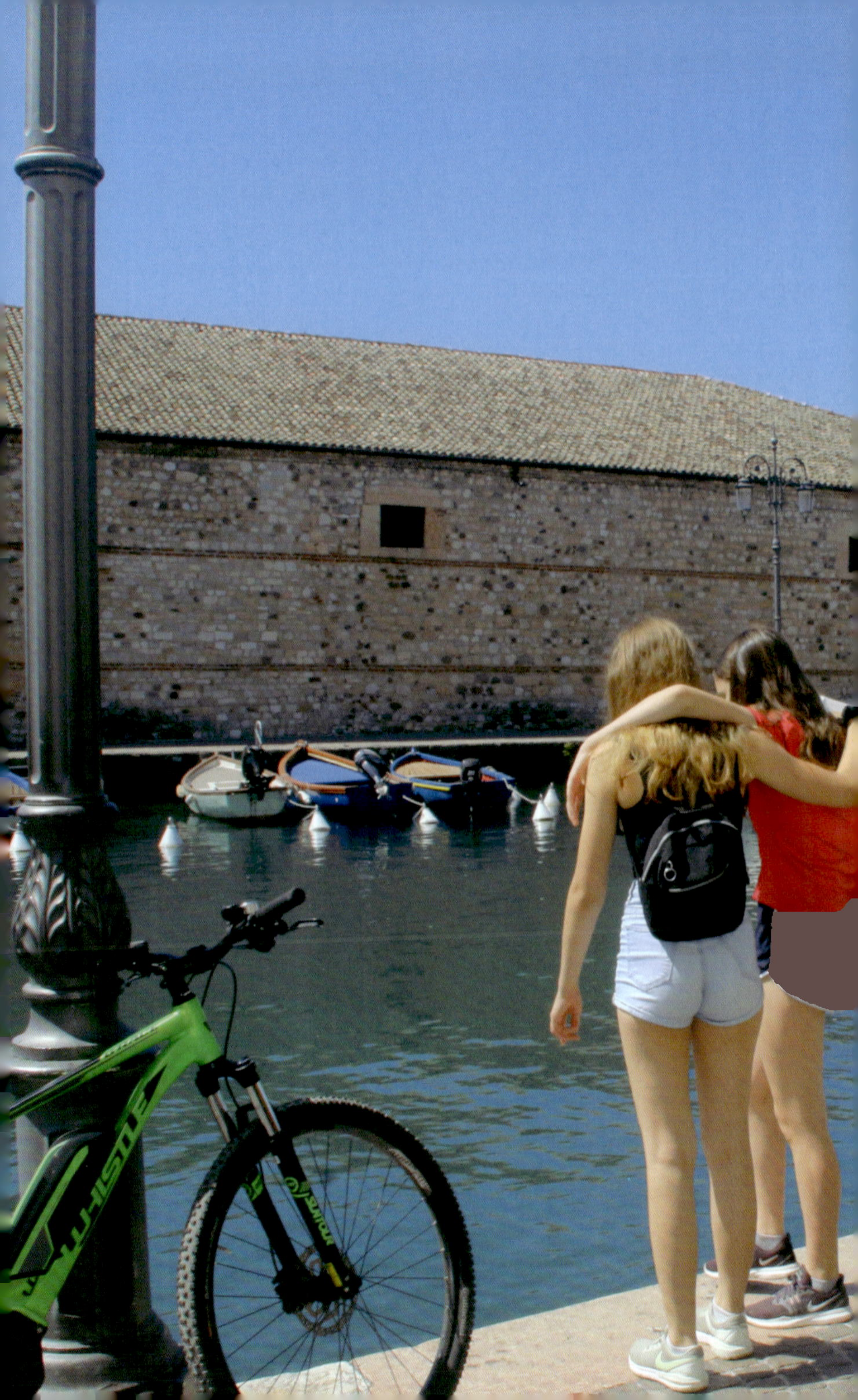
WHISTLE

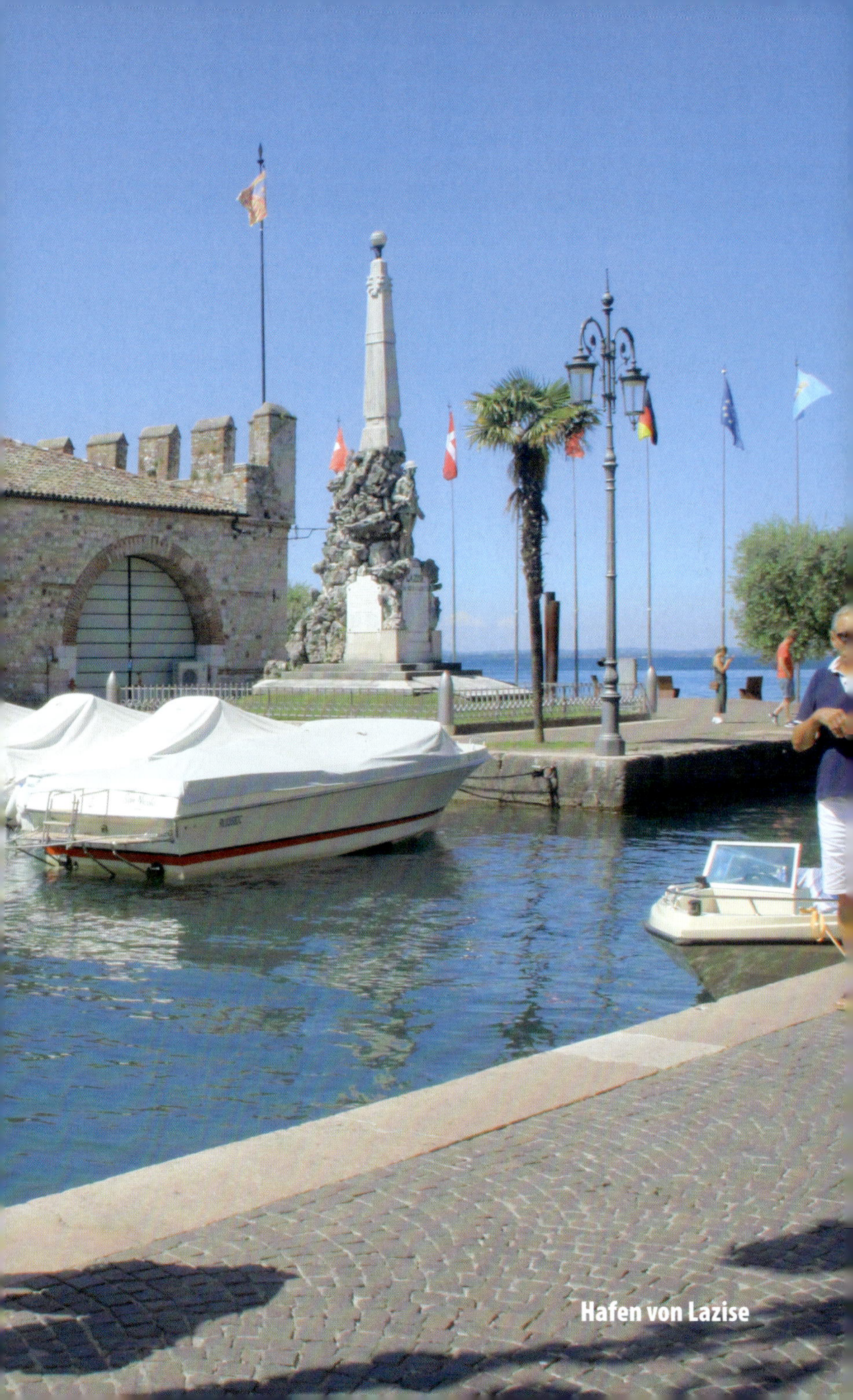

Hafen von Lazise

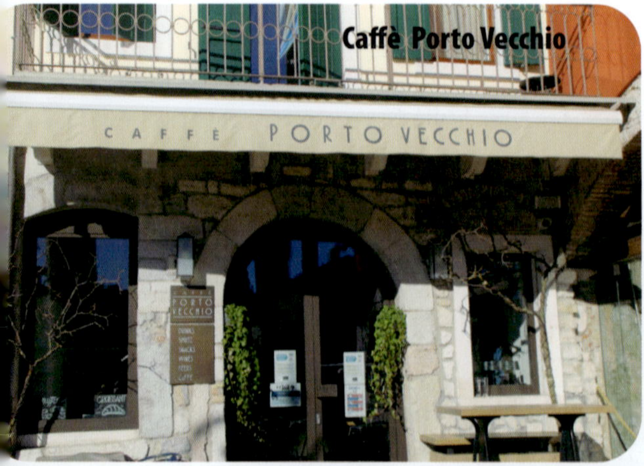

Caffè Porto Vecchio

Veneta, die einst als Zollgebäude für den Handel zwischen Venetien und der Lombardei diente. Der Weg rechts vom Hafen führt uns zur Promenade, der wir bis Garda folgen wollen.

Zuvor bietet sich aber noch ein Besuch in einem der zahlreichen Cafés von Lazise an, zum Beispiel im **Caffè Porto Vecchio** ❸ am Hafen, wo wir uns mit einem Cappuccino und einer Brioche für den bevorstehenden ausgedehnten Spaziergang stärken können – mit Blick auf den kleinen Hafen, die Kirche und das Zollgebäude.

Satt und zufrieden nehmen wir den ersten Wegabschnitt in Angriff, der uns am See entlang in Richtung Norden über Cisano bis nach Bardolino bringen wird. Da der Weg größtenteils in der Sonne liegt, ist es angenehm, dass sich unterwegs zahlreiche Strandbars für einen Stopp anbieten.

Wir spazieren nun knapp 3 Kilometer immer am See entlang. Zu unserer Linken laden Badebuchten dazu ein, zu verweilen, eine kleine Pause zu machen und sich im frischen Wasser des Sees etwas abzukühlen. Zu unserer Rechten wechseln sich gepflegte Hotelanlagen, Restaurants, Campingplätze und herrliche venezianische Villen ab.

Während wir weiter immer geradeaus auf der Uferpromenade bleiben, lassen wir unseren Blick über den See schweifen, um die wunderbare Aussicht zu genießen. Links von uns sehen wir das Westufer, vor uns ragt in der Ferne eine kleine Landzunge mit der markanten Punta San Vigilio an der Spitze in den See. Hier befindet sich auch die beliebte Bucht **Baia delle Sirene,** deren Charme sich selbst Goethe nicht entziehen konnte.

Im charmanten **Bardolino** angekommen, sollten wir uns unbedingt etwas Zeit nehmen, durch die Gassen des ehemaligen Fischerdorfs zu schlendern, die sanft schaukelnden Boote im Hafen, dem **Porto di Bardolino,** zu betrachten und ein wenig die Seele baumeln zu lassen. Die zahlreichen Bars und Restaurants laden zum Schlemmen in angenehmer Atmosphäre ein. Nicht fehlen sollte dazu ein Aperitivo oder ein Bardolino, der leichte, spritzige Rotwein, dem der Ort seinen Namen

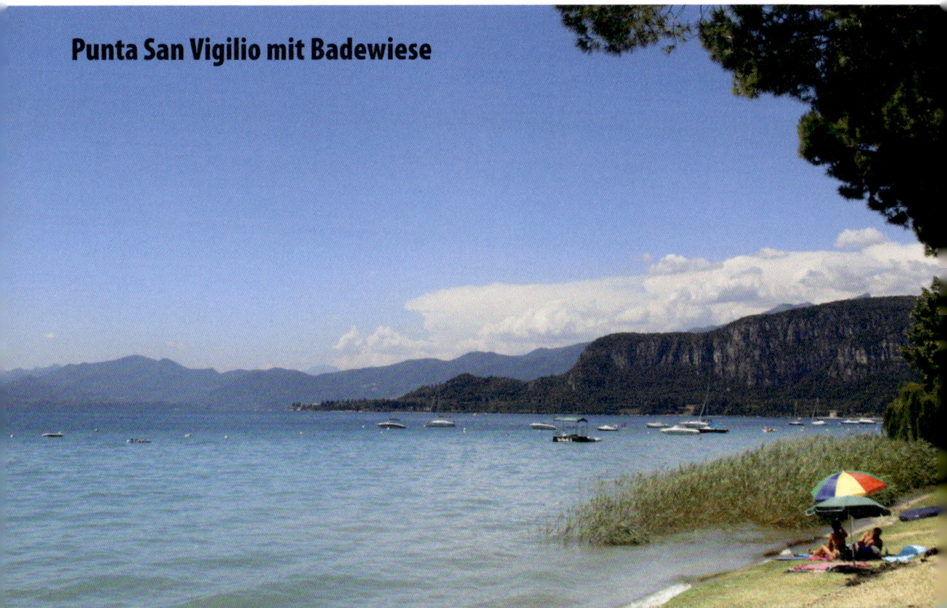

Punta San Vigilio mit Badewiese

Für die Seele

Sonnige Strandabschnitte und gemütliche Bars und Restaurants laden ein zum Genießen und Verweilen, zum *dolce far niente.*

gab. Eines der vielen empfehlenswerten Restaurants ganz in der Nähe des Hafens ist das **Ristorante Ancora** ④ an der Piazza Giacomo Matteotti mitten im beschaulichen Zentrum Bardolinos. Von der Außenterrasse hat man nach Westen blickend eine schöne Sicht auf den Hafen und nach Osten auf das neoklassizistische gelbe Gebäude der **Kirche Santi Nicolò e Severo** ⑤.

Nachdem wir Leib und Seele gestärkt haben, nehmen wir die letzten knapp 4 Kilometer in Angriff und machen uns auf den Weg zu unserem Endziel Garda. Wir folgen dem Lungolago und sehen zu unserer Rechten den weitläufigen **Parco Carrara Bottagisio.** Die gleichnamige Villa im Park beherbergt seit 2012 die örtliche Bibliothek Bardolinos. Dann kommen wir zur **Spiaggia Punta Cornicello** ⑥, einem Badestrand, der eine besonders schöne Aussicht auf den See bietet.

Am Ortsausgang von Bardolino, kurz vor dem Centro Nautico Bardolino, macht unser Weg eine klei-

Spiaggia Punta Cornicello

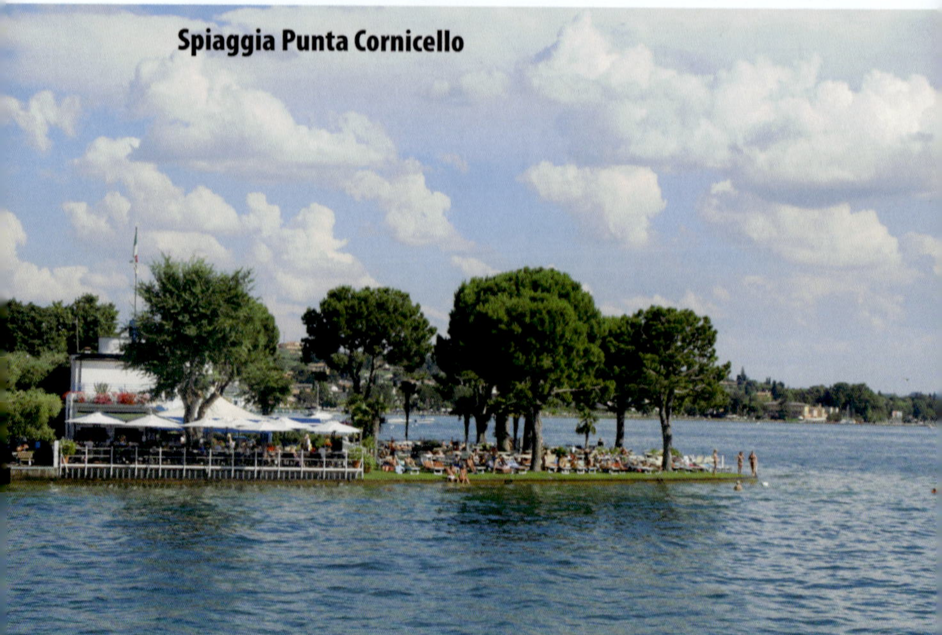

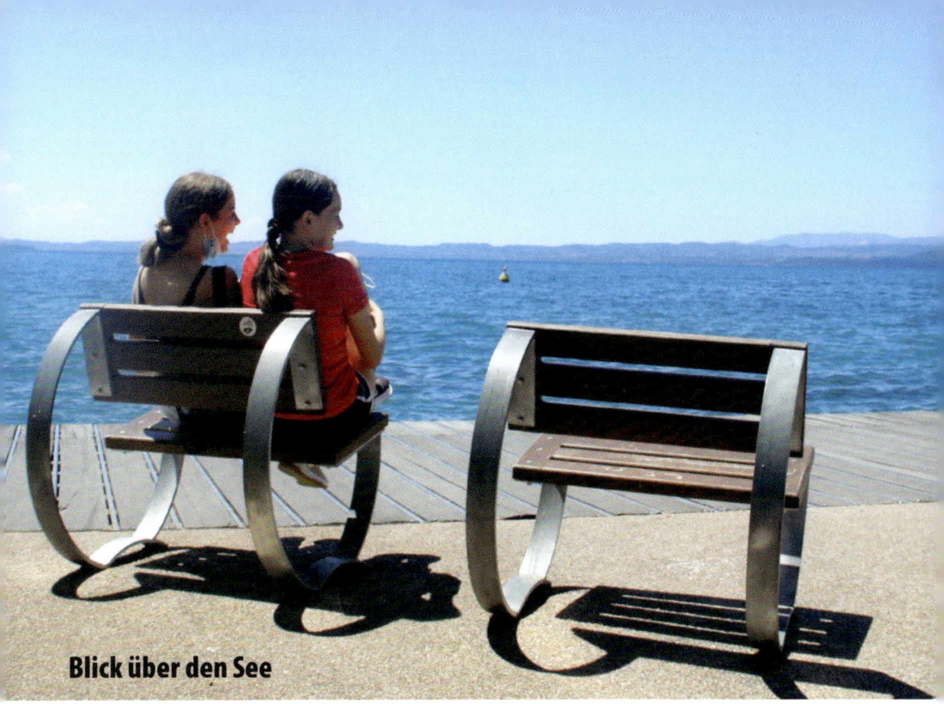
Blick über den See

ne Rechtskurve und führt uns kurz vom See weg. Wir wandern auf dem Lungolago bis zur **Passeggiata Rivalunga** und biegen links ab. Den Campingplatz **San Nicolò Bardolino** zu unserer Linken, folgen wir dem von Pinien gesäumten, schattigen Weg, der uns wieder an den Lago bringen wird.

Während die Punta San Vigilio immer deutlicher vor unseren Augen in den See ragt, spazieren wir weiter die Strandpromenade entlang. Kurz vor Garda können wir zu unserer Rechten den einen oder anderen Blick auf die Rocca di Garda werfen. Der imposante Felsen bildet die Grenze zwischen Bardolino und **Garda,** dessen idyllisches Ortszentrum wir kurz darauf erreichen.

Hier sollten wir uns einen kleinen Bummel nicht entgehen lassen, eine Pause in einem der zahlreichen Cafés einlegen und vielleicht der am Fuße der Rocca gelegenen Dorfkirche **Santa Maria Assunta** am Corso Italia einen Besuch abstatten.

Von hier aus haben wir die Möglichkeit, unsere Wanderung von Garda aus bis zur **Punta San Vigilio** 7 fortzusetzen, die – immer am See entlang – vom Zentrum aus zu Fuß in etwa 50 Minuten zu erreichen ist. Der sehr sonnige Weg am See ist allerdings nicht durchwegs befestigt und wird in Abschnitten sehr schmal, sodass wir je nach Wasserstand mit nassen Füßen rechnen müssen. Da es ab Punta San Vigilio keine Bootsverbindung gibt, müssen wir denselben Weg wieder zurückgehen, sollten wir uns für diesen Abstecher entscheiden.

Für den Rückweg nach Lazise nehmen wir ab Garda das Schiff. Vom Wasser aus haben wir noch einmal einen herrlichen Blick auf die Orte, die wir zu Fuß besucht haben, und können entspannt die Uferpromenade an uns vorbeiziehen lassen.

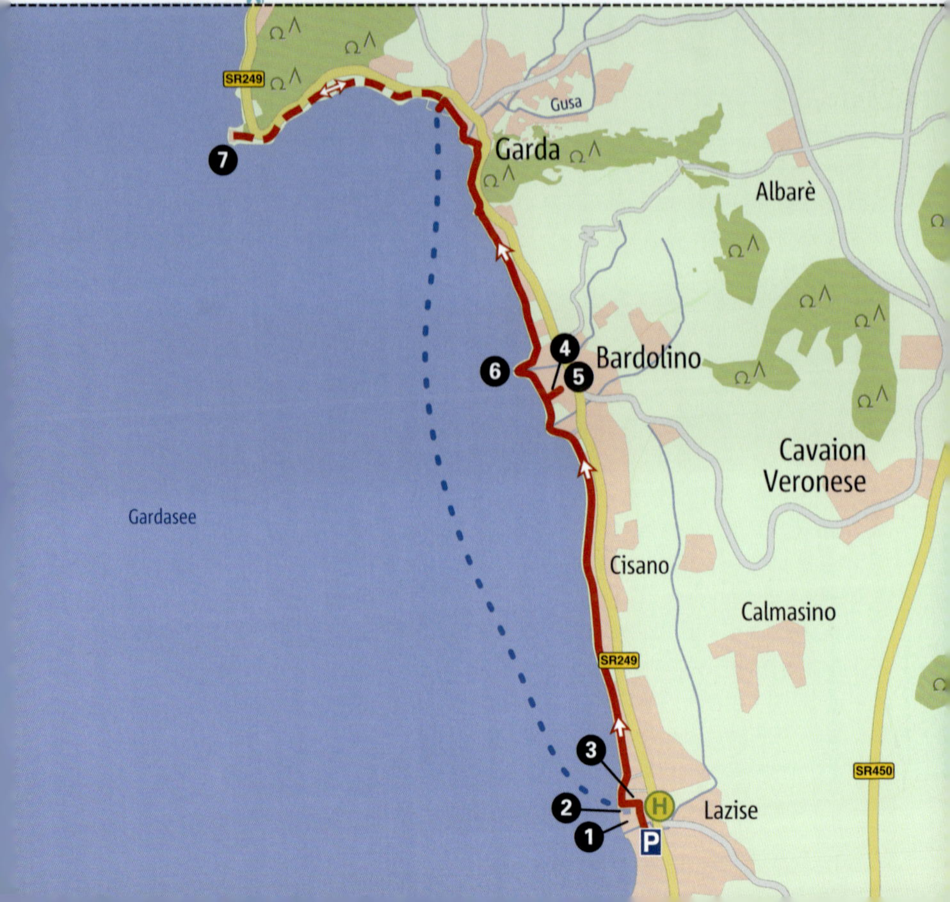